"シン設計"
スプレッドバンキング

―― 金利、AI、成長がある世界の銀行経営 ――

"Shin Sekkei"
Spread Banking

データ・フォアビジョン株式会社
代表取締役社長

大久保 豊

一般社団法人 **金融財政事情研究会**

刊行に寄せて

株式会社三井住友フィナンシャルグループ

取締役 執行役社長 グループCEO

中島　達

本書を推薦します

　日本の銀行業界は、いま、３つの大きな転換点に直面しています。

　１つ目は、「金利がある世界」への転換です。2024年３月、日本銀行が17年ぶりの利上げに踏み切り、同年７月には追加利上げが実施されるなど、円金利は上昇局面に入ってきました。２つ目は、「AIがある世界」への転換です。生成AIの普及に伴い、あらゆる業種の企業がビジネスモデルの見直しを迫られており、銀行も例外ではありません。３つ目は、「成長がある世界」への転換です。日本では、企業のお客様が成長投資を活発化しているほか、個人のお客様の貯蓄から投資への動きも明確になってきました。日本経済は、失われた30年を乗り越え、再成長に向けて動き出しています。

　ダーウィンの進化論が示すように、外部環境の変化に柔軟に対応できるかどうかは、その後の種（企業）の生存可能性と繁栄の度合いを決めることになります。その意味で、３つの転換点に直面している銀行業界では、これから数年の経営の巧拙が、その後の長期にわたる成長の可否を決めるといっても過言ではありません。言い替えれば、銀行にとっても、そこで働くバンカーにとっても、Once in the Life のチャンスが到来しているのです。

　本書は、1996年に初版が発行された『スプレッドバンキング』の２度目の全面改訂版となります。銀行経営の普遍的な要諦を示しながら、環境の変化にあわせて進化を遂げている稀有な書籍であり、転換点に直面する銀行経営の指南書となるものです。

振り返ると、わが国では1999年の「ゼロ金利政策」導入以降、約25年にわたって金利の付かない時代、金利の動かない時代が続いてきました。その間、金利（変動）リスクは減少し、利払い負担の軽減に伴って信用リスクも低下しました。また、量的緩和を受けて預金や貸出金が自然と増加する一方で、資金利鞘が大幅に縮小し、預貸ビジネスの収益性は大きく低下しました。こうした状況下、多くの銀行が、手数料収益の獲得を目指して業務の多角化を進めてきました。現在第一線で活躍する多くのバンカーが、このような特殊な環境のなかでキャリアを歩んでこられたのではないでしょうか。

　しかしながら、今後到来する「金利がある世界」では、本書の主題である、ALM（アセット・ライアビリティ・マネジメント）の巧拙がきわめて重要になります。今後は、異業種を含む多様なプレーヤーの参入が進み、預金をはじめとするマーケットシェアの獲得競争が激しさを増すことに加え、預金者サイドにおいても高利回りの金融商品の選好が進むことに伴い、預金に係る流動性リスクが高まることは間違いありません。つまり、潤沢な預金プールが所与のものとされた時代は去り、アセットのみならず、ライアビリティもバランスよく管理していく高度なALM運営が求められるようになっていきます。

　こうした環境変化に悩む多くのバンカーにこそ、私は本書をお薦めします。「その預貸収益は、だれの、どのような努力によって生み出されているのか」「その収益の裏側にあるリスクは、だれが、どのような責任を背負って管理しているのか」といった、ともすればあいまいにされてきた収益貢献とリスクの所在を、現場と本部、あるいは部門間で精緻に切り分けながら可視化する、その科学的手法が「スプレッドバンキング」です。ベースとなる考え方は約30年前の初版で提唱されたものですが、「AIのある世界」や「成長のある世界」の到来をふまえて内容は「シン設計」されており、「金利ある世界」における合理的な経営判断と従業員の適切な行動を誘発するインセンティブの設計に寄与する、重要なヒントを与えてくれることでしょう。

著者の大久保豊氏は、1990年代前半、旧住友銀行の企画部時代に席を並べ、リスクとリターンを結びつける銀行管理会計をともに設計してきた先輩です。大久保氏はその後、1996年にデータ・フォアビジョン株式会社を、2000年に日本リスク・データ・バンク株式会社を創業し、ITと金融の融合を通じて銀行界の発展に邁進してこられました。私自身、お会いするたびに、一人のバンカーとしてたくさんの気づきと勇気をいただいています。

　本書は、その大久保氏が約30年にわたり金融機関経営に伴走するなかで培った知恵と経験が凝縮された理論書であり、これから銀行界が日本の再成長に貢献していくための「羅針盤」となるものです。是非ともお手にとっていただき、これからの銀行界を、そして、日本経済をともに発展させていきましょう。

は じ め に

本書の目的は、「金利、AI、成長がある世界の銀行経営」の"シン設計"です。

これからの未来をかたちづくるには過去をなぞる方策では無理であり、**"組織および経営管理体制を抜本的にシン設計する"必要がある。**

　本書は1996年初版の『スプレッドバンキング』、2015年総改訂の第2版『"総点検"スプレッドバンキング』に続く3度目の出版です。30年読み続けられる本は大変珍しいと出版元の金融財政事情研究会から伝えられ、金利が胎動したいまだからこそ、再度全面改訂して出版すべきとの意見をいただき、今般の出版に至りました。

　冒頭（CHAPTER 1）においては、スプレッドバンキングの経営手法を用いて、地方銀行（地銀）データをもとに、「1999年➡2013年➡2023年」の四半世紀にわたる銀行収益構造の変容分析を行います。この四半世紀で大変容している資産・負債構造。地銀の総資産は＋210兆円増の大膨張（1999年200兆円➡2023年410兆円）です。その資産倍増を成立させているのが流動性預金増＋178兆円（1999年53兆円が2023年時点231兆円）です。「バランス構造の変容」「預貸プライシングの変容」により、銀行の収益構造がどう変化してきているかをスプレッドバンキングの技法にて確認していきます。
　長期金利は1％を超え、すでに"金利がある世界"は到来しており、イールドカーブは2009年水準の形状を示しています。金利上昇はDXリテラシーが卓越した法人・個人による"銀行選別の号砲"となります。四半世紀の収益構造変容分析をふまえ、今後の金利がある世界の銀行収益を、TierⅠ（営業部門スプレッド収益）、TierⅡ（ALM部門収益）、TierⅢ（経営部門収益）に因数分解しながら展望していきます。金利上昇において市場が期待している"レジリエンス"が発揮できるかを総合展望していきます。

次いでCHAPTER 2においては、**金利・AI・成長のある世界に適合**するための**スプレッドバンキング**を基盤とした**"設計ポイント"**を論述します。スプレッドバンキングの技法をどう具体的に経営に活かすか。**それは何を経営の目論見とするか**にかかっています。それがなければ「経営建築」とはならない。

- **"ALM部門"**のシン設計と**"総合損益"**によるシン経営
- **"経営部門"**のシン設計——経営意思を反映した意図的なTP運営
- **"営業部門"**のシン設計——AIとの徹底的な棲み分けとDX
- **"融資部門"**のシン設計——信用コストプライシングと成長のある世界への革新
- **"預金者行動動態モニタリング"**のシン設計——流動性リスクへの消化対応

PART IIにおいて、**スプレッドバンキングの理論技法**に関して詳述します。本書の中核部分となります。ゼロ金利によって完全自由化の経営環境が看過され、あたかも1980年代までの規制行政が発動しているかのような"錯覚"に陥っている経営誤認を、"意図せざる"本支店レート管理の復活と"金利がある世界"での〔本支店レート管理〕の不適合性にて確認していきます。次いで、"金利がある世界"において、**完全自由化がなされている経営環境に適合する管理会計の理論構造**を以下の骨格にて詳述していきます。

- 金利リスク収益管理会計
- 信用リスク収益管理会計
- 経費管理会計

PART Ⅲにおいては、**スプレッドバンキングの具体的な"詳細設計"**に関して、**"設計上のコンポーネント"**を構造定義し、詳細な**"組立て"**や**"管理帳票"**の事例を提示しながら、下記を骨子に論述していきます。本書が経営現場の実践に貢献できるよう詳述しています。

- 「収益リスク管理会計制度」の基本機能と設計コンポーネント
- 「収益帰属ユニット」の全規定
- 「顧客ユニット」の全規定
- 「管理商品ユニット」の全規定
- 「TPレート運用」の全規定

<mark>金利上昇局面や金利がある世界の経験の有無、それ自体はなんら意味をもたない。</mark>

　なぜなら、今後の金利がある世界では過去の経験をなぞることができないからです。現在は30年前とはまったく違う【DX】×【AI】の世界となっており、経済構造も競合関係もまったく違う、ドンドン変わっていく。

　シンギュラリティ（技術的特異点）が常時偏在し進行する現代世界において、実直に努力すれば幸せになれるという"予定調和の想い"はマヤカシで捨て去らねばならない。

最も強い者が生き残るのではない。最も賢い者が生き延びるものでもない。
<mark>唯一生き残るのは変化できる者である</mark>（チャールズ・ダーウィン）。

"過去の延長線"では生き抜くことは困難ですが、大変やり甲斐がある、
夜明け前の**"蒼い時"**に私たちは生きている。
"組織体制および経営管理を抜本的にシン設計する"必要があるのです。
大事なことは**"科学経営"**です。

科学こそがVUCA

Volatility（不安定）・Uncertainty（不確実）・Complexity（複雑）・

Ambiguity（あいまい）

のこの世界を進む羅針盤であり船体そのものなのです。

【シン設計】スプレッドバンキングによって、どのような【シン】を想像し創造できるか。現在の頭取、そしてこれからの銀行経営を担う世代への熱いラブレターです。

【シン】

新 真 伸 芯 進 深 診 振 審 鎮

2024年11月

データ・フォアビジョン株式会社

代表取締役社長　大久保　豊

【著者略歴】

大久保　豊（おおくぼ　ゆたか）

1984年	慶應義塾大学経済学部卒業
1989年	ケンブリッジ大学政治経済学部大学院修了（Master of Philosophy）
1984年	住友銀行（現・三井住友銀行）、マッキンゼー＆カンパニー、鎌倉、日本AT&T情報システムを経て、
1996年	データ・フォアビジョン株式会社を設立、
2000年	日本リスク・データ・バンク株式会社を設立、
2019年	ForeVision株式会社を設立し、現在各社の代表取締役社長。

《著書等一覧》

① 『スプレッドバンキング』（1996年6月）
　大久保豊［著］

② 『アーニング・アット・リスク―バンキング勘定のALM―』
　（1997年5月）
　大久保豊［編著］／市川智・片岡徹也・小山靖寛［著］

③ 『信用リスク・マネジメント革命―創造的与信判定システムの未来―』（1998年7月）
　安田隆二・大久保豊［編著］

④ 『銀行経営の理論と実務』（2003年5月）
　大久保豊［編著］／岸本義之・根本直子・本島康史・山本真司［著］

⑤ 『【実践】銀行ALM』（2006年2月）

大久保豊［編著］／山野久雄・小山靖寛・栗谷修輔・岡村進［著］
⑥ 『不完全なVaR―「バンキング勘定」への適用問題とその解決法―』（2008年1月）
大久保豊［著］
⑦ 『中小企業「格付け」取得の時代―中小企業専用「日本SME格付け」の効用とその実際―』（〔初版〕2007年4月、〔第2版〕2008年6月）
大久保豊・稲葉大明［編著］
⑧ 『プライムレート革命―脱「貸し渋り」の金融システム―』（2009年4月）
大久保豊・尾藤剛［著］
⑨ 『【全体最適】の銀行ALM』（2010年7月）
大久保豊［監修］／森本祐司・栗谷修輔・野口雅之・松本崇［著］
⑩ 『ゼロからはじめる信用リスク管理』（2011年10月）
大久保豊［監修］／尾藤剛［著］
⑪ 『【実践】オペレーショナル・リスク管理』（2011年11月）
大久保豊［監修］／瀧本和彦・稲葉大明［著］
⑫ 『"総点検" スプレッドバンキング』（2015年4月）
大久保豊［著］

⑬ 『よい自治体とは何か？』（2015年5月）
大久保豊［監修］／尾藤剛［著］
⑭ 『【究解】信用リスク管理』（2018年11月）
大久保豊［監修］／尾藤剛［著］
⑮ 『人工知能と銀行経営』（2019年11月）
大久保豊・西村拓也・稲葉大明・尾藤剛・小野寺亮［著］

CONTENTS

【シン設計】スプレッドバンキング

"時系列分析（1999年➡2013年➡2023年）" スプレッドバンキング

SECTION 1 すでに"金利がある世界"は到来している
　　　　　──長期金利は1％超えのイールドカーブは2009年水準 ……… 004

SECTION 2 この四半世紀で"大変容している資産・負債構造" … 007

1. 地銀の総資産は"210兆円増の大膨張"
　　（1999年200兆円➡2023年410兆円）………………………… 007
2. 資産倍増を成立させている"流動性預金231兆円"
　　（1999年残高の53兆円から＋178兆円の激増）………………… 011
3. 金利上昇は卓越したDXリテラシーをもつ法人・個人による
　　"銀行選別の号砲" ………………………………………………… 011

SECTION 3 スプレッドバンキングによる「地方銀行業態」の
　　　　　収益構造変容分析 ………………………………………… 014

1. 「財務会計」のみでは経営因数分解できない
　　──スプレッドバンキングの必要性 …………………………… 014
2. 時系列分析（1999年➡2013年➡2023年）スプレッドバンキング ……… 020

010　CONTENTS

SECTION 4 "金利がある世界"の銀行収益展望
——金利上昇における"レジリエンス"は発揮できるか……034

1 Tier I（営業部門スプレッド収益）の展望 ……………………036
2 Tier II（ALM部門収益）の展望 ……………………………043
3 Tier III（経営部門収益）の展望 ……………………………049
4 "金利がある世界"の銀行収益の総合展望 ………………050

CHAPTER 2

"シン設計"スプレッドバンキング
——"金利""AI""成長"のある世界に適合する銀行経営

SECTION 1 "ALM部門"のシン設計と"総合損益"による
シン経営 …………………………………………………………070

SECTION 2 "経営部門"のシン設計
——経営意思を反映した意図的なTP運営 ………………087

SECTION 3 "営業部門"のシン設計
——AIとの徹底的な棲み分けとDX ………………………092

SECTION 4 "融資部門"のシン設計
——信用コストプライシングと成長のある世界への革新……103

SECTION 5 "預金者行動動態モニタリング"のシン設計
——流動性リスクへの消化対応 …………………………117

CONTENTS 011

PART II 【基本設計】スプレッドバンキング

CHAPTER 3 "総点検"による【自己評価】が必要とされる【現行収益管理】

SECTION 1　総点検の「経営視点」……………………………… 128

SECTION 2　早急な改革が必要な"意図せざる"本支店レート管理の復活
　　　　　──規制金利時代の遺物である「本支店レート管理」………… 133

1　「本支店レート管理」による収益管理の限界と矛盾……………… 134
2　「本支店レート管理」におけるALM運営の限界と矛盾 …………… 144

CHAPTER 4 金利リスク収益管理会計
──金利スプレッドバンキング

SECTION 1　金利自由化に適合する「スプレッドバンキング」……… 148

SECTION 2 "ベスト・フィット"のための金利リスクTP体系 ……… 150

1 機械的な市場主義の適用ではなく、
むしろ真逆なスプレッドバンキング ………………………………… 150

2 金利リスク消化酵素としてのTP体系 ……………………………… 151

SECTION 3 市場金利手法
―― 「長短（期間）ミスマッチ金利リスク」の消化酵素 ……… 154

SECTION 4 ベーシススプレッド手法
―― 「ベーシス金利リスク」の消化酵素 ……………………… 158

1 ベーシススプレッド手法（短プラ）…………………………………… 158

2 ベーシススプレッド手法（定期性預金）……………………………… 163

3 ベーシススプレッド手法（流動性預金）……………………………… 167

SECTION 5 インセンティブ手法
―― 「能動プライシング・リスク」の消化酵素 ……………… 177

1 「能動プライシング・リスク」の運営態勢と経営重要性 …………… 177

2 「ALM」におけるインセンティブ手法の運営 ……………………… 179

3 「インセンティブ手法」のメカニズム ………………………………… 181

4 「営業部門」におけるインセンティブ運営 …………………………… 183

CONTENTS 013

CHAPTER 5

信用リスク収益管理会計
──信用スプレッドバンキング

SECTION 1 「信用リスク収益管理」の基本構造 …………… 190

1 「信用リスク計量」の基本構造 ……………………… 194

2 「信用リスク管理態勢」の基本構造 ………………… 204

SECTION 2 信用スプレッドバンキング──信用TPの展開 ……… 208

1 「信用コスト」を組み込んだ貸出プライシング ………… 208

2 信用トランスファー・プライシング ………………… 210

SECTION 3 「信用TP」のためのパラメータ設定 ………… 218

1 PD（想定デフォルト率）に関するパラメータ設定 …………… 219

2 LGD（デフォルト時損失率）に関するパラメータ設定 …………… 222

3 第三のパラメータ──信用リスク・プレミアム ………… 224

4 "貸出期間"の長短に応じたパラメータ設定 ………… 226

5 "信用原価"の更改ルール …………………………… 228

CHAPTER 6

経費管理会計

SECTION 1 経費実測の方法 ………………………………… 235

1 経費実測の構造プロセス ……………………………… 236

| 2 | 単純配賦手法 | 237 |
| 3 | ABC適用配賦手法 | 240 |

SECTION 2 "金利がある世界"において点検すべき経費管理 …… 246

| 1 | ALM部門の経費差引後収益に対する評価 | 246 |
| 2 | 「流動性預金」に対する経費評価 | 247 |

PART III 【詳細設計】スプレッドバンキング

CHAPTER 7 "詳細設計"収益リスク管理会計制度 ——ベスト・フィット・スプレッドバンキング

SECTION 1 「収益リスク管理会計制度」の基本機能と設計コンポーネント …… 252

| 1 | 管理会計搭載の基本機能 | 252 |
| 2 | 設計コンポーネント | 254 |

SECTION 2 「収益帰属ユニット」の全規定 …… 257

| 1 | 「営業部門」および「本部間接部門」の収益帰属ユニット …… 257 |

2 「ALM部門」の収益帰属ユニット ……………………………………………… 259

3 「融資部門」の収益帰属ユニット ……………………………………………… 262

SECTION **3** 「顧客ユニット」の全規定 ……………………………………………… 265

SECTION **4** 「管理商品ユニット」の全規定 ……………………………………… 269

SECTION **5** 「TPレート運用」の全規定 …………………………………………… 277

SECTION **6** 設計上のポイント ……………………………………………………… 284

1 総点検と"もれのない"責任会計 …………………………………………… 284

2 「マトリックス経営」の新たな創造 ………………………………………… 287

3 「ALM部門収益」と「ALM収益帰属ユニット」の新規創設 ………… 289

4 "金利がある世界"を想定した戦略的な「インセンティブ運営」 … 289

5 「信用原価表」としての信用TPの実行 …………………………………… 291

SECTION **7** 詳細組立て ……………………………………………………………… 293

1 定期性預金 …………………………………………………………………………… 293

2 流動性預金 …………………………………………………………………………… 296

3 短プラ連動金利貸金 …………………………………………………………… 296

4 市場金利連動貸金等 …………………………………………………………… 299

5 固定金利貸金 ……………………………………………………………………… 300

6 その他貸金等 ……………………………………………………………………… 301

7 預貸金以外の運調勘定 ……………………………………………………… 304

SECTION **8** "実践"スプレッドバンキング ……………………………………… 318

1 スプレッドバンキング組上げ管理帳票 …………………………………… 318

2 全体収益構造総括表 ··· 319

3 営業部門収益構造分析表 ··· 319

4 営業部門メッシュ分析表 ··· 330

5 ALM期間ポジション構造表 ·· 338

おわりに──科学経営と"社会的情熱" ·· 343

事項索引 ·· 349

PART

I

【シン設計】
スプレッドバンキング

CHAPTER **1**

"時系列分析
（1999年➡2013年➡2023年）"
スプレッドバンキング

SECTION 1

すでに "金利がある世界" は到来している
――長期金利は1％超えのイールドカーブは2009年水準

　　2024年5月22日に10年物国債の流通利回りが11年ぶりに1％超えの水準となりました。

　"金利がある世界" を想定して慎重に準備するなどと、悠長に構えることができない新局面に突入しています。**図表1－1**が示すとおり、現在のイールドカーブはすでに2009年の水準を臨むものとなっています。**金利がある世界が現実となっているのです。**

　1999年、日本銀行（日銀）の速水優総裁[1]による「ゼロ金利政策」が発動されてから四半世紀、銀行界はさまざまな重大な経済危機に直面しながら、金利が建てられない状況で資金循環の社会的な機能を全うしてきました。

　CHAPTER 1 SECTION 2 にて、この四半世紀の銀行界（特に地方銀行[2]業態）の**バランスシートの構造変容**を詳述し、**SECTION 3** ではその苦闘のなかで**銀行の収益構造がいかに変容してきたか**を、本書の主題である "金利がある世界" に適合する**スプレッドバンキング**の経営手法にて**定点比較（1999年➡2013年➡2023年）の時系列分析**を行い、その "驚くべき実情" を活写していきます。

　SECTION 4 では、これからの "金利がある世界" を**図表1－1**の最下段に示された1999年の日銀速水総裁による「ゼロ金利政策」が発動する前年の1998年と日銀量的緩和政策が解除された2006年、その翌年である2007年の平

1　速水優（はやみまさる）、日本銀行第28代総裁（1998年3月20日～2003年3月19日）。
2　本書において「地方銀行」とは、原則として全国地方銀行協会加盟行を指す。また、本書内では「地銀」と略して記載する場合がある。

004　PART I　●【シン設計】スプレッドバンキング

図表1−1　日本の金利イールドカーブの推移

(%)

		1年	2年	3年	5年	7年	10年	20年		
	1986	4.8867	4.9910	4.9451	5.1532	5.3371	5.4098	5.7905		
	1987	3.9509	3.9100	3.9778	4.2676	4.5466	5.0024	5.5227		
	1988	3.8581	3.9327	4.0328	4.1801	4.2919	4.9711	5.2615		
	1989	5.0202	5.0142	5.0487	5.0057	4.8843	5.1545	5.1980		
	1990	7.3141	7.2085	7.1147	7.0518	7.1074	6.8722	6.8145		
	1991	6.5423	6.4387	6.4119	6.4741	6.5195	6.3770	6.6334		
	1992	4.0279	4.1563	4.3556	4.8565	5.2111	5.3482	5.9503		
	1993	2.6674	2.8878	3.0876	3.6063	4.0438	4.3461	5.0860		
	1994	2.3324	2.6951	3.0680	3.6734	4.1751	4.3578	4.8002		
	1995	1.0379	1.3871	1.7906	2.6086	3.1861	3.4602	3.9709		
	1996	0.5242	1.0056	1.3947	2.2088	2.7513	3.1180	3.6764		
	1997	0.4846	0.7028	0.9648	1.5467	1.9860	2.3731	3.0020		
1990年代金利がある世界の最後	1998	0.4193	0.5195	0.6857	1.0184	1.2742	1.5285	2.1342		
速水総裁 ゼロ金利発動	1999	0.2027	0.3538	0.5125	0.9830	1.3967	1.7435	2.5707	収益構造分析	CHAPTER 1 SECTION 3
	2000	0.3275	0.5004	0.6591	1.1014	1.4396	1.7462	2.2662		
	2001	0.0927	0.1333	0.2422	0.5407	0.8581	1.3287	1.9619		
	2002	0.0235	0.0522	0.1656	0.4412	0.7990	1.2699	1.9216		
	2003	0.0212	0.0872	0.1969	0.4099	0.6660	0.9929	1.4461		
	2004	0.0239	0.1263	0.2916	0.6663	1.0522	1.5048	2.0940		
	2005	0.0329	0.1434	0.2954	0.6282	0.9564	1.3845	2.0113		
金利上昇局面	2006	0.4222	0.6629	0.8648	1.2298	1.4928	1.7417	2.1579		
	2007	0.6891	0.8502	0.9662	1.2361	1.4080	1.6813	2.1459		
リーマンショック	2008	0.5970	0.6773	0.8019	1.0165	1.1285	1.4929	2.1382		
	2009	0.2223	0.3089	0.4230	0.7028	0.9309	1.3538	2.0378		
東日本大震災	2010	0.1284	0.1516	0.2074	0.4200	0.6916	1.1816	1.9516		
	2011	0.1357	0.1668	0.2357	0.4274	0.6817	1.1245	1.8902		
	2012	0.1063	0.1046	0.1241	0.2465	0.4693	0.8579	1.6872		
黒田総裁 異次元緩和発動	2013	0.0898	0.0983	0.1234	0.2354	0.4357	0.7147	1.6164	収益構造分析	CHAPTER 1 SECTION 3
	2014	0.0539	0.0631	0.0821	0.1624	0.2917	0.5526	1.4016		
	2015	▲0.0004	0.0022	0.0137	0.0781	0.1383	0.3638	1.1366		
	2016	▲0.2396	▲0.2171	▲0.2113	▲0.1871	▲0.1798	▲0.0498	0.4157		
	2017	▲0.1891	▲0.1730	▲0.1412	▲0.1084	▲0.0571	0.0537	0.5972		
	2018	▲0.1382	▲0.1338	▲0.1148	▲0.0948	▲0.0412	0.0762	0.5738		
	2019	▲0.1926	▲0.2005	▲0.2116	▲0.2177	▲0.2201	▲0.0950	0.2929		
コロナ発生	2020	▲0.1561	▲0.1507	▲0.1548	▲0.1188	▲0.1176	0.0105	0.3566		
	2021	▲0.1217	▲0.1242	▲0.1260	▲0.0964	▲0.0678	0.0684	0.4507		
	2022	▲0.0991	▲0.0519	▲0.0422	0.0471	0.1327	0.2407	0.8570		
欧米金利 急上昇	2023	▲0.0852	▲0.0018	0.0276	0.2178	0.3589	0.5706	1.2686	収益構造分析	CHAPTER 1 SECTION 3
植田総裁 異次元緩和解除	2024 (5月27日)	0.1850	0.3210	0.4220	0.5730	0.7280	1.0180	1.8210		
↓衆議員選挙・米国大統領選挙のイベントを消化し、金利はいっそうの上昇過程にある										
直近	2024 (11月21日)	0.4600	0.5800	0.6030	0.7500	0.8120	1.1060	1.8990		
	1998・2006・2007平均	0.5102	0.6775	0.8389	1.1614	1.3917	1.6505	2.1460	〈展望〉分析	CHAPTER 1 SECTION 4

（資料）　財務省国債金利情報をもとに筆者作成。

均金利の水準をベースにし、銀行収益力に関して市場が期待する**金利上昇における"レジリエンス"が発揮できるかを考察**していきます。

　以下の計数分析は、地方銀行全体を対象に実施していきます。そのため個別の銀行においては異なる見解があるかもしれませんが、**CHAPTER 1**の目的は"金利がある世界"におけるスプレッドバンキングの**シン設計**の必要性を確認することであり、その目的は達成できると考えます。

SECTION 2 この四半世紀で "大変容している資産・負債構造"

 地銀の総資産は"210兆円増の大膨張"
（1999年200兆円➡2023年410兆円）

1999年は、金融界において大きな節目の年でした。同年2月に日本銀行は金融システムの構造的な不安を防ぐため、無担保コール翌日物の金利を史上最低の0.15％にまで引き下げました。速水総裁の「翌日物金利はゼロでもよい」との発言を受けて、その後の「ゼロ金利政策」がスタートしました。

また、金融再生委員会（2001年1月に金融庁と統合）は同年3月に大手銀行15行に対し、7兆4,592億円の公的資金注入を承認しました。さらに8月には第一勧業銀行・富士銀行・日本興業銀行が全面的に統合し、新しい総合金融グループである現在のみずほフィナンシャルグループが設立されました。間髪入れず10月には、住友銀行とさくら銀行（現在の三井住友銀行）が2002年4月までに合併することが発表されるなど、銀行の大規模な再編が相次いだ年でもありました。

また、**全国銀行ベースで初めて預超**となり、まさに大構造転換の年でした。

図表1－2は、この**1999年**を起点とし、**2013年、2023年**の定点比較を通じて、この四半世紀の資産・負債の構造変化を、地銀業態にて取りまとめたものです。まず驚くべきことは、**最下段の総資産が200兆円から410兆円と"倍増"の＋210兆円増となった事実**です。

この"大膨張"した資産・負債を"金利がある世界"において、どうALMしていけるか。

CHAPTER 1 ● "時系列分析（1999年➡2013年➡2023年）"スプレッドバンキング　007

図表 1 - 2　地方銀行の資産・負債構造の大変容（1999年➡2013年➡2023年）

(億円)

	1999年3月	2013年3月	2023年3月	増減 1999年➡2023年	増減 1999年➡2013年	増減 2013年➡2023年
貸出金	1,385,000	1,674,000	2,493,000	+ 1,108,000	+ 289,000	+ 819,000
手貸・当貸等	532,000	270,000	276,000	▲ 256,000	▲ 262,000	+ 6,000
証書貸付	853,000	1,404,000	2,217,000	+ 1,364,000	+ 551,000	+ 813,000
有価証券	349,000	754,000	721,000	+ 372,000	+ 405,000	▲ 33,000
国　債	106,000	352,000	127,000	+ 21,000	+ 246,000	▲ 225,000
地方債	61,000	103,000	168,000	+ 107,000	+ 42,000	+ 65,000
社　債	87,000	159,000	128,000	+ 41,000	+ 72,000	▲ 31,000
株　式	50,000	46,000	66,000	+ 16,000	▲ 4,000	+ 20,000
その他証券	45,000	94,000	232,000	+ 187,000	+ 49,000	+ 138,000
預け金	48,000	86,000	721,000	+ 673,000	+ 38,000	+ 635,000
市場運調等	23,000	△ 119,000	△ 550,000	▲ 573,000	▲ 142,000	▲ 431,000
動不動等	57,000	54,000	60,000	+ 3,000	▲ 3,000	+ 6,000
預　金	1,724,000	2,286,000	3,253,000	+ 1,529,000	+ 562,000	+ 967,000
流動性預金	527,000	1,240,000	2,311,000	+ 1,784,000	+ 713,000	+ 1,071,000
当座預金	54,000	92,000	145,000	+ 91,000	+ 38,000	+ 53,000
普通預金等	473,000	1,148,000	2,166,000	+ 1,693,000	+ 675,000	+ 1,018,000
定期性預金	1,197,000	1,046,000	942,000	▲ 255,000	▲ 151,000	▲ 104,000
自己資本等	138,000	163,000	192,000	+ 54,000	+ 25,000	+ 29,000
総資産合計（市場運調ネットアウト）	1,862,000	2,449,000	3,445,000	+ 1,583,000	+ 587,000	+ 996,000
総資産合計（表面）	2,003,000	2,637,000	4,097,000	+ 2,094,000	+ 634,000	+ 1,460,000

（資料）　全国銀行協会各種統計資料、日本銀行統計等を用いて端数処理をして筆者作成。

　金利があたかも規制行政時代のように、いやそれ以上に"固定化"していた経営環境が"液状化"していくのです。凍結固定化されたゼロ金利において、**ALM（Asset Liability Management）部門**の経営意義が希薄となり、かつてはこれからの銀行経営を支えると嘱望されたALM部門の役職員が配置転換されています。

		（同年総資産比率）				（1999年総資産（ネットアウト）残高対比）	
		1999年3月	2013年3月	2023年3月	（増減）	2013年3月	2023年3月
貸出金		74%	68%	72%	▲ 2%	90%	**134%**
手貸・当貸等		29%	11%	8%	▲ 21%	15%	15%
証書貸付		46%	57%	64%	+ 19%	75%	119%
有価証券		19%	31%	21%	+ 2%	40%	**39%**
国　債		6%	14%	4%	▲ 2%	19%	7%
地方債		3%	4%	5%	+ 2%	6%	9%
社　債		5%	6%	4%	▲ 1%	9%	7%
株　式		3%	2%	2%	▲ 1%	2%	4%
その他証券		2%	4%	7%	+ 4%	5%	12%
預け金		3%	4%	21%	+ 18%	5%	**39%**
市場運調等		1%	▲ 5%	▲ 16%	▲ 17%	▲ 6%	▲ 30%
動不動等		3%	2%	2%	▲ 1%	3%	3%
預　金		93%	93%	94%	+ 2%	123%	175%
流動性預金		28%	51%	67%	+ 39%	67%	**124%**
当座預金		3%	4%	4%	+ 1%	5%	8%
普通預金等		25%	47%	63%	+ 37%	62%	116%
定期性預金		64%	43%	27%	▲ 37%	56%	51%
自己資本等		7%	7%	6%	▲ 2%	9%	10%
総資産合計（市場運調ネットアウト）		100%	100%	100%	+ 0%	132%	185%
総資産合計（表面）						132%	**205%**

　ALMの現場における人財不足は、どの地銀においても生じている経営事実です。限られた人財でこの400兆円を超えた資産・負債をどう総合管理していくか、大変重要で喫緊の課題です。

　この点はCHAPTER 2 SECTION 1「"ALM部門"のシン設計と"総合損益"によるシン経営」にて詳述していきます。

1999年から2023年にかけて総資産は＋210兆円増加し、その半分は貸出金の増加＋111兆円によって形成されています。さらに貸出金の増加分のうち82兆円（74％）は2013年からの10年間で増加しています。

　このなかにはコロナ対応融資[3]が大きな割合を占めていることが想定され、日本企業の新興や勃興における色彩が薄いことが危惧されます。

　目を引く資産増として、**預け金の激増＋67兆円（1999年➡2023年）**があります。これは日銀の異次元緩和による資産の水ぶくれでしかなく、この数年でそのほぼ全額が形成されたものです。日銀当座預金に預け入れることにより収益の底上げを享受してきましたが、今後消失していく、水ぶくれ資産であることは間違いありません。

　有価証券＋37兆円（1999年➡2023年）は身の丈にあった増加であると考えられます。

　1999年〜2013年まで増やしていた国債運用を、異次元緩和の10年でほぼ同額を減じており、金利がある外国債券（外債）や投資信託（投信）、社債や地方債を増加させる資産運用がみてとれます。この外債運用増が米国金利の急上昇を受けて多くの銀行にて債券処理損（地銀で2022年度▲5,844億円[4]）を計上したことは記憶に新しく、まだその負の影響が懸念されています。

　米国金利の急上昇によりALMの課題が表面化しています。本丸である日本の金利上昇に対して銀行はALMによりどう対応できるか。これが喫緊の大経営課題であるのは間違いありません。

　210兆円（1999年➡2023年）の資産増を支えたもの、それは流動性預金の激増（＋178兆円）です。

　定期性預金はこの四半世紀一貫して減少しており1999年比▲26兆円の減少です。しかし定期性預金の減少はゼロ金利によるものであり、金利がない世

3　2020年4月に政府が「新型コロナウイルス感染症緊急経済対策」を決定したことにより、2020年度補正予算において、事業者への資金繰り支援をさらに徹底する観点から実施されたいわゆる「ゼロゼロ融資」（無利子・無担保・据置最大5年）等。
4　全国地方銀行協会「地方銀行2022年度決算の概要」（2023年6月14日発表）の図表1「国債等債券関係損益」より。

界では普通預金に置いていても同じ預金金利であり、流動性預金の内実は
"隠れ定期性預金"であり、運用を待ちに待っている"待機資金"であるこ
とに間違いはありません。

2 資産倍増を成立させている"流動性預金残高231兆円"
（1999年残高の53兆円から＋178兆円の激増）

図表1－3は2023年3月末における全国銀行ベースの割合で地銀の「預金
金額階層別内訳」を推定したものです。「**1億円以上の流動性預金**」でなん
と**92兆円**（個人7兆円：法人68兆円）、定期性預金は同階層で21兆円にとどま
ります。「**1,000万円から1億円未満の流動性預金**」でも69兆円（個人54兆
円：法人15兆円）にも及びます。**1,000万円以上の流動性預金残高は162兆円**
にも及び、四半世紀にて倍増した総資産増＋210兆円はまさに流動性預金
（運用待機資金）が調達基盤となっているのがみてとれます。

1999年には"流動性預金の2倍以上あった定期性預金"は調達の主座を奪
われ、現在では流動性預金残高の4割ほどの残高となっています。

四半世紀という長い時間をかけての変遷は、単年度感覚ではわからないも
のですが、こうして時点比較をしてみると"驚愕"することとなります。

3 金利上昇は卓越したDXリテラシーをもつ
法人・個人による"銀行選別の号砲"

日銀の異次元緩和の終焉を機縁にし、日本経済は「ゼロ金利」「ゼロ信用
リスク」という"異常環境"から、物価上昇率2％という「新局面」、過去
に照らせば「普通の経済局面」を迎えようとしています。

そのとき、市場金利は常識的には1～2％の間へと上昇過程に入るはずで
す。金利上昇を受け、ITリテラシーのきわめて高い全国津々浦々の個人・
法人は、**合理的な無関心の状態から目覚め**、厳しい商品選好・金融機関の選

図表1－3　地方銀行における預金金額階層別の残高（推計）

(億円)

2023年3月末		各属性残高の構成割合			2023年3月末		推計残高		
		流動性預金	定期性預金	計			流動性預金	定期性預金	計
300万円未満	一般法人	0.5%	1.1%	0.7%	300万円未満	一般法人	12,074	10,011	22,085
	個人	10.9%	27.6%	15.7%		個人	251,219	259,946	511,165
	公金等	0.0%	0.0%	0.0%		公金等	99	21	120
	金融機関	0.0%	0.3%	0.1%		金融機関	41	2,523	2,564
	(小計)	11.4%	28.9%	16.5%		(小計)	263,434	272,501	535,935
300万円以上1,000万円未満	一般法人	1.1%	1.3%	1.1%	300万円以上1,000万円未満	一般法人	25,042	11,896	36,938
	個人	17.5%	23.5%	19.3%		個人	405,210	221,062	626,271
	公金等	0.0%	0.0%	0.0%		公金等	142	63	205
	金融機関	0.0%	0.3%	0.1%		金融機関	125	2,697	2,822
	(小計)	18.6%	25.0%	20.5%		(小計)	430,518	235,718	666,236
1,000万円以上1億円未満	一般法人	6.3%	5.2%	6.0%	1,000万円以上1億円未満	一般法人	146,395	49,232	195,627
	個人	23.6%	17.4%	21.8%		個人	545,063	164,153	709,216
	公金等	0.0%	0.1%	0.1%		公金等	887	1,033	1,920
	金融機関	0.1%	0.7%	0.3%		金融機関	1,461	6,999	8,461
	(小計)	30.0%	23.5%	28.1%		(小計)	693,807	221,418	915,225
1億円以上3億円未満	一般法人	4.5%	3.4%	4.2%	1億円以上3億円未満	一般法人	105,085	31,681	136,765
	個人	1.9%	0.8%	1.6%		個人	44,629	7,870	52,499
	公金等	0.1%	0.3%	0.1%		公金等	1,511	2,359	3,871
	金融機関	0.1%	0.3%	0.1%		金融機関	1,737	2,987	4,724
	(小計)	6.6%	4.8%	6.1%		(小計)	152,963	44,897	197,860
3億円以上	一般法人	24.8%	11.8%	21.0%	3億円以上	一般法人	572,876	111,591	684,467
	個人	1.3%	0.5%	1.1%		個人	29,827	4,673	34,500
	公金等	3.8%	2.2%	3.3%		公金等	87,229	20,906	108,135
	金融機関	3.5%	3.2%	3.4%		金融機関	80,347	30,294	110,641
	(小計)	33.3%	17.8%	28.8%		(小計)	770,278	167,466	937,744

↑1,000万円以上の流動性預金残高162兆円

2023年3月末		各属性残高の構成割合			2023年3月末		推計残高		
総合計	一般法人	37.3%	22.8%	33.1%	総合計	一般法人	861,471	214,410	1,075,882
	個人	55.2%	69.8%	59.4%		個人	1,275,948	657,704	1,933,652
	公金等	3.9%	2.6%	3.5%		公金等	89,868	24,382	114,250
	金融機関	3.6%	4.8%	4.0%		金融機関	83,711	45,500	129,211
		100.0%	100.0%	100.0%			2,311,000	942,000	3,253,000

（資料）　全国銀行協会各種統計資料、日本銀行統計等を用いて筆者作成。

別を始めるでしょう。

努力しなくとも勝手に集まると感じられていた預金の増加は、もっぱら流動性預金によるもので、このほぼゼロ金利での調達に対し外債を含めた"超高層ビル運用"を建築しているきわめて危ういALMとなっています。

金利上昇に伴い、"実効的な預金プライシング・エリア（預入れ各期間別の設定とその幅）"が拡大します。

イールドカーブは形状を変えながら変動するでしょう。そこでは、さまざまな"ニッチのプライシング・エリア"が発生します。そこに、ネット銀行からの機敏で局所的な激しい競争が展開されるものと想定します。いや、すでにもう始まっています。

自行の得意な分野、顧客セグメント、商品セグメントに関し、より経費効率を高めて対処しなければ、きわめてコストが低いネット銀行やメガバンクに対して競争力を保つことはできません。

現在の金利水準では、個人も企業も"商品選択の中断"をしているにすぎないのです。"水準としてゼロ"に近く、定期性預金も普通預金も利回りが変わらないので、とりあえず"待機資金"として流動性預金に滞留させているのです。借入金利も1％を切る水準ですから、文句はいいません。しかし、金利が上昇し貸出金利もある一定水準以上になれば、個人も企業も合理的な選択を考えるようになります。

人類史上初めての経験となったマイナス金利の氷河期は終わりを告げ、金利水準は2009年の水準に戻りました。金利が存在する新たな時代の到来です。

氷河期から一気に温暖化の時代に移行し、永久凍土と思われた強固な地盤は融解していきます。**"液状化リスク"をはらんだ地盤上で、どうALMを運営していくか、どう銀行経営していくか。**その羅針盤となる科学手法が、スプレッドバンキングなのです。

CHAPTER 1 ● "時系列分析（1999年➡2013年➡2023年）"スプレッドバンキング

SECTION	
3	スプレッドバンキングによる 「地方銀行業態」の 収益構造変容分析

■1 「財務会計」のみでは経営因数分解できない
──スプレッドバンキングの必要性

SECTION 3では、資産・負債構造の大変化に伴う"収益構造メカニズム"の変容を確認していきます。

初めて全国銀行ベースで預金が貸出残高を上回る**預超**となった1999年（1998年度決算）から、黒田東彦総裁[5]による異次元緩和始動の前夜である2013年（2012年度決算）、そして足もとの2023年（2022年度決算）の時系列分析を行います。地銀の財務データをベースに、仮想的に**スプレッドバンキング**の手法を用いて考察を深めていきます。

地銀をもとにしたケーススタディですが、第二地方銀行や信用金庫、信用組合、労働金庫、農林漁業組合などでも資産と負債の構造には違いがあるものの、基本的な商品や動きは似ていると考えられます。スプレッドバンキングを用いることで、その経営方法を体感でき、銀行経営の"シン設計"の構想を育んでいきます。

資産と負債の構造が大きく変わることで、当然ながら"収益構造のメカニズム"も変容を遂げています。

図表1－4は地銀の財務状況の推移を示したものです。ここから何がわかるでしょうか。「財務会計」ではたしかに利息収入の内訳や利息の支払動向などが確認できます。しかし、それは"勘定科目の集計値"にすぎません。

5 　黒田東彦（くろだはるひこ）、日本銀行第31代総裁（2013年3月20日〜2023年4月8日）。

014 　PART Ⅰ ● 【シン設計】スプレッドバンキング

図表1-4　地方銀行の財務状況の推移

(億円)

	1999年3月	2013年3月	2023年3月	増減			(増減率)		
				1999年→2023年	1999年→2013年	2013年→2023年	1999年→2023年	1999年→2013年	2013年→2023年
資金運用益	49,087	33,527	34,445	▲14,642	▲15,560	+918	▲29.8%	▲31.7%	+2.7%
貸出金利息	34,026	25,905	23,945	▲10,081	▲8,121	▲1,960	▲29.6%	▲23.9%	▲7.6%
有価証券利息配当金	11,942	7,230	9,141	▲2,801	▲4,712	+1,911	▲23.5%	▲39.5%	+26.4%
その他市場運用利息	3,119	392	1,359	▲1,760	▲2,727	+967	▲56.4%	▲87.4%	+246.7%
資金調達費用	14,231	2,655	4,394	△9,837	△11,576	+1,739	△69.1%	△81.3%	+65.5%
預金利息	8,647	1,569	910	△7,737	△7,078	△659	△89.5%	△81.9%	△42.0%
その他市場調達利息	5,584	1,086	3,484	△2,100	△4,498	+2,398	△37.6%	△80.6%	+220.8%
資金粗利益	34,856	30,872	30,051	▲4,805	▲3,984	▲821	▲13.8%	▲11.4%	▲2.7%
役務取引等粗利益	2,937	3,897	5,262	+2,325	+960	+1,365	+79.2%	+32.7%	+35.0%
特定取引粗利益	38	44	47	+9	+6	+3	+23.7%	+15.8%	+6.8%
その他業務粗利益	1,285	1,962	▲5,276	▲6,561	+677	▲7,238	▲510.6%	+52.7%	▲368.9%
国債等証券売買償還損益	1,144	1,456	▲5,845	▲6,989	+312	▲7,301	▲610.9%	+27.3%	▲501.4%
その他経常収益	▲22,746	▲2,387	+1,919	+24,665	+20,359	+4,306	▲108.4%	▲89.5%	▲180.4%
株式等売却益等	▲42	▲534	+2,879	+2,921	+492	+3,413	▲6,954.8%	+1171.4%	▲639.1%
貸倒引当関連純損益	▲20,516	▲1,964	+840	+19,676	+18,552	+1,124	▲95.9%	▲90.4%	▲57.2%
業務粗利益合計	16,370	34,388	32,003	+15,633	+18,018	▲2,385	+95.5%	+110.1%	▲6.9%
営業経費	25,374	23,985	21,734	△3,640	△1,389	△2,251	△14.3%	△5.5%	△9.4%
人件費	13,609	12,337	10,738	△2,871	△1,272	△1,599	△21.1%	△9.3%	△13.0%
物件費	10,461	10,532	9,508	△953	+71	△1,024	△9.1%	+0.7%	△9.7%
経常利益	▲9,004	10,403	10,269	+19,273	+19,407	▲134			

(資料)　全国銀行協会各種統計資料、日本銀行統計等を用いて「地方銀行業態」にて筆者作成。

収益が出ていたとしても、営業部門による貸出金利の引上げによるものか、ALMの成功によるものか経営として理解できないのです。

つまり、「財務会計」のみでは経営状況を分析できないのです。

経営として、正しいこと、よりよいことが、組織の全人全層にて自然発露する経営基盤となることが「スプレッドバンキング」の目的です。

現場の各部門や活動者が、自分たちの行動の"経済的な意味"を的確に理解できるよう、経営として、**収益とリスクを関係づける統一基準**を管理会計のなかにビルトインさせるのがスプレッドバンキングの本質です。

だれが何の収益とリスクに対し"責任"と"成果"の権利をもつのかの効果的な"組織設定"を行うものです。

「スプレッド管理」という言葉は"日本人の造語"です。欧米金融機関に「スプレッド管理」といっても、何のことかはわからず困惑します。それは、"預貸スプレッド収益という孤島管理"では、経営全体としての枠組みとして機能しないからです。欧米の金融機関では、どの部署に"何の収益とリスクを統合管理"させるか"責任と成果"の帰属を明確にしており、これを行内移転価格制度（TP：Transfer Pricing）としてルール化しています。

> TP（行内移転価格制度）とは、銀行内の各種取引に伴うリスクと、それに見合う収益を分解し関係づけ、移転価格を定義したうえで、その移転価格にて"もれなく"各部門や部署に移管する会計手法です。これにより部門ごとの損益とその会計責任を明確にすることができます。

この経営評価のルールが経営の目的に合致するようきちんと定義されていれば、預貸金取引の強化も、ALMの高度化も、草の根的な改善行動として自然に広がります。アダム・スミスのいう「見えざる手」のように自行が目指す方向に"経営管理の枠組み"がつくられていく、ということです。

しかし、現在の銀行役職員においては、異次元緩和により金利が凍結されたことであたかも"1980年代の規制金利行政"が発動しているような錯覚に陥っています。

無理もありません。金利がある世界を経験した役職員は、いまや少数となってしまいました。さらには規制金利行政の経験者に至っては皆無でしょう。したがって、現在の銀行経営は規制金利行政が発動している環境を"意識せずに前提として"行われているのです。

本来、金利は日々刻々と変動する市場経済の動向をビビッドに反映したものです。銀行経営は、金利の変動を前提に遂行されるものです。すべての預貸金商品はすでに"完全自由化"されています。資金調達は固定的な仕入れ値での固まりで行うものではなく、日々のプライシングによる仕入れ値の機動的な設定と調達タイミングにより成否が決定されるものです。

スーパーマーケットと同じく動態機敏な対応が強いられる、大変厳しいも

図表1-5　市場金利手法──「長短（期間）ミスマッチ金利リスク」の消化酵素

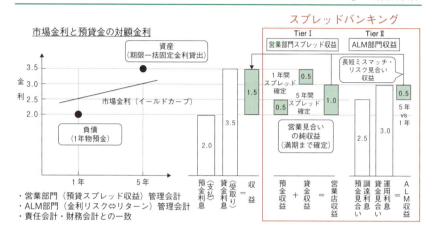

のです。

“金利がある世界”へのいの一番の経営は完全自由化への対応です。

　いま簡略化のために、同額の5年物固定金利貸金3.5％と1年定期預金2.0％しかない銀行を想定します。財務会計においては、貸金受取利息3.5％、預金支払利息2.0％が収支計上され、その差額である＋1.5％が銀行粗利益となります（**図表1-5**）。

　本支店レート管理においては、"期間属性のない単一レート"である本支店レートで仕切って、預金および貸金の収益性を評価するものです。この期間属性のない「仕切りレート」では、預貸金の取組み時点において収益評価上のゆがみが生じますが、それだけではありません。その後の金利変動により、ゆがみによって生じた矛盾が拡大します。この問題に関して、**CHAPTER 3「"総点検"による【自己評価】が必要とされる【現行収益管理】」**で詳述します。

　ここではスプレッドバンキングのTP手法の1つである**市場金利手法**（詳細は**CHAPTER 4**参照）を通して、理解を深めていきます。

　「市場金利手法」においては、貸金に対し、その期間属性と同じ5年物の

市場資金、すなわち、イールドカーブ上の5年物の金利である3.0%をTPの基準値とします。これは、本部のALM部門が、営業店に対し、貸金の期間属性と同じ5年の市場調達コストにて、管理会計上（帳簿上）、貸し付けることを意味します。

　これにより、営業店の固定金利貸金の収益は＋0.5％（3.5％（5年物固定金利貸金）−3.0％（貸金運用の市場調達見合い））で、その後金利がいくら変動しようと、満期まで5年間確定することになります。

　一方、預金は1年物ですから、1年物の市場金利2.5％で評価され、＋0.5％（2.5％（預金調達の市場運用見合い）−2.0％（1年定期預金支払利息））で満期まで収益が確定されます。

　これは店舗網と営業スタッフの活動により得た、市場より安い（安くあるべき）資金である預金を、市場調達と比較して収益を満期まで確定するものです。本部のALM部門は、この預金に対して、TP2.5％（市場1年物金利）で引き受け、管理会計上（帳簿上）、営業店から借り受けることを意味します。

　「スプレッドバンキング」の収益管理においては、本部のALM部門が、預貸金それぞれの資金属性に応じたTP金利で"因数分解"のうえ、資金を引き受けて**"収益勘定"の責任を負います**。すなわち、預貸金という取引が市場金利という"卸値"で"洗い替え"られ、ALM部門へ資金（責任）が移転されることを意味します。この点が「行内移転価格」と呼ばれる理由です。

> 　営業努力という"お肉"部分を「営業部門」の預貸金スプレッド収益として満期まで固定して還元します。一方で、預貸金の資金属性に応じた市場の卸値（TP）で「ALM部門」へ資金を移転する管理会計を行います。

　この方法により、銀行が抱える「長短（期間）ミスマッチ構造」の"骨格"が、ALM部門のバランスシート上に投射投影されることとなります。

PART Ⅰ ●【シン設計】スプレッドバンキング

ALM部門のバランスシートの運用側には、貸金見合いの資金として3.0％の運用が立ち、負債側には預金見合い資金の2.5％の調達が立ち、ネット利鞘＋0.5％の収益を計上することになります。

この収益がまさに長短ミスマッチ・リスク、「5年物運用vs1年物調達」という期間のミスマッチポジションをとることによる、純粋な「金利リスク見合いのALM部門収益」なのです。

ALM部門の責務は、この**"守るべき収益"**を合目的に管理することにあります。取組み時点ではたしかにALM収益は＋0.5％計上されますが、仮にその後、金利が上昇すれば運用サイドの5年固定に対し、調達は1年のみの固定ですから、1年後に収益は悪化することになります。この長短のミスマッチ・リスクを回避したいのであれば、預貸金の取組み時点で、「5年固定払いvs1年物変動受け」のスワップ取引をマーケットにて締結すればよいのです。こうすれば、**ALM部門収益は"ゼロ"となる一方、リスクは完全にヘッジ**されます。これらの判断を将来の金利予測とリスク許容量をふまえ、合目的に実行することがALM部門の責務となります。

重要なことは、**"ALM部門収益と預貸金スプレッド収益を合算したものが財務会計における収益と一致する"**ということです。

つまり、**スプレッドバンキングの樹立により、各種リスク源泉あるいは努力源泉という"軸"で、自行の経営パフォーマンスを評価でき、その合算が全体収益と一致する**ということです。

預貸金取引にベースレートを設定するのなら、必ずどこかのセクションにその"持ち値"で預貸金をALMによって管理させる"資金移転"の仕組みを構築することが重要であり、この資金移転がきちんと実施されている場合に限り、各部門収益の合計は財務会計上の全体収益と一致し、経営者は全体収益と各部門収益を整合的に管理・運営することができるのです。

スプレッドバンキングは、多種多様な預貸取引で生じる"リスクを消化"するための組織的な設定を行い、その結果から収益計上のメカニズムを分析し、経営状況を理解できるようにする仕組みです。

また、金利の完全自由化により、**"市場が間接金融の銀行経営に与える影響"を経営課題として認識しつつ、ヘッジ取引などの積極的な活用により、市場からのリスクや悪影響をなるべくうまく回避し、柔軟でしなやかな経営を実現する科学技法でもあります。**

　加えて、預貸金取引にはそれぞれ内在する固有の金利リスク・信用リスクがあります。これらを"因数分解"してリスクを明確化し、そのリスクをとることで生じた収益を経営が責任をもって管理することが必要です。その収益パフォーマンスの成果を享受する部門・部署をもれなく定義する管理会計の考え方もスプレッドバンキングとして重要です。

　本書においては、収益構造を次の3階層に分けて定義します。すなわち、営業部門スプレッド収益が収益力の根幹であることからTier Ⅰと定義し、ALM部門収益をTier Ⅱ、自己資本運用益等のビジネスユニットに帰属しない経営部門収益をTier Ⅲと定義します。

　次項において、「1999年➡2013年➡2023年」の収益構造の変容分析を行っていきます。

2　時系列分析（1999年➡2013年➡2023年）スプレッドバンキング

　以上のスプレッドバンキングの経営技法を、地銀のデータに当てはめ、時系列分析（1999年➡2013年➡2023年）したのが**図表1－6**です。

　この四半世紀における収益構造の骨格変容を理解するため、貸倒引当金戻入益・償却債権取立益・貸倒引当金繰入額・貸出金償却の「貸倒引当関連純損益」と国債等債券売買償還損益・株式等売却損益の「ALMその他損益」を控除した**図表1－6①**の行でみてみましょう。

　2023年においては1兆3,579億円であり、1999年対比とほぼ同等の収益計上を確認できます。しかし、ここから1999年から2023年の経費削減分3,640億円（1999年2兆5,374億円➡2023年2兆1,734億円）を控除すると

図表1－6 時系列分析（1999年→2013年→2023年）スプレッドバンキング

（資料）全国銀行協会各種統計資料、日本銀行統計等を用いて筆者作成。

▲2,480億円の減少となっています。1999年対比、収益計上力が▲20％も悪化しているということです。

1999年対比の収益力の悪化はどの部門で生じているのでしょうか。

それはもっぱらTier I（営業部門スプレッド収益）の悪化▲2,674億円によるものです。

バランスシートの総資産残高は210兆円も増えていますが、営業部門スプレッドが半減していることがわかります。

図表1－7は経費控除前のTier I（営業部門スプレッド収益）を分析したものです。バンキング勘定の“幹”の収益力がどう変容したかを検証していきます。

速水総裁の「ゼロ金利政策」と黒田総裁の「異次元緩和政策」により、1999年には「全体収益」の11％を占めていた預金商品の収益が赤字になるまで落ち込みました。

ただし、今後の“金利がある世界”ではイールドカーブの下方プライシングとなる預金商品の収益性の回復が期待されており、銀行株価の上昇を招来しています。

さて、“金利がある世界”での預金商品の収益性レジリエンスが過去をなぞるように良化されることが期待できるのでしょうか。

この重要課題に関しては、SECTION 4 の「“金利がある世界”の銀行収益展望」にて考察を深めます。単純には期待できないと想定されます。

2023年の役務取引等粗利益は、個人資産運用の多様化を目指した投信販売等による「手数料ビジネス」で5,262億円の収益計上となっており、「全体収益（業務粗利益合計）」の15％を占め、預金商品の悪化をカバーする重要な収益源となっています。

Tier I の根幹はやはり「与信ビジネス」で、全体収益の68％を占めています。法人貸出で38％、個人貸出で27％の全体収益への貢献です（図表1－7）。

「与信ビジネス」をいかに伸張できるかが、金利がある世界における銀行

==経営の帰趨を決定するものとなります。最重要の経営課題です。==

　金利の上昇は、借入先である法人・個人の経営にはネガティブインパクトとなることは間違いありません。「金利ゼロ➡信用リスクゼロ」という図式が逆回転することになります。

　きめ細かな与信マネジメントと事前のコンサルティングが大変重要となります。**CHAPTER 2の「SECTION 4 "融資部門" のシン設計」**にて考察を深めます。

　図表1－8は、TierⅠの構造変容を「残高等要因」と「スプレッド利鞘要因」により分析したものです。

　「TierⅠ（除く貸倒引当関連純損益）」にて1999年と比較して▲2,674億円の悪化がみられました。これは巨額の利鞘要因の悪化によるもので、実に▲1兆6,007億円、1999年の全体収益である1兆2,419億円を凌駕する驚異的なマイナス要因となっています。

　ゼロ金利政策、異次元緩和政策は経営に大変恐ろしい影響を及ぼしたことが理解できます。

　イールドカーブの下方に収益を形成する預金ビジネスにおいて利鞘要因で▲5,708億円の悪化です。そして何よりも大きな問題が貸出ビジネスの利鞘です。預金ビジネスを凌駕する▲1兆299億円の巨額悪化です。

　貸出の利鞘悪化は "金利がある世界" において暗い影を落とします。「ゼロ金利×粘着デフレ」により==貸出プライシングが溶解==してしまったのです。アンダープライム[6]はいまや法人・個人ローンを問わず常識であり、信用コストを想定したプライシングを組織的に行う力が大きく棄損しました。

　特に法人貸出においては深刻であり、貸出プライシングはもはや短期プライムレート（短プラ）基準は少なく、「TIBOR連動基準」が主流となっており、スプレッドが「約定」として固定化されています。今後の金利上昇局面では貸出商品の収益性が向上しないことを意味します。

6　銀行の短期貸出において最優遇金利である短期プライムレート（短プラ）を下回る金利を適用していること。

図表 1 - 7　Tier I（営業部門スプレッド収益（経費控除前））

		1999年 3 月			（当年全収益比）	
		（残　高）	（スプレッド）	粗利益	比　率	（残　高）
【Tier I】営業部門スプレッド収益		3,109,000	+ 0.3369	+ 10,474		3,960,000
除く 貸倒引当関連純損益		3,109,000	+ 0.9968	+ 30,990	+ 82.0%	3,960,000
貸出金合計		1,385,000	+ 1.7208	+ 23,832	+ 63.1%	1,674,000
法人貸出		1,066,181	+ 1.4828	+ 15,809	+ 41.8%	1,076,946
中小企業		684,304	+ 1.6433	+ 11,245	+ 29.8%	673,390
中堅・大企業		381,877	+ 1.1951	+ 4,564	+ 12.1%	403,556
個人貸出		279,898	+ 2.7749	+ 7,767	+ 20.6%	474,563
住宅ローン		206,421	+ 1.6487	+ 3,403	+ 9.0%	430,980
カードローン		32,320	+ 10.7510	+ 3,475	+ 9.2%	28,237
事業主等		41,157	+ 2.1596	+ 889	+ 2.4%	15,346
国・地公体		38,921	+ 0.6594	+ 257	+ 0.7%	122,491
預金合計		1,724,000	+ 0.2448	+ 4,221	+ 11.2%	2,286,000
流動性預金		527,000	+ 0.7050	+ 3,217	+ 8.5%	1,240,000
法人		287,789	+ 0.7050	+ 1,757	+ 4.6%	428,054
個人		225,760	+ 0.7050	+ 1,378	+ 3.6%	778,938
公金など		13,451	+ 0.7050	+ 82	+ 0.2%	33,009
定期性預金		1,197,000	+ 0.0839	+ 1,004	+ 2.7%	1,046,000
10M 以上		689,770	+ 0.0441	+ 304	+ 0.8%	481,802
3M 以上		230,830	+ 0.1831	+ 423	+ 1.1%	310,930
3M 未満		276,399	+ 0.1004	+ 278	+ 0.7%	253,268
貸倒引当関連純損益				▲ 20,516		
役務取引等粗利益				2,937	+ 7.8%	

（資料）　全国銀行協会各種統計資料、日本銀行統計等を用いて筆者作成。

（億円、％）

2013年3月		（当年全収益比）	2023年3月			（当年全収益比）
（スプレッド）	粗利益	比　率	（残　高）	（スプレッド）	粗利益	比　率
＋0.6874	＋27,220		5,746,000	＋0.4782	＋27,477	
＋0.7370	＋29,184	＋83.9％	5,746,000	＋0.4928	＋28,317	＋80.2％
＋1.4105	＋23,612	＋67.9％	2,493,000	＋0.9579	＋23,881	＋67.6％
＋1.3474	＋14,510	＋41.7％	1,499,530	＋0.8947	＋13,416	＋38.0％
＋1.5617	＋10,516	＋30.2％	1,076,432	＋1.0606	＋11,417	＋32.3％
＋0.9897	＋3,994	＋11.5％	423,098	＋0.4726	＋2,000	＋5.7％
＋1.7215	＋8,170	＋23.5％	783,454	＋1.1972	＋9,380	＋26.6％
＋1.2615	＋5,437	＋15.6％	690,102	＋0.8567	＋5,912	＋16.7％
＋8.4000	＋2,372	＋6.8％	48,115	＋5.7047	＋2,745	＋7.8％
＋2.3524	＋361	＋1.0％	45,237	＋1.5976	＋723	＋2.0％
＋0.7605	＋932	＋2.7％	210,016	＋0.5165	＋1,085	＋3.1％
＋0.0733	＋1,676	＋4.8％	3,253,000	▲0.0254	▲826	▲2.3％
＋0.1060	＋1,314	＋3.8％	2,311,000	＋0.0013	＋29	＋0.1％
＋0.1060	＋454	＋1.3％	764,329	＋0.0013	＋10	＋0.0％
＋0.1060	＋826	＋2.4％	1,373,707	＋0.0013	＋17	＋0.0％
＋0.1060	＋35	＋0.1％	172,964	＋0.0013	＋2	＋0.0％
＋0.0346	＋361	＋1.0％	942,000	▲0.0908	▲855	▲2.4％
＋0.0000	▲20	▲0.1％	593,877	▲0.1430	▲849	▲2.4％
＋0.0561	＋174	＋0.5％	192,928	▲0.0017	▲3	▲0.0％
＋0.0817	＋207	＋0.6％	155,195	▲0.0016	▲2	▲0.0％
	▲1,964				▲840	
	3,897	＋11.2％			5,262	＋14.9％

図表1−8 Tier I（営業部門スプレッド収益）の変容分析（経費控除前）

	（1999年➡2013年　構造変化）					（残　高）
	（残　高）	（スプレッド）	粗利益	残高等要因	利鞘要因	
【Tier I】営業部門スプレッド収益	+ 851,000	+ 1.968	+ 16,746	+ 23,335	▲ 6,589	+ 1,786,000
除く貸倒引当関連純損益	+ 851,000	▲ 0.260	▲ 1,806	+ 4,783	▲ 6,589	+ 1,786,000
貸出金合計	+ 289,000	▲ 0.310	▲ 221	+ 2,562	▲ 2,783	+ 819,000
法人貸出	+ 10,765	▲ 0.135	▲ 1,299	+ 44	▲ 1,343	+ 422,584
中小企業	▲ 10,914	▲ 0.082	▲ 729	▲ 170	▲ 559	+ 403,042
中堅・大企業	+ 21,679	▲ 0.205	▲ 570	+ 215	▲ 784	+ 19,542
個人貸出	+ 194,665	▲ 1.053	+ 403	+ 1,883	▲ 1,480	+ 308,891
住宅ローン	+ 224,558	▲ 0.387	+ 2,034	+ 2,833	▲ 799	+ 259,122
カードローン	▲ 4,082	+ 2.351	▲ 1,103	▲ 343	▲ 760	+ 19,877
事業主等	▲ 25,811	+ 0.193	▲ 528	▲ 607	+ 79	+ 29,891
国・地公体	+ 83,570	+ 0.101	+ 675	+ 636	+ 39	+ 87,525
預金合計	+ 562,000	▲ 0.172	▲ 2,545	+ 1,261	▲ 3,806	+ 967,000
流動性預金	+ 713,000	▲ 0.599	▲ 1,902	+ 1,254	▲ 3,157	+ 1,071,000
法人	+ 140,265	▲ 0.599	▲ 1,303	+ 421	▲ 1,724	+ 336,276
個人	+ 553,177	▲ 0.599	▲ 552	+ 800	▲ 1,352	+ 594,769
公金など	+ 19,558	▲ 0.599	▲ 47	+ 33	▲ 81	+ 139,955
定期性預金	▲ 151,000	▲ 0.049	▲ 643	+ 6	▲ 649	▲ 104,000
10M以上	▲ 207,968	▲ 0.044	▲ 324	▲ 20	▲ 304	+ 112,075
3M以上	+ 80,100	▲ 0.127	▲ 248	+ 45	▲ 293	▲ 118,003
3M未満	▲ 23,132	▲ 0.019	▲ 70	▲ 19	▲ 52	▲ 98,072
貸倒引当関連純損益			+ 18,552	+ 18,552		
役務取引等粗利益			+ 960	+ 960		

（資料）　全国銀行協会各種統計資料、日本銀行統計等を用いて筆者作成。

(億円、%)

(2013年➡2023年 構造変化)				(1999年➡2023年 構造変化)				
(スプレッド)	粗利益	残高等要因	利鞘要因	(残　高)	(スプレッド)	粗利益	残高等要因	利鞘要因
+ 0.014	+ 256	+ 11,016	▲ 10,760	+ 2,637,000	+ 0.645	+ 17,002	+ 33,009	▲ 16,007
▲ 0.244	▲ 868	+ 9,892	▲ 10,760	+ 2,637,000	▲ 0.504	▲ 2,674	+ 13,333	▲ 16,007
▲ 0.453	+ 269	+ 8,650	▲ 8,382	+ 1,108,000	▲ 0.763	+ 48	+ 10,347	▲ 10,299
▲ 0.453	▲ 1,094	+ 4,367	▲ 5,461	+ 433,349	▲ 0.588	▲ 2,393	+ 4,354	▲ 6,747
▲ 0.501	+ 900	+ 4,275	▲ 3,374	+ 392,128	▲ 0.583	+ 171	+ 4,159	▲ 3,988
▲ 0.517	▲ 1,994	+ 92	▲ 2,087	+ 41,222	▲ 0.722	▲ 2,564	+ 195	▲ 2,759
▲ 0.524	+ 1,210	+ 3,831	▲ 2,621	+ 503,556	▲ 1.578	+ 1,613	+ 5,110	▲ 3,497
▲ 0.405	+ 475	+ 2,220	▲ 1,745	+ 483,681	▲ 0.792	+ 2,509	+ 4,144	▲ 1,635
▲ 2.695	+ 373	+ 1,134	▲ 761	+ 15,795	▲ 5.046	▲ 730	+ 901	▲ 1,631
▲ 0.755	+ 362	+ 478	▲ 116	+ 4,080	▲ 0.562	▲ 166	+ 65	▲ 231
▲ 0.244	+ 153	+ 452	▲ 299	+ 171,095	▲ 0.143	+ 828	+ 884	▲ 56
▲ 0.099	▲ 2,502	▲ 123	▲ 2,378	+ 1,529,000	▲ 0.270	▲ 5,047	+ 661	▲ 5,708
▲ 0.105	▲ 1,285	+ 13	▲ 1,299	+ 1,784,000	▲ 0.704	▲ 3,187	+ 521	▲ 3,709
▲ 0.105	▲ 444	+ 4	▲ 448	+ 476,540	▲ 0.704	▲ 1,747	+ 278	▲ 2,025
▲ 0.105	▲ 808	+ 7	▲ 816	+ 1,147,947	▲ 0.704	▲ 1,361	+ 228	▲ 1,589
▲ 0.105	▲ 33	+ 2	▲ 35	+ 159,513	▲ 0.704	▲ 80	+ 15	▲ 95
▲ 0.125	▲ 1,216	▲ 137	▲ 1,080	▲ 255,000	▲ 0.175	▲ 1,859	+ 140	▲ 1,999
▲ 0.143	▲ 829	▲ 140	▲ 689	▲ 95,894	▲ 0.187	▲ 1,154	+ 137	▲ 1,291
▲ 0.058	▲ 178	+ 2	▲ 179	▲ 37,903	▲ 0.185	▲ 426	+ 1	▲ 427
▲ 0.083	▲ 210	+ 2	▲ 211	▲ 121,204	▲ 0.102	▲ 280	+ 2	▲ 282
	+ 1,124	+ 1,124				+ 19,676	+ 19,676	
	+ 1,365	+ 1,365				+ 2,325	+ 2,325	

CHAPTER 1 ● "時系列分析（1999年➡2013年➡2023年）"スプレッドバンキング　027

"短プラ"という銀行が決定できるプライシング慣行を市場支配へと移譲したことで、最も痛いゼロ金利の副作用が残ったのです。

さまざまな預金と貸金を仲介する銀行業の"伝家の宝刀"である"短プラ基準運営"が長らく続いたゼロ金利とデフレにより、"溶解"してしまったのです。

1999年から2023年にかけての利鞘要因（▲1兆6,007億円）の悪化を、全体収益において、▲2,674億円の悪化にとどめたもの、それは巨額の残高要因＋1兆3,333億円の増益によるものです。

それはもっぱら貸出ボリューム増＋111兆円（＋60％）の激増による増益＋1兆347億円によるものです。

貸出ボリュームの激増によってなんとか収益力を保っている状況において、金利がある世界において重要となるのが"与信マネジメント"です。

次に Tier II（ALM部門収益）の変容に関してみてみましょう（図表1−9）。

Tier II（ALM部門収益）とは、TP処理により、預貸金取引のスプレッド収益を削ぎ落とし、資金特性に応じた市場卸値にて銀行の全資産・全負債を一元管理し利益追求していくことから生起する収益です。

Tier II（ALM部門収益）は、有価証券ポートフォリオという一部のアセット・マネジメントによって形成されるものではありません。銀行の"全資産・全負債"をそれぞれの資金属性に応じてTP処理して、市場の金利で全明細を洗い替えてブッキングし、その運調の利鞘（図表1−9の①−②）にて収益をあげていくものです。

2023年のALMの管理対象とする総資産（負債）は1999年比で倍増しており、この10年でも＋100兆円増の"総額400兆円"です。

ALM部門の資金利鞘は1999年の＋0.284％から2023年には超薄鞘の＋0.131％へと半減以下となっています。その利鞘減益を"流動性預金"というきわめて軟弱な基盤上に運用資産を積み上げてなんとか利益を計上している状況です。

2023年においては米国金利の急上昇を受けて、巨額の債券運用処理損（▲5,845億円）を計上し、それを株式等売却益（＋2,806億円）では吸収できず、2013年対比、▲36％の大幅な減益となりました。金利がある世界では、資産・負債それぞれが完全金利自由化のもと、脈動することになります。有価証券ポートフォリオのみならず、異次元緩和やコロナ緊急融資でふくれあがった預貸金を総合したALMをどう戦略運営していくか。特段の組織体制強化が喫緊の課題であるのは間違いありません。

短プラベーシスリスク収益も**流動性預金ベーシスリスク収益**も、ALM部門収益の重要な管理収益であり、リスクでもあります。

ここでのケーススタディでは試算のための公表数値がないので空欄としています。詳細は、**CHAPTER 4 SECTION 4「ベーシススプレッド手法」**にて詳述します。

Tier III（経営部門収益）は、"ビジネスユニットに帰属しない資産負債から発生するスプレッド収益"と"経営運営インセンティブ損益"から形成されます（図表1－10）。

ビジネスユニットに帰属しないスプレッド利益は、主に自己資本運用益から形成されます。ゼロ金利により運用利回りは急減し、1999年には600億円あった収益が2023年ではほぼゼロとなっていまが、**今後の金利上昇においては確実に収益改善が見込まれます。**

経営運営インセンティブ損益の仕組に関しては、**CHAPTER 4 SECTION 5「インセンティブ手法」**で詳述します。とても大事な損益勘定となります。"金利がある世界"に入ったいまだからこそ、この損益勘定の設置が経営として喫緊の課題となります。その点は、**CHAPTER 2 SECTION 2「"経営部門"のシン設計」**で論述します。

経営戦略上において注力商品の販売促進のためにインセンティブを付与したり、営業基盤の防衛上、赤字でも預貸金取引を実行する際、現場にてその行動を承諾あるいは生起させるよう一定の考えで"収益補填"のインセンティブを与えたりするものです。

図表 1 - 9　Tier II（ALM 部門収益（経費控除前））

銀行の全資産・全負債を TP により洗い替え		①（ALM総運用）	1.030%			①（ALM総運用）
		②（ALM総調達）	0.746%			②（ALM総調達）
			1999年3月		（当年全収益比）	
		（残　高）	（運調利回り）	粗利益	比　率	（残　高）
【Tier II】 ALM 部門収益　(A) + (B)		1,862,000	①-② + 0.284	+ 5,295	+ 32.3%	2,449,000
	除く ALM その他損益 （国債等債券売買償還損益・ 株式等売却損益等）	1,862,000	+ 0.333	+ 6,202	+ 16.4%	2,449,000
ALM 長短ミスマッチ収益　(A)						
A L M 長短運用収入	貸出金見合い TP 運用	1,385,000	+ 0.736	+ 10,194		1,674,000
	有価証券（ALM プロパー）	420,000	+ 2.548	+ 9,477		721,000
	国債	106,000	+ 3.048	+ 3,230		352,000
	地方債	61,000	+ 2.357	+ 1,438		103,000
	社債	87,000	+ 2.602	+ 2,264		159,000
	株式	50,000	+ 1.895	+ 948		46,000
	その他証券	116,000	+ 2.349	+ 1,597		61,000
	動不動等他資産見合い TP	57,000	+ 0.736	+ 420		54,000
A L M 長短調達費用	預金見合い TP調達	1,724,000	▲ 0.747	▲ 12,872		2,286,000
	流動性預金見合い TP	527,000	▲ 0.736	▲ 3,879		1,240,000
	当座預金 TP	54,000	▲ 0.736	▲ 397		92,000
	普通預金等 TP	473,000	▲ 0.736	▲ 3,481		1,148,000
	定期性預金見合い TP	1,197,000	▲ 0.751	▲ 8,994		1,046,000
	自己資本等その他負債TP	138,000	▲ 0.736	▲ 1,016		163,000
A L M その他損益	特定取引粗利益			+ 38	+ 0.1%	
	その他業務粗利益			+ 1,285	+ 7.8%	
	国債等債券売買償還損益			+ 1,144	+ 7.0%	
	株式等売却益等			▲ 2,230	▲ 13.6%	
ALM ベーシスリスク収益　(B)						
短プラベーシスリスク収益						
流動性ベーシスリスク収益						

（資料）　全国銀行協会各種統計資料、日本銀行統計等を用いて筆者作成。

（億円、%）

0.428%			①（ALM総運用）	0.134%	
0.142%			②（ALM総調達）	0.003%	

2013年3月		（当年全収益比）	2023年3月			（当年全収益比）
（運調利回り）	粗利益	比 率	（残 高）	（運調利回り）	粗利益	比 率
①-② +0.287	+ 7,018	20.4%	3,445,000	①-② +0.131	+ 4,523	+ 14.1%
+ 0.222	+ 5,435	+ 15.6%	3,445,000	+ 0.203	+ 6,993	+ 19.8%
+ 0.137	+ 2,293		2,493,000	+ 0.003	+ 64	
+ 0.867	+ 6,536		892,000	+ 0.787	+ 7,016	
+ 0.792	+ 2,786		127,000	+ 0.132	+ 167	
+ 1.003	+ 1,034		168,000	+ 0.331	+ 557	
+ 1.039	+ 1,652		128,000	+ 0.482	+ 617	
+ 1.390	+ 639		66,000	+ 2.341	+ 1,545	
+ 0.452	+ 425		403,000	+ 1.025	+ 4,130	
+ 0.137	+ 74		60,000	+ 0.003	+ 2	
▲ 0.142	▲ 3,245		3,253,000	▲ 0.003	▲ 84	
▲ 0.137	▲ 1,699		2,311,000	▲ 0.003	▲ 60	
▲ 0.137	▲ 126		145,000	▲ 0.003	▲ 4	
▲ 0.137	▲ 1,573		2,166,000	▲ 0.003	▲ 56	
▲ 0.148	▲ 1,546		942,000	▲ 0.003	▲ 24	
▲ 0.137	▲ 223		192,000	▲ 0.003	▲ 5	
	+ 44	+ 0.1%			+ 0	+ 0.0%
	+ 1,962	+ 5.7%			▲ 5,276	▲ 16.5%
	+ 1,456	+ 4.2%			▲ 5,845	▲ 18.3%
	▲ 423	▲ 1.2%			+ 2,806	+ 8.8%

図表 1 −10　Tier Ⅲ（経営部門収益（経費控除前））

| | | 1999年3月 | | | （全収益比） | |
	（残　高）	（運調利回り）	粗利益	比　率	（残　高）
【Tier Ⅲ】 経営部門収益	81,000	+ 0.741	+ 600	+ 3.7%	109,000
自己資本運用益等	81,000	+ 0.741	+ 600		109,000
自己資本・損益資金運用益 動不動産等調達コスト	138,000 57,000	+ 0.736 ▲ 0.736	+ 1,020 ▲ 420		163,000 54,000
経営運営インセンティブ損益					
預金全体インセンティブ 預金個別インセンティブ					
住宅ローン全体インセンティブ 住宅ローン個別インセンティブ					
経営管理損益					
戦略支援取引 その他経営					

（資料）　全国銀行協会各種統計資料、日本銀行統計等を用いて筆者作成。

　ゼロ金利という異常環境から金利が緩やかに上昇する現局面において、「通常プライシング」を行う態勢へとしっかりと"軟着陸"する必要があります。その際の有用な経営手法がインセンティブ手法なのです。
　ここでのケーススタディでは、信用コストの記載がありませんが、これも利用可能なデータがないからです。信用コストをTPとして埋め込むことはとても重要です。信用コストのTPに関しては、CHAPTER 5「信用リスク収益管理会計」にて詳述します。

（億円、%）

2013年3月		（全収益比）	2023年3月			（全収益比）
（運調利回り）	粗利益	比　率	（残　高）	（運調利回り）	粗利益	比　率
＋ 0.137	＋ 149	＋ 0.4%	132,000	＋ 0.0026	＋ 3	＋ 0.0%
＋ 0.137	＋ 149		132,000	＋ 0.0026	＋ 3	
＋ 0.137	＋ 223		192,000	＋ 0.0026	＋ 5	
▲ 0.137	▲ 74		60,000	＋ 0.0026	▲ 2	

CHAPTER 1 ● "時系列分析（1999年➡2013年➡2023年）" スプレッドバンキング

SECTION 4

"金利がある世界"の銀行収益展望
——金利上昇における"レジリエンス"は発揮できるか

　SECTION 4 では SECTION 3 の時系列分析をふまえ、今後の"金利がある世界"において、市場が期待する"レジリエンス"を発揮できるかについて考察します。

　レジリエンスの観点から初めて預超となり、金利イールドがまだ立っていた1999年をベンチマークにしてみていきます（**図表 1 −11**）。

　その時々の状況に応じて発生する資産勘定の大きな処理損である信用リスク処理損と金利リスク等処理損を控除したうえで、Tier Ⅰ（営業部門スプレッド収益）・Ⅱ（ALM 部門収益）・Ⅲ（経営部門収益）の収益構造を展望していきます。

　2023年の全体収益に占める貢献割合は、Tier Ⅰ 80.2%、Tier Ⅱ 19.8%と1999年、2013年と比較してほぼ変わらない状況です。間接金融の"お肉収益"である Tier Ⅰ（営業部門スプレッド収益）の貢献が 8 割を保っており、きわめて安定的であり健康であると理解できます。

　これは今般 1 兆2,000億円規模の巨額増資を必要とする農林中央金庫[7]と比べて、"きわめて恵まれている"ことを物語っています。農林中央金庫は、預託利回りに奨励金を上乗せしさらに出資配当を加え、毎年3,000億円程度の資金を JA バンクの中央金庫として創出還元する必要があるといわれています。"お肉"の農業関連融資の規模の限界から"多大な Tier Ⅱ（ALM 部門収益）"を必要とする大変厳しい経営環境に直面しています。

　一方、ゆうちょ銀行は"原則融資禁止"の方針を貫きながら郵便事業のユ

---

[7]　農林中央金庫は、2024年 5 月22日、2025年 3 月期決算で5,000億円超の純損失を計上すると発表した。また、1 兆2,000億円の資本増強を行うことも明らかにした。

図表 1 - 11 「Tier Ⅰ・Ⅱ・Ⅲ」の収益構造変遷（経費控除前）

（億円、%）

	1999年3月			(当年全収益比) 比 率	2013年3月			(当年全収益比) 比 率	2023年3月			(当年全収益比) 比 率
	（残 高）	（スプレッド）	粗利益		（残 高）	（スプレッド）	粗利益		（残 高）	（スプレッド）	粗利益	
[TierⅠ] 営業部門スプレッド収益	3,109.000	+0.3369	+10.474		3,960.000	+0.6874	+27.220		5,746.000	+0.4782	+27.477	
（除く）貸倒引当金関連純損益	3,109.000	+0.9968	+30.990	82.0%	3,960.000	+0.7370	+29.184	83.9%	5,746.000	+0.4928	+28.317	80.2%
[TierⅡ] ALM部門収益	1,862.000	+0.2844	+5.295		2,449.000	+0.2866	+7.018		3,445.000	+0.1313	+4.523	
（除く）ALMその他損益（国債等債券売買償還損益・株式等売却損益等）	1,862.000	+0.3331	+6.202	16.4%	2,449.000	+0.2219	+5.435	15.6%	3,445.000	+0.2030	+6.993	19.8%
[TierⅢ] 経営部門収益	81.000	+0.7409	+600	3.7%	109.000	+0.1370	+149	0.4%	132.000	+0.0026	+3	0.0%

	1999年3月			(1999年比)	2013年3月			(1999年比)	2023年3月			(1999年比)	(当年全収益比) 比 率
	（残 高）	（スプレッド）	粗利益		（残 高）	（スプレッド）	粗利益		（残 高）	（スプレッド）	粗利益		
経費引き前〈全体収益〉	1,862.000	+0.8791	+16,370	+18,018	2,449.000	+1.4042	+34,388		3,445.000	+0.9290	+32,003	+15,633	
（除く）	1,862.000	+2.0297	+37,793	▲3,024	2,449.000	+1.4197	+34,769		3,445.000	+1.0251	+35,313	▲2,480	▲6.6%
[TierⅠ] 営業部門スプレッド収益				▲1,806								▲2,674	▲8.6%
[TierⅡ] ALM部門収益				▲767								+791	+14.9%
[TierⅢ] 経営部門収益				▲451								▲597	▲199.4%

> 2023年の全体収益に占める〈貢献割合〉において、[TierⅠ 80.2%][TierⅡ 19.8%] であり、99年のみならず2013年対比でもほぼ不変の状況です。これは全体の"お肉収益"である営業部門収益の8割を占めるスプレッド収益の貢献が不変で安定的であり健全であると理解できます。とはいえ、1兆円規模の巨額増資を要して創出された農中さえ、"きわめて恵まれている"ことを物語っています。農中は、預託利回り（奨励金）を上乗せしてさらに出資配当を付加。毎年3,000億円規模のJAバンク中央金庫として創出還元する必要があると言われており、"お肉"の農魚業はJAバンク"多大な TierⅡ"を必要とする大変厳しい経営環境です。環境はさらに厳しいゆうちょ銀行、すなわち"融資部門"がなされている原因、"融資部門"がなされている郵貯銀行のユニバーサルサービスの維持負担が重要な経営責務となっているゆえ、全国民から全国銀行のALM事業の安定・拡大は注目度の高い見通しますが、[TierⅡ収益] には大きなリスクがあるものの、進展させればさらに発揮する余地が十分にあると考えます。

> 〈貸倒引当金関連純損益（ALMその他関連損益）を控除したベースの全体収益において、▲2,480億円のマイナス収益力悪化（1999年対比、▲6.6%）となっている。営業部門スプレッド収益[TierⅠ]の悪化によるもので、はたしてTierⅡ "金利がある世界" においてレジリエンスを発揮できるであろうか。

（資料）全国銀行協会各種統計資料、日本銀行統計等を用いて筆者作成。

ニバーサルサービスを維持する重要な責務があり、経営環境はさらに厳しい状況ですが、ALMの安定性と高収益性には目を見張ります。TierⅡ収益にはたしかに大きなリスクがありますが、進歩させればさらに発展する余地が十分にあると考えられます。

以下、金利が影響する銀行収益を因数分解しながらスプレッドバンキングによる収益構造（TierⅠ・Ⅱ・Ⅲ）を展望していきます。

1 TierⅠ（営業部門スプレッド収益）の展望

❶ 貸出ビジネスの展望

貸出ビジネスにおいては、スプレッド（1999年＋1.720％➡2023年＋0.957％）の減少による減益影響（▲1兆299億円）を、貸出ボリューム増（111兆円の増益効果＋1兆347億円）が吸収し、収益水準を維持しています。さて、金利がある世界での展望はどうでしょうか。

1999年に初めて"預超"となった銀行界はその後、優良な貸出先の発掘に苦慮する状況が続いています。2023年の地銀の預貸率には改善傾向がみられますが依然低く、そこには"コロナ緊急対応の政府保証代理貸し等の増勢"が内包されています。111兆円もの巨額の貸出ボリュームの増加は、この10年（2013年～2023年）の82兆円によるものであり、"異次元緩和"と"コロナ対応"による増加分が中核にあると考えられ、今後の"信用リスク"の動向に最大限の注意が必要です。

2024年4月のRDB企業デフォルト率[8]は1.38％となり、前年同月比では＋0.19％上昇しました。2023年における通年でのデフォルト率は2020年度の0.90％を底に3年連続で上昇しています。水準でみても、2013年度の1.50％

8　「RDB企業デフォルト率」とは、日本リスク・データ・バンク株式会社（RDB）が、全国の会員金融機関より拠出された匿名の財務データベースをもとに、過去の実績デフォルト件数から算出した企業のデフォルト率を月次にて提供する経済指標。

以来の高い値となっています。RDBデフォルトDIも直近1年で12カ月のうち10カ月で50を上回り、そのような状況はリーマンショック時以来です（**図表1−12**）。

デフォルトDIは企業デフォルト率に対し1年程度先行する傾向があり、今後はデフォルト率が上昇する可能性が高いとみています。総額40兆円のゼロゼロ融資の利子補給期間が終了し、返済が本格化するなかでの金利上昇は、過剰債務・営業不振に直面する企業にとっては大きなダメージになりかねません。"金利がある世界"では、借入企業の支払利子負担が上昇することを意味します。

日本リスク・データ・バンク（RDB）の試算では、金利1％の上昇が貸出先に与えるインパクトは、リーマンショック以上となると考えられています。

貸出ビジネスの規模は、この10年の"異次元緩和"と"コロナ対応"によってかつてないほど巨額となりました。法人・個人問わず、信用リスクの動向に最大限の注意が必要なのは間違いありません。

貸出スプレッドに関しては、過去四半世紀にわたって、"一貫して悪化してきた"ことが確認されています。

1999年から2013年までのスプレッドは▲0.310％、2013年から2023年では▲0.453％、この24年で▲0.763％の減少がみられました。1999年の約4割に縮小しており、きわめて厳しい状況です。

さらに深刻なのは四半世紀前には法人融資のプライシング原理であった短プラ貸出が衰退し、TIBOR連動による貸出が主流となっていることです。これによりスプレッドの利鞘が"固定化"されてしまいました。

市場に"完全連動"することになり、遅行による利鞘圧縮リスクは軽減されましたが、"金利上昇局面で貸出スプレッドが改善する余地が小さい"ことを意味します。もちろん、個別に金利の引上げ交渉がなされるでしょうが、個社ごとの上乗せ幅交渉は厳しい金利競争下、難航が予想されます。短プラ連動の利点は本部による"マス規準金利改定"により個社ごとの交渉が

CHAPTER 1 ● "時系列分析（1999年➡2013年➡2023年）"スプレッドバンキング

図表1−12 RDB企業デフォルト率の四半世紀推移

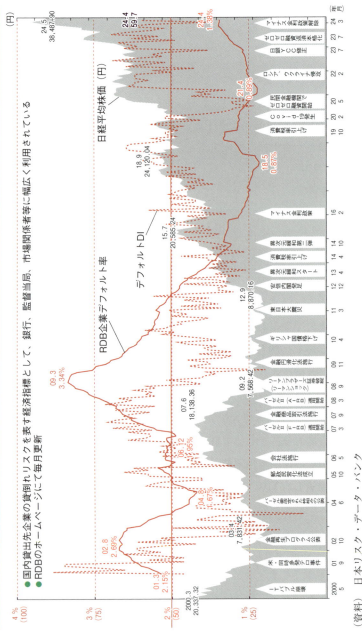

(資料) 日本リスク・データ・バンク

038　PART I ●【シン設計】スプレッドバンキング

不要なため、利鞘の一括改善ができることです。

貸出ビジネスにおいては、"金利がある世界"でのレジリエンスがプライシングの面、ボリュームの面で期待が薄く、むしろ繊細で機敏な"信用リスク・マネジメント"が必須であり、現在の収益力を維持することが精いっぱいであると考察します。

❷ 預金ビジネスの展望

次に、株式市場も大変期待している預金ビジネスに関して考察します。

預金ビジネスは金利イールドの下方に収益性を形成する、市場よりも"廉価な資金"を預金にて調達できるという特性から、金利の上昇局面にて銀行収益力の改善が期待されるものです。はたしてそれはこれからの日本金融にて顕現するものでしょうか。

私はきわめて懐疑的です。この10年の日本社会は"大変な進歩"を全国津々浦々の個人・法人にて体現してきたからです。その進歩とは、DXです。異次元緩和の期間において、預金者の成長は凍結されておらず、全国津々浦々でDXリテラシーのきわめて高い合理的な経済主体へと驚くべき進化を遂げています。

金利がある世界では、DX民度が極度に高まり、すべての取引がスマートフォンで行えるようになった個人顧客による厳しい商品選択・金融機関選別が開始されることが容易に想像できます。そこに加えて、米国地方銀行の破綻劇[9]は記憶に新しく、銀行経営に対する懐疑の念も火種として燻っています。預金は勝手に集まり、安定しているものと慢心してはいないでしょうか。

地銀におけるこの10年間（2013年〜2023年）の驚きの預金増＋97兆円は、もっぱら107兆円もの流動性預金の増大によって形成されています。一方で

9　2023年に米国の地方銀行であるファースト・リパブリック・バンクは信用不安による預金流出等により、事実上破綻した。米連邦預金保険公社（FDIC）の公的管理下に置かれた後、JPモルガン・チェースが同行の資産を買い取った。

CHAPTER 1 ● "時系列分析（1999年➡2013年➡2023年）"スプレッドバンキング

図表1－13　異次元緩和にて膨張した預金325兆円（地方銀行）

（億円）

2023年3月末	全預金対比の構成比率			2023年3月末	残　高		
	流動性預金	定期性預金	計		流動性預金	定期性預金	計
0～300万円未満	8.1%	8.4%	16.5%	0～300万円未満	263,434	272,501	535,935
0～1,000万円未満	21.3%	15.6%	37.0%	0～1,000万円未満	693,952	508,219	1,202,171
1,000万円以上	49.7%	13.3%	63.0%	1,000万円以上	1,617,048	433,781	2,050,829
3億円以上	23.7%	5.1%	28.8%	3億円以上	770,278	167,466	937,744
合　計	71.0%	29.0%	100.0%	合　計	2,311,000	942,000	3,253,000

2013年　残高	1,240,000	1,046,000	2,286,000

2013年➡2023年増減	＋1,071,000	▲104,000	＋967,000

（資料）　全国銀行協会各種統計資料、日本銀行統計等を用いて筆者作成。

定期性預金は▲10兆円の減少です。異次元緩和によってふくれあがった流動性預金が貸出増加分82兆円を“間接金融”として成り立たせているのです。預金残高300万円未満の岩盤層の預金割合はわずか16.5％です（**図表1－13**）。

　このわずか16.5％の層も、コロナ災厄が強制的な後押しとなり、「DX超人」に変容しています。現在は金利がゼロなので合理的無関心の状態にあるだけであり、**年間の利息収入が1万円となるあたりから突然に運用先の選択が始まるものと想定します。預金金利水準が“0.3～0.5％”になるとそれが“合理的無関心”を覚醒させる「号砲」となる。**

　その「心証金利」を超える水準に将来必ず到達するでしょう。満々と蓄えられた巨大ダムが崩壊するように一気の預金者行動が発現することを想定すべきです。全国各地の人々がDXにより便利になったサービスを利用してポイントを貯め、その取引を統合することのメリットを実感しています。そして、貯めたポイントを現金より使い勝手よく消費する経験を積み重ね、ネット上で商品選択を始めるのです。

　“超大口流動性預金”の存在が深刻です。3億円以上の預金が全体の23.7％、残高では77兆円です。この77兆円が貸出増（2013年➡2023年の82兆円）

の原資となっているのです。間違いなく「待機資金」です。1,000万円以上の流動性預金だけで全体の半分（49.7%）を占め、残高で162兆円に達します。これは地銀だけの数字です。

　10年前（2013年）に比べて定期預金は10兆円減少しましたが、流動性預金は驚愕の107兆円の増加です。図表1−13から透けてみえるもの、それは100兆円から200兆円にも及ぶこれからの大変厳しい預金争奪戦です。

　この争奪戦は"心証金利"を号砲に全国津々浦々で始まることを想定すべきです。すでに普通預金の金利は0.001%から0.25%と実に250倍の開きが出ています。たとえば、東京スター銀行0.25%（給与受取口座：コンビニATM使用料月8回無料）、auじぶん銀行0.23%（一定の取引条件で0.33%）、あおぞら銀行0.20%（ゆうちょATMいつでも無料）、SBI新生銀行0.15%（新規開設で3カ月定期1.00%、1年定期0.40%）など[10]です。

　ネット銀行はもはや"新参者"ではありません。楽天銀行（約10兆5,000億円）、住信SBI銀行（約9兆5,000億円）、大和ネクスト銀行（約4兆5,000億円）、ソニー銀行（約4兆1,000億円）、auじぶん銀行（約3兆9,000億円）、PayPay銀行（約1兆8,000億円）、合計で34兆円の預金量があります[11]。直近1年間で+18%の増勢です。一方で地銀の預金はわずか2%の増加であり、平均預金残高は5兆円程度です。

　新興銀行の営業戦略は、預金単品販売ではなく、ネット消費、ネット証券と連携することで"自前経済圏"へ引き込み、わくわくする利便性を提供することです。これからの金利がある世界は過去へさかのぼることはできず、「金融緩和で膨張した流動性預金をどう維持できるか」の異次元の資金調達戦が始まるものと想定すべきです。個人も法人も十分に「DX超人」となっており、金利上昇は"合理的無関心"から覚醒させる"号砲"となります。そしてライバルのネット銀行は質と量の両面で大きな存在となり、その増勢は衰えることはないでしょう。

10　筆者調べ（2024年7月時点）。詳細は、各行のホームページ等を参照。
11　筆者調べ（2024年3月時点）。詳細は、各行のホームページ等を参照。

したがって、預金ビジネスの"利鞘レジリエンス"は、よくて2013年のスプレッド水準（流動性預金＋0.106％：定期性預金＋0.034％）程度になると見込まれます。

1　「貸出スプレッド」の展望は、この10年の大幅な減（スプレッド2013年＋1.410％➡2023年＋0.957％の▲0.453％）が、TIBOR連動貸出を伴った"構造的な利鞘縮小"であること、引き続きの厳しい金利競争が想定されることから"レジリエンス効果"の期待は薄く、いまの減少ベクトルをどうにか消し去ることで精いっぱい。

2　10年前の「貸出スプレッド収益」の水準を辛うじて維持できているのは、もっぱら＋82兆円の貸出増で、異次元緩和政策とコロナ緊急対応融資の産物です。今後相当額の債権処理損の発生が想定されます。政府関連保証による公的負担処理が順次実施されることになると考えますが、プロパー貸出においても相当の信用コストが発生するものと思われ、この10年の平均信用コスト▲1,500億円程度（地銀）の毎年収益の悪化が見込まれます。そこには膨張した貸出資産の逆戻し減少の側面も顕現化すると想定されます。

3　「預金スプレッド」の"利鞘レジリエンス"はよくて2013年程度で、金利がある世界の預金ビジネスは過去の時代へさかのぼることはできず、金融緩和にて膨張した調達金額をどう維持できるかの異次元の資金調達戦となります。

　営業部門の"金利がある世界"の展望は、預金ビジネスの利鞘改善を原資にしながら、膨張した預金調達基盤を維持し、貸出の質的変換をどう経営が実行できるかにかかっています。

　金利がある世界で顕在化する「信用リスク」と「金利リスク」を、市場や預金者評価によってネガティブ・クライシスを引き起こさせないよう、綿密なマネジメントが必須となります。米国地方銀行の破綻劇は、銀行界のみな

らず日本国民にとってもいまだ記憶に新しいのです。

2 Tier Ⅱ（ALM部門収益）の展望

　流動性預金という、そもそも不安定な調達基盤のうえに、国債投資・海外債券投資をあたかも高層ビルのように積み上げているいまのALMの脆さに皆さんはすでに気づいているはずです。

　消費者は愚かではありません。インターネットで価格を常時比較し、1円でも安い買い物をする。異次元緩和、ゼロ金利が続いた10年間で、消費者のDXリテラシーは革命的に高まりました。それでもなお、ゼロ金利である流動性預金に資金を滞留させるのにはわけがあります。それは預金運用に目配りしても、そもそもゼロ金利なのだから考えても無駄であるという"合理的な無関心"の状態にあるからです。

　しかし、金利水準がある心証金利に達したとき、"考えたほうが得"になる局面が必ずやってきます。その際の銀行経営に与えるインパクトはいかなるものでしょうか。

　銀行経営の岩盤基盤である預金勘定の"液状化"を引き起こすことになることは間違いありません。

　"液状化"のなかでの高層アセットビル群の耐震不安（ALMリスク）が、凄まじい勢いの預金流出を引き起こす。まるで突然起きた大地震の惨劇のように。急激な金利上昇による米国地方銀行のような経営破綻劇が起きるリスクを適切に認識し、自行の資産・負債の内実構造をよくよく分析し、理解し、行動しなければなりません。

　金利の上昇とイールドカーブの勾配化は、ネット銀行・新興銀行にとって、積極的なプライシングの"発動領域"が拡大することを意味します。一般的な金融機関では実店舗の高いコストを転嫁された預金者が嫌気し、大量の預金流出が生じます。急激な預金規模の縮小が生じる可能性があります。金利の胎動は、攻め手と守り手の双方にとって、"100兆円の預金流動化"を

はらんだ千載一遇のチャンスであり最大のピンチでもあるのです。銀行・地域金融機関の業界構成図が革命的に変わる、新しいTOP BANKが誕生する、戦国時代の幕開けでもあるのです。だれが織田信長、豊臣秀吉、徳川家康となるのでしょうか。

　預金が"液状化"する調達環境にて、いかにアセット運営を実行していくか。

　金利・為替の不安定な変動により、債券投資に大きな価格変動リスクが顕在化することも予期されます。"金利がある世界"で真っ先に取り組まなければならないのはALMの体制を抜本的に改革することなのです。

　CHAPTER 2 SECTION 1「"ALM部門"のシン設計と"総合損益"によるシン経営」にて詳述します。

　緩和政策の口火が切られる前夜の1999年においては、「ALM総運用利回り」は1.030％、「ALM総調達利回り」は0.746％で、これらの差である「ALM利鞘」は＋0.284％でした（**図表1－9**）。

　重ねて強調しますが、ALM部門収益は有価証券ポートフォリオから得られた部門利益ではありません。預貸金・自己資本等を含むすべての運用と調達の取引を個別にTP（市場金利手法で市場金利に洗い替え）処理して資産・負債を総合管理していくなかで"能動的に計上していく利益"です。

　2023年では、「ALM総運用利回り」は0.134％、「ALM総調達利回り」は0.003％とゼロ・マイナス金利にて極端に縮み、「ALM利鞘」は＋0.131％と"半減"しています。

　一方、粗利益水準では、1999年5,295億円に対し、2023年では4,523億円で▲772億円と▲15％の減にとどまっています。これはALM利鞘の"半減影響"▲4,484億円を、ALM資産増＋158兆円の残高影響＋3,712億円が吸収していることによるものです（**図表1－14**）。

　金融史上初のマイナス金利のなかで、よくALM利鞘を確保したと、先達経営者に深い尊敬を抱きます。異常環境のなかでもALM部門収益を黒字にした力量は大変素晴らしい。そして、異次元緩和による資産・負債の膨張も

ALM部門収益を下支えしました。

「巡航時」のALM部門収益をみてみます。「国債等債券売買償還損益」や「株式等売却損益等」を除いたALM部門収益にて確認します。

2013年においては、「ALM総運用利回り」は0.428％で、これは国債0.792％が牽引したもので、貸出見合い運用（TP）の0.137％の下方引力に抵抗した結果です。一方、「ALM総調達利回り」は0.142％とマイナス金利前の調達金利となっています。

結果、2013年のALM利鞘（TierⅡ収益（除くALMその他損益））は＋0.222％となっており、この利鞘水準は2023年の＋0.203％と同水準です。ここ数年では金利がある世界であってもALM利鞘の改善はそれほど期待できないものとなります。

そして、重要な経営視点はALM運用ボリュームの動向です。異次元緩和にて市中に激増したマネーサプライが逆回転していく際、この10年で急増したALM運用資産の100兆円が縮小する可能性が高いのです。「巡航時」のALM部門収益は、この10年の運用増により1,558億円の増益となっています。これはもっぱらALM運用資産の増加分である1,582億円によるものです。

今後の"金利がある世界"において、マネーサプライは縮小していきます。また金利上昇に即応した「低クーポン債から高クーポン債への組み換え費用」、ALMポートフォリオの痛みを伴う再構成費用をうまく"捻出"しながらALM運営することが求められます。

ここ数年の"金利がある世界"での「ALM骨格スプレッド利鞘」の改善はそれほど望めず、「ボリューム増益効果の剥落」と「ALM再構成費用」を想定すると、TierⅡ（ALM部門収益）の全体収益への大きな貢献は期待できません。

これからの3年間を展望し、重要となるALM部門運営として、以下を列挙します。

CHAPTER 1 ● "時系列分析（1999年➡2013年➡2023年）"スプレッドバンキング 045

図表 1－14　Tier II（ALM部門収益）の収益構造の年別比較

> （2013年4月）の異次元緩和の"前夜"においては、1999年対比、＋32.5％の増益となっていた。
> 異次元緩和前にすでに量的緩和（2001年3月）が導入されており、ALMスプレッド（利鞘要因）は悪化したが、量的緩和による（残高要因）や益出しによる増益効果がより大きかった。

		（残　高）	（スプレッド）	\(1999年➡2013年　構造変化\) 粗利益	残高要因等	利鞘要因	（残　高）
【Tier II】ALM部門収益	（A）＋（B）	＋587,000	＋0.002	**＋1,723**	**＋6,183**	**▲4,460**	＋996,000
除く ALMその他損益（国債等債券売買償還損益・株式等売却損益等）		＋587,000	▲0.111	**▲767**	**＋3,693**	**▲4,460**	＋996,000
ALM長短ミスマッチ収益（A）		＋587,000	＋0.002	＋1,723	＋6,183	▲4,460	＋996,000
ALM長短運用収入	貸出金見合い TP運用	＋289,000	▲0.599	▲7,900	＋396	▲8,296	▲2,229
	有価証券（ALMプロパー）	＋301,000	▲1.681	▲2,941	＋4,089	▲7,030	＋480
	国債	＋246,000	▲2.256	▲444	＋1,947	▲2,391	▲2,619
	地方債	＋42,000	▲1.353	▲404	＋421	▲826	▲477
	社債	＋72,000	▲1.563	▲612	＋748	▲1,360	▲1,035
	株式	▲4,000	▲0.506	▲308	▲56	▲253	＋906
	その他証券	＋55,000	▲1.897	＋1,172	＋1,028	▲2,200	＋3,705
	動不動等他資産見合いTP	▲3,000	▲0.599	▲346	▲4	▲341	▲72
ALM長短調達費用	預金見合い TP調達	＋562,000	△0.605	＋9,628	▲754	＋10,381	▲3,161
	流動性預金見合い TP	＋713,000	△0.599	＋2,180	▲977	＋3,157	▲1,639
	当座預金 TP	＋38,000	△0.599	＋271	▲52	＋323	▲122
	普通預金等 TP	＋675,000	△0.599	＋1,909	▲925	＋2,833	▲1,517
	定期性預金見合い TP	▲151,000	△0.604	＋7,448	＋223	＋7,224	▲1,522
	自己資本等その他負債TP	＋25,000	△0.599	＋792	▲34	＋827	▲218
ALMその他損益	特定取引粗利益			＋6	＋6		▲44
	その他業務粗利益			＋677	＋677		▲7,238
	国債等債券売買償還損益			＋312	＋312		▲7,301
	株式等売却益等			＋1,807	＋1,807		＋3,229
ALMベーシスリスク収益（B）							
短プラベーシスリスク収益							
流動性ベーシスリスク収益							

（2023年）においては米国金利の急上昇を受けて、債券運用処理損（▲7,301億円）が大幅に拡大し、株式等売却益（＋3,229億円）では吸収できず、2013年対比、▲47.2%の大幅な減益となった。

異次元ゼロ金利、イールドカーブの消滅のなか、ALM部門収益は管理対象の総資産（負債）が倍増しており、第一地銀計で４００兆円にも及ぶ。有価証券ポートフォリオのみならず、異次元緩和やコロナ緊急融資にてふくれあがった預貸金を総合した"金利がある世界"でどうALMを戦略運営していくか。一段の機能強化が必要である。

（億円）

（2013年➡2023年　構造変化）					（1999年➡2023年　構造変化）			
（スプレッド）	粗利益	残高要因等	利鞘要因	（残　高）	（スプレッド）	粗利益	残高要因等	利鞘要因
▲ 0.155	▲ 2,495	▲ 2,471	▲ 24	+ 1,583,000	▲ 0.153	▲ 772	+ 3,712	▲ 4,484
▲ 0.019	+ 1,558	+ 1,582	▲ 24	+ 1,583,000	▲ 0.130	+ 791	+ 5,275	▲ 4,484
▲ 0.155	▲ 2,495	▲ 2,471	▲ 24	+ 1,583,000	▲ 0.153	▲ 772	+ 3,712	▲ 4,484
▲ 0.134	▲ 2,229	▲ 2,226	▲ 3	+ 1,108,000	▲ 0.733	▲ 10,129	▲ 1,830	▲ 8,299
▲ 0.080	+ 480	+ 506	▲ 26	+ 472,000	▲ 1.761	▲ 2,461	+ 4,595	▲ 7,056
▲ 0.660	▲ 2,619	▲ 2,601	▲ 18	+ 21,000	▲ 2.916	▲ 3,063	▲ 653	▲ 2,410
▲ 0.672	▲ 477	▲ 470	▲ 7	+ 107,000	▲ 2.025	▲ 881	+ 48	▲ 833
▲ 0.557	▲ 1,035	▲ 1,026	▲ 9	+ 41,000	▲ 2.120	▲ 1,647	▲ 278	▲ 1,369
+ 0.951	+ 906	+ 900	+ 6	+ 16,000	+ 0.445	+ 597	+ 844	▲ 247
+ 0.573	+ 3,705	+ 3,703	+ 2	+ 287,000	▲ 1.324	+ 2,533	+ 4,731	▲ 2,198
▲ 0.134	▲ 72	▲ 72	▲ 0	+ 3,000	▲ 0.733	▲ 418	▲ 76	▲ 342
△ 0.139	+ 3,161	+ 3,156	+ 5	+ 1,529,000	△ 0.744	+ 12,788	+ 2,402	+ 10,386
△ 0.134	+ 1,639	+ 1,637	+ 2	+ 1,784,000	▲ 0.733	+ 3,819	+ 660	+ 3,159
△ 0.134	+ 122	+ 122	+ 0	+ 91,000	▲ 0.733	+ 394	+ 70	+ 324
△ 0.134	+ 1,517	+ 1,515	+ 2	+ 1,693,000	▲ 0.733	+ 3,425	+ 590	+ 2,835
△ 0.145	+ 1,522	+ 1,519	+ 2	▲ 255,000	△ 0.749	+ 8,969	+ 1,742	+ 7,227
△ 0.134	+ 218	+ 218	+ 0	+ 54,000	△ 0.733	+ 1,011	+ 184	+ 827
	▲ 44	▲ 44				▲ 38	▲ 38	
	▲ 7,238	▲ 7,238		+ 0	+ 0	▲ 6,561	▲ 6,561	
	▲ 7,301	▲ 7,301		+ 0	+ 0	▲ 6,989	▲ 6,989	+ 0
	+ 3,229	+ 3,229		+ 0	+ 0	+ 5,036	+ 5,036	+ 0

1　金利上昇による保有債券の価格変動リスクの顕在化に対し、事前かつ能動的なALM運営を行い、「リスクの発生は経営として想定しており、引き続き安定的な銀行経営が維持される」ことが市場から期待されるように綿密な市場とのコミュニケーションをとる。

2　流動性預金というそもそもが不安定な調達基盤上に、国債投資・海外債券投資を高層ビルのように積み上げているいまのALMの脆さを構造的に理解する。金利上昇が長らく続いた預金者の"合理的な意思決定の中断"に終わりを告げる号砲となり、DX民度のきわめて高い全国津々浦々の預金者が厳しい商品選択・金融機関選別を開始することを想定し、有価証券ポートフォリオのみではなく、総資産・総負債を対象とした総合的なALM運営を実現する。

3　"金利がある世界"の3年間でなすべきことは、「低クーポン債から高クーポン債への組み換え」です。これを成し遂げれば今後の収益体質を大きく改善できます。その際、重要なことは金利が立つことによる"信用リスクテイク"です。プレーンな長期国債投資に偏らず、信用プレミアムが内包される社債に対して運用割合を増やすべきです。銀行本業の延長線上にこそ、これからの明るい未来があります。

4　「ALMポートフォリオの組み換え」にていっそう重要となるのが、"純投資"としての株式投資です。2024年5月の東証プライム市場の配当平均利回りは2.12%です。2013年5月は1.55%（1部）から大きく上昇しています。資本コストや株価を意識した経営の要請も高まってきています[12]。2023年のALM部門収益において、株式運用は2.34%の高利回りとなっています。非上場株式へと投資範囲を広げる

---

[12]　東京証券取引所は、2023年3月にプライム市場およびスタンダード市場の全上場会社を対象に「資本コストや株価を意識した経営の実現に向けた対応」を要請した。一部のメディアでは「東証によるPBR（株価純資産倍率）1倍割れ改善要請」といったような表現で報道がなされた。

べきと考えます。

5 「ALMポートフォリオの組み換え」において“アセット”の改良はもちろん重要ですが、「ライアビリティ」の改良もこれに匹敵する経営課題です。短期金利がある一定水準に到達すると、長らく続いた預金者の“合理的な意思決定の中断”が終了となり、全預金の71％を占める流動性預金の“大液状化”が開始されます。自行の調達層としてどう留め置けるか、流出しても ALM 運営が保てるか、保てないなら市場調達にて代替可能かなどの“ライアビリティ”の組み換えを“事前かつ仮想的に計画すべき”です。

6 市場調達での組み換えではむずかしいなら、市場金利同等あるいはそれ以上の定期預金金利か普通預金金利を提示する必要があり、そのマイナス・スプレッドは Tier I（営業部門スプレッド収益）で負担すべきものと一概に経営判断できません。その際は市場レートより高い TP レートにて預金を仕切るべきです。“金利がある世界”における重要なスプレッドバンキングの経営手法です。この点は **CHAPTER 4 SECTION 5「インセンティブ手法」**にて詳述します。

3 　TierⅢ（経営部門収益）の展望

TierⅢ（経営部門収益）ですが、自己資本勘定19兆円の運用益が基本骨格であるため、“金利がある世界”においては増益となります。

2013年の収益計上に戻ることを想定すると150億円程度の増益が見込まれます。

一方で、前掲したとおり、**預金の“液状化対策”のための“ライアビリティ維持費用”**が生じる可能性があります。営業部門（Tier I）にも、ALM 部門（TierⅡ）にも、その費用を転嫁しない、“全体経営視点”での判断であるならば、市場レートより高い預金 TP レートを提示する際のマイナ

ス・スプレッドは経営部門において負担するという戦略的な決定も必要となるでしょう。

また、金利がある世界では特別な地場産業の支援や戦略育成の費用も発生するかもしれません。いやそれらを能動的に設定し運営する、"全体経営視点"の能動的な経営が、金利がある世界において必要と考えます。

そのための重要な"資金源"であるとTierⅢ（経営部門収益）を経営としてしっかりと位置づけるのです。

4 "金利がある世界"の銀行収益の総合展望

スプレッドバンキングの経営手法にて、営業部門（TierⅠ）、ALM部門（TierⅡ）、経営部門（TierⅢ）別に収益動向を展望してきました。

本書を執筆中の2024年11月現在、「3年物金利まで」はすでに緩和政策前年の1998年の水準を超えています。5年からの長期金利のイールドカーブはまだ緩やかですが、市場が"金利がある世界"を想像し始めたいま、十分な立ち上がりといえます。

CHAPTER 1の締めくくりとして、1999年の日銀速水総裁が「ゼロ金利政策」を発動する前年の1998年と、2006年の日銀量的緩和政策解除後の2006年と2007年の金利上昇局面の平均金利（**図表1−15**の最下段の金利水準）をベースに今後の金利がある世界における銀行経営について展望します。

また、以下を試算前提として議論を進めます。

① **貸出スプレッド**および**貸出ボリューム**は、2023年のまま横ばい。

② **貸倒引当関連純損益**は、今後の不良債権増を見込み、2023年の倍の水準（▲1,680億円：貸出残高比率0.067％、2013年比▲284億円減）とする。

③ **預金ボリューム**は、異次元緩和による流動性預金の激増＋107兆円（2013年➡2023年）の半分が減少（▲54兆円）し、その20％（＋11兆円）

を自行定期預金で捕捉する。

④ **預金スプレッド**は、改善するも1年以下の短期ゾーンにおけるイールドの立ち上がりと水準が低いことから限定的とする。

（預金ライシング前提）

		3カ月	1年	3年
市場金利（％） （参考：2024年11月21日時点）		0.3102 (0.2278)	0.5102 (0.4600)	0.8389 (0.6030)

流動性預金	対顧金利	0.2000		
	預金スプレッド	＋0.1102		

定期預金 （1,000万円以上）	対顧金利	0.3000	0.4500	0.7000
	預金スプレッド	＋0.0102	＋0.0602	＋0.1389
定期預金 （300万〜1,000万円未満）	対顧金利	0.2500	0.4100	0.6000
	預金スプレッド	＋0.0602	＋0.1002	＋0.2389
定期預金 （300万円未満）	対顧金利	0.2300	0.4000	0.5500
	預金スプレッド	＋0.0802	＋0.1102	＋0.2889

⑤ **有価証券ポートフォリオ**は、預金減を受けて、縮小オペレーション（2023年比▲43兆円：▲12％）で、国債、社債、株式の残高を現状横ばいとし、その他証券を2013年水準に縮小し、残りは地方債を減額。

⑥ **金利がある世界に適応したALMポートフォリオ組み換え費用**は、数値前提しない。

　この試算の前提は、2023年の収益体質の延長可能性を甘めに見積もったものです。

　長らく続いていた預金者の"合理的な意思決定の中断"が終了し、全預金の71％を占める流動性預金の"液状化開始"を視野に入れていますが、流動性預金残高は依然全預金の63％で調達の主力となっています。また、3億円超の金階残高も59兆円（全預金構成率21％）と"非常に甘い"前提かもしれません。また、貸出スプレッドとボリュームの現状は横ばいであることも甘

図表 1−15　日本の金利イールドカーブの推移（図表1−1再掲）

(%)

		1年	2年	3年	5年	7年	10年	20年		
	1986	4.8867	4.9910	4.9451	5.1532	5.3371	5.4098	5.7905		
	1987	3.9509	3.9100	3.9778	4.2676	4.5466	5.0024	5.5227		
	1988	3.8581	3.9327	4.0328	4.1801	4.2919	4.9711	5.2615		
	1989	5.0202	5.0142	5.0487	5.0057	4.8843	5.1545	5.1980		
	1990	7.3141	7.2085	7.1147	7.0518	7.1074	6.8722	6.8145		
	1991	6.5423	6.4387	6.4119	6.4741	6.5195	6.3770	6.6334		
	1992	4.0279	4.1563	4.3556	4.8565	5.2111	5.3482	5.9503		
	1993	2.6674	2.8878	3.0876	3.6063	4.0438	4.3461	5.0860		
	1994	2.3324	2.6951	3.0680	3.6734	4.1751	4.3578	4.8002		
	1995	1.0379	1.3871	1.7906	2.6086	3.1861	3.4602	3.9709		
	1996	0.5242	1.0056	1.3947	2.2088	2.7513	3.1180	3.6764		
	1997	0.4846	0.7028	0.9648	1.5467	1.9860	2.3731	3.0020		
1990年代金利がある世界の最後	1998	0.4193	0.5195	0.6857	1.0184	1.2742	1.5285	2.1342		
速水総裁 ゼロ金利発動	1999	0.2027	0.3538	0.5125	0.9830	1.3967	1.7435	2.5707	収益構造分析	CHAPTER 1 SECTION 3
	2000	0.3275	0.5004	0.6591	1.1014	1.4396	1.7462	2.2662		
	2001	0.0927	0.1333	0.2422	0.5407	0.8581	1.3287	1.9619		
	2002	0.0235	0.0522	0.1656	0.4412	0.7990	1.2699	1.9216		
	2003	0.0212	0.0872	0.1969	0.4099	0.6660	0.9929	1.4461		
	2004	0.0239	0.1263	0.2916	0.6663	1.0522	1.5048	2.0940		
	2005	0.0329	0.1434	0.2954	0.6282	0.9564	1.3845	2.0113		
金利上昇局面	2006	0.4222	0.6629	0.8648	1.2298	1.4928	1.7417	2.1579		
	2007	0.6891	0.8502	0.9662	1.2361	1.4080	1.6813	2.1459		
リーマンショック	2008	0.5970	0.6773	0.8019	1.0165	1.1285	1.4929	2.1382		
	2009	0.2223	0.3089	0.4230	0.7028	0.9309	1.3538	2.0378		
東日本大震災	2010	0.1284	0.1516	0.2074	0.4200	0.6916	1.1816	1.9516		
	2011	0.1357	0.1668	0.2357	0.4274	0.6817	1.1245	1.8902		
	2012	0.1063	0.1046	0.1241	0.2465	0.4693	0.8579	1.6872		
黒田総裁 異次元緩和発動	2013	0.0898	0.0983	0.1234	0.2354	0.4357	0.7147	1.6164	収益構造分析	CHAPTER 1 SECTION 3
	2014	0.0539	0.0631	0.0821	0.1624	0.2917	0.5526	1.4016		
	2015	▲ 0.0004	0.0022	0.0137	0.0781	0.1383	0.3638	1.1366		
	2016	▲ 0.2396	▲ 0.2171	▲ 0.2113	▲ 0.1871	▲ 0.1798	▲ 0.0498	0.4157		
	2017	▲ 0.1891	▲ 0.1730	▲ 0.1412	▲ 0.1084	▲ 0.0571	0.0537	0.5972		
	2018	▲ 0.1382	▲ 0.1338	▲ 0.1148	▲ 0.0948	▲ 0.0412	0.0762	0.5738		
	2019	▲ 0.1926	▲ 0.2005	▲ 0.2116	▲ 0.2177	▲ 0.2201	▲ 0.0950	0.2929		
コロナ発生	2020	▲ 0.1561	▲ 0.1507	▲ 0.1548	▲ 0.1188	▲ 0.1176	0.0105	0.3566		
	2021	▲ 0.1217	▲ 0.1242	▲ 0.1260	▲ 0.0964	▲ 0.0678	0.0684	0.4507		
	2022	▲ 0.0991	▲ 0.0519	▲ 0.0422	0.0471	0.1327	0.2407	0.8570		
欧米金利急上昇	2023	▲ 0.0852	▲ 0.0018	0.0276	0.2178	0.3589	0.5706	1.2686	収益構造分析	CHAPTER 1 SECTION 3
植田総裁 異次元緩和解除	2024（5月27日）	0.1850	0.3210	0.4220	0.5730	0.7280	1.0180	1.8210		
↓衆議員選挙・米国大統領選挙のイベントを消化し、金利はいっそうの上昇過程にある										
直近	2024（11月21日）	0.4600	0.5800	0.6030	0.7500	0.8120	1.1060	1.8990		
	1998・2006・2007平均	0.5102	0.6775	0.8389	1.1614	1.3917	1.6505	2.1460	〈展望〉分析	CHAPTER 1 SECTION 4

（資料）　財務省国債金利情報をもとに筆者作成。

い前提であると考えます。

　図表1−16がその試算結果です。全体利益（粗利益）は、その時々の大きな処理損である信用リスク処理損と金利リスク等処理損を控除した"幹"の部分でみてみると、2023年比▲164億円、2013年比＋380億円とほぼ"横ばい"です。

　特殊な処理損を考慮した全体利益においては、2023年比＋1,466億円となっていますが、これは2023年に発生した金利リスク処理損を展望前提においてゼロとしていることによる増益です。今後3年程度の展望スパンでは、市場が期待するほどの金利上昇に伴う増益効果は見込めないと考えられます。

　図表1−16におけるTierⅠ、TierⅡ、TierⅢの特徴をまとめると以下のとおりです。

図表 1-16 "金利がある世界"のスプレッドバンキングによる収益力展望

	2013年3月			（当年全収益比）	
	（残　高）	（スプレッド）	粗利益	比　率	（残　高）
【TierⅠ】 営業部門スプレッド収益	3,960,000	+ 0.6874	+ 27,220		5,746,000
除く 　貸倒引当関連純損益	3,960,000	+ 0.7370	+ 29,184	+ 83.9%	5,746,000
【TierⅡ】 ALM部門収益	2,449,000	+ 0.2866	+ 7,018		3,445,000
除く 　ALMその他損益 　（国債等債券売買償還損 　益・株式等売却損益等）	2,449,000	+ 0.2219	+ 5,435	+ 15.6%	3,445,000
【TierⅢ】 経営部門収益	109,000	+ 0.1370	+ 149	+ 0.4%	132,000

⬇

粗利益 〈全体収益〉	2,449,000	+ 1.4042	+ 34,388		3,445,000
除く 　貸倒引当関連純損益 　ALMその他損益	2,449,000	+ 1.4197	+ 34,769		3,445,000

"金利がある世界"の収益増減の展望

	2013年3月			増減率	（残　高）
	（残　高）	（スプレッド）	対比		
【TierⅠ】 営業部門スプレッド収益	+ 1,357,600	▲ 0.1218	+ 2,854	+ 10.5%	▲ 428,400
除く 　貸倒引当関連純損益	+ 1,357,600	▲ 0.1398	+ 2,570	+ 8.8%	▲ 428,400
【TierⅡ】 ALM部門収益	+ 567,600	▲ 0.1876	▲ 4,033	▲ 57.5%	▲ 428,400
除く 　ALMその他損益 　（国債等債券売買償還損 　益・株式等売却損益等）	+ 567,600	▲ 0.1230	▲ 2,450	▲ 45.1%	▲ 428,400
【TierⅢ】 経営部門収益	+ 23,000	▲ 0.1370	+ 260	+ 174.2%	+ 0

⬇

粗利益 〈全体収益〉	+ 567,600	▲ 0.2947	▲ 919	▲ 2.7%	▲ 428,400
除く 　貸倒引当関連純損益 　ALMその他損益	+ 567,600	▲ 0.2545	+ 380	+ 1.1%	▲ 428,400

（資料）　全国銀行協会各種統計資料、日本銀行統計等を用いて筆者作成。

(億円、%)

2023年3月		(当年全収益比)	"金利がある世界"			(当年全収益比)
（スプレッド）	粗利益	比　率	（残　高）	（スプレッド）	粗利益	比　率
+ 0.4782	+ 27,477		5,317,600	+ 0.5656	+ 30,074	
+ 0.4928	+ 28,317	+ 80.2%	5,317,600	+ 0.5972	+ 31,754	+ 90.3%
+ 0.1313	+ 4,523		3,016,600	+ 0.0990	+ 2,985	
+ 0.2030	+ 6,993	+ 19.8%	3,016,600	+ 0.0990	+ 2,985	+ 8.5%
+ 0.0026	+ 3	+ 0.0%	132,000	+ 0.0000	+ 409	+ 1.2%

+ 0.9290	+ 32,003		3,016,600	+ 1.1095	+ 33,469	
+ 1.0251	+ 35,313		3,016,600	+ 1.1652	+ 35,149	

(億円、%)

	2023年3月	
（スプレッド）	対比	増減率
+ 0.0874	+ 2,598	+ 9.5%
+ 0.1043	+ 3,438	+ 12.1%
▲ 0.0323	▲ 1,538	▲ 34.0%
▲ 0.1040	▲ 4,008	▲ 57.3%
▲ 0.0026	+ 406	大幅増

+ 0.1805	+ 1,466	+ 4.6%
+ 0.1401	▲ 164	▲ 0.5%

CHAPTER 1 ● "時系列分析（1999年➡2013年➡2023年）"スプレッドバンキング

❶ Tier Ⅰ（営業部門スプレッド収益）

金利上昇に伴う預金スプレッド収益の大幅な改善により＋12.1％の増益となり期待効果が確認できます。

❷ Tier Ⅱ（ALM部門収益）

流動性預金減によるALMバランス残高の縮小という負の残高効果により大きく減益（▲4,008億円：▲57.3％）となり、全体収益への貢献比率も8.5％への急落です。2013年比でも大幅な減益（▲2,450億円：▲45.1％）となりますが、これはもっぱらALMスプレッドの劣後によるもので、残高要因ではプラスに効いています。

❸ Tier Ⅲ（経営部門収益）

"金利がある世界"において増益となります。それは主に自己資本勘定の運用益によるもので、2023年比＋406億円の増益です。この経営部門利益を"全体経営意思"を反映した戦略的なTP運営の活動原資とすることが重要となります。

もう少し詳しく、みていきましょう。

Tier Ⅰ（営業部門スプレッド収益）は、貸倒引当関連純損益を2023年の"倍"、2013年より"＋15％増"を前提としても、＋12.1％の増益となり、全体収益への貢献比率も"90％"を臨むものです。やはり金利がある世界においては、銀行経営は"健康"を取り戻すことが期待されます。これはバンキングビジネスの"もう1つの車輪"である「預金ビジネス」が異次元緩和の異常事態から回復し、収益事業となることで、「貸出ビジネス」と両輪で駆動することによるものです。

2023年比増益＋3,438億円は、貸出ボリュームおよびスプレッドが変動しない前提で、預金ビジネスの＋3,438億円によるものです。「貸倒引当関連純損」の増加▲840億円を十分に吸収できます。

預金ビジネスは、流動性預金残高の大幅な減少▲54兆円を想定し、残高影響による減益▲506億円は生じますが、**預金スプレッド**の改善効果＋3,944億円により十分にカバーされます。この預金ビジネスの収益水準は異次元緩和前の2013年よりも936億円増加しており、これは残高要因＋460億円、利鞘要因＋476億円によるものです（**図表1-18**）。市場が期待する金利がある世界の増益を構図として活写しています。

　預金ビジネスの全体収益への貢献比率も足もとの▲2.3％から＋7.4％となり、"もう1つの車輪"として駆動することが期待されます。

　Tier II（ALM部門収益）は、足もとの2023年対比、半減以上の減少（▲57％）となり、「ALMポートフォリオ改善純費用」を除いても2,985億円の利益計上にとどまる展望です。全体収益貢献比率も19.8％から8.5％への急減です。

　ALM運用利回りは、保有国債利回り0.131％から0.838％、社債利回り0.481％から1.188％、配当利回りおよびその他証券利回りは、横ばいという前提を反映し、上昇ベクトルとなっています。ALM部門の減益の主因は、**預金TP**の上昇です。つまり、預金TPが0.002％から0.352％へ上昇し、その調達コストが増加したことによるものです（**図表1-19**）。

　金利がある世界のTier II（ALM部門収益）の増減を、「有価証券（ALMプロパー）」に着目し、分析してみましょう。有価証券ポートフォリオの運用利回り上昇により＋2,991億円の増加が期待される一方、流動性預金減少に伴う市場運用減少の残高影響▲4,402億円が響き、市場運用収入は合計で▲1,411億円の減少となります。

　そこに市場金利上昇による預金TPの調達コスト増9,859億円が大きくのしかかり大幅に減益となります（**図表1-20**）。

　上述の試算では、全体収益において、その時々の大きな処理損である信用リスク処理損と金利リスク等処理損を控除した"幹"の部分でみてみると、足もとの2023年比横ばいでした。市場が期待する金利上昇におけるレジリエンスが顕現していません。

図表 1 −17 "金利がある世界"のTier I（営業部門スプレッド収益）の展望

		2013年3月				
					（当年全収益比）	
		（残　高）	（スプレッド）	粗利益	比　率	（残　高）
【Tier I】 営業部門スプレッド収益		3,960,000	+ 0.6874	+ 27,220		5,746,000
除く 貸倒引当関連純損益		3,960,000	+ 0.7370	+ 29,184	+ 83.9%	5,746,000
貸出金合計		1,674,000	+ 1.4105	+ 23,612	+ 67.9%	2,493,000
法人貸出		1,076,946	+ 1.3474	+ 14,510	+ 41.7%	1,499,530
	中小企業	673,390	+ 1.5617	+ 10,516	+ 30.2%	1,076,432
	中堅・大企業	403,556	+ 0.9897	+ 3,994	+ 11.5%	423,098
個人貸出		474,563	+ 1.7215	+ 8,170	+ 23.5%	783,454
	住宅ローン	430,980	+ 1.2615	+ 5,437	+ 15.6%	690,102
	カードローン	28,237	+ 8.4000	+ 2,372	+ 6.8%	48,115
	事業主等	15,346	+ 2.3524	+ 361	+ 1.0%	45,237
国・地公体		122,491	+ 0.7605	+ 932	+ 2.7%	210,016
預金合計		2,286,000	+ 0.0733	+ 1,676	+ 4.8%	3,253,000
流動性預金		1,240,000	+ 0.1060	+ 1,314	+ 3.8%	2,311,000
	法人	428,054	+ 0.1060	+ 454	+ 1.3%	764,329
	個人	778,938	+ 0.1060	+ 826	+ 2.4%	1,373,707
	公金など	33,009	+ 0.1060	+ 35	+ 0.1%	172,964
定期性預金		1,046,000	+ 0.0346	+ 361	+ 1.0%	942,000
	10M以上	481,802	+ 0.0000	▲ 20	▲ 0.1%	593,877
	3M以上	310,930	+ 0.0561	+ 174	+ 0.5%	192,928
	3M未満	253,268	+ 0.0817	+ 207	+ 0.6%	155,195
貸倒引当関連純損益				▲ 1,964		
役務取引等粗利益				3,897	+ 11.2%	

（資料）　全国銀行協会各種統計資料、日本銀行統計等を用いて筆者作成。

(億円、%)

| 2023年3月 | | | "金利がある世界" | | | |
| (当年全収益比) | | | | | | (当年全収益比) |
(スプレッド)	粗利益	比　率	(残　高)	(スプレッド)	粗利益	比　率
+ 0.4782	+ 27,477		5,317,600	+ 0.5656	+ 30,074	
+ 0.4928	+ 28,317	+ 80.2%	**5,317,600**	**+ 0.5972**	**+ 31,754**	**+ 90.3%**
+ 0.9579	+ 23,881	+ 67.6%	2,493,000	+ 0.9579	+ 23,881	+ 67.9%
+ 0.8947	+ 13,416	+ 38.0%	1,499,530	+ 0.8947	+ 13,416	+ 38.2%
+ 1.0606	+ 11,417	+ 32.3%	1,076,432	+ 1.0606	+ 11,417	+ 32.5%
+ 0.4726	+ 2,000	+ 5.7%	423,098	+ 0.4726	+ 2,000	+ 5.7%
+ 1.1972	+ 9,380	+ 26.6%	783,454	+ 1.1972	+ 9,380	+ 26.7%
+ 0.8567	+ 5,912	+ 16.7%	690,102	+ 0.8567	+ 5,912	+ 16.8%
+ 5.7047	+ 2,745	+ 7.8%	48,115	+ 5.7047	+ 2,745	+ 7.8%
+ 1.5976	+ 723	+ 2.0%	45,237	+ 1.5976	+ 723	+ 2.1%
+ 0.5165	+ 1,085	+ 3.1%	210,016	+ 0.5165	+ 1,085	+ 3.1%
▲ 0.0254	▲ 826	▲ 2.3%	**2,824,600**	**+ 0.0925**	**+ 2,612**	**+ 7.4%**
+ 0.0013	+ 29	+ 0.1%	**1,775,500**	**+ 0.1102**	+ 1,957	+ 5.6%
+ 0.0013	+ 10	+ 0.0%	**587,220**	**+ 0.1102**	+ 647	+ 1.8%
+ 0.0013	+ 17	+ 0.0%	**1,055,394**	**+ 0.1102**	+ 1,163	+ 3.3%
+ 0.0013	+ 2	+ 0.0%	**132,885**	**+ 0.1102**	+ 146	+ 0.4%
▲ 0.0908	▲ 855	▲ 2.4%	**1,049,100**	**+ 0.0624**	+ 655	+ 1.9%
▲ 0.1430	▲ 849	▲ 2.4%	**643,195**	**+ 0.0252**	+ 162	+ 0.5%
▲ 0.0017	▲ 3	▲ 0.0%	**219,728**	**+ 0.1070**	+ 235	+ 0.7%
▲ 0.0016	▲ 2	▲ 0.0%	**186,177**	**+ 0.1384**	+ 258	+ 0.7%
	▲ 840				▲ 1,680	
	5,262	+ 14.9%			5,262	+ 15.0%

図表1－18 "金利がある世界"のTierⅠ（営業部門スプレッド収益）の増減分析

	〈実績〉					（2023年
	(2013年➡2023年　構造変化)					
	（残　高）	（スプレッド）	粗利益	残高等要因	利鞘要因	（残　高）
【TierⅠ】営業部門スプレッド収益	＋1,786,000	＋0.014	＋256	＋11,016	▲10,760	▲428,400
除く　貸倒引当関連純損益	＋1,786,000	▲0.244	▲868	＋9,892	▲10,760	▲428,400
貸出金　合計	＋819,000	▲0.453	＋269	＋8,650	▲8,382	＋0
法人貸出	＋422,584	▲0.453	▲1,094	＋4,367	▲5,461	＋0
中小企業	＋403,042	▲0.501	＋900	＋4,275	▲3,374	＋0
中堅・大企業	＋19,542	▲0.517	▲1,994	＋92	▲2,087	＋0
個人貸出	＋308,891	▲0.524	＋1,210	＋3,831	▲2,621	＋0
住宅ローン	＋259,122	▲0.405	＋475	＋2,220	▲1,745	＋0
カードローン	＋19,877	▲2.695	＋373	＋1,134	▲761	＋0
事業主等	＋29,891	▲0.755	＋362	＋478	▲116	＋0
国・地公体	＋87,525	▲0.244	＋153	＋452	▲299	＋0
預金　合計	＋967,000	▲0.099	▲2,502	▲123	▲2,378	▲428,400
流動性預金	＋1,071,000	▲0.105	▲1,285	＋13	▲1,299	▲535,500
法人	＋336,276	▲0.105	▲444	＋4	▲448	▲177,109
個人	＋594,769	▲0.105	▲808	＋7	▲816	▲318,313
公金など	＋139,955	▲0.105	▲33	＋2	▲35	▲40,079
定期性預金	▲104,000	▲0.125	▲1,216	▲137	▲1,080	＋107,100
10M以上	＋112,075	▲0.143	▲829	▲140	▲689	＋49,318
3M以上	▲118,003	▲0.058	▲178	＋2	▲179	＋26,800
3M未満	▲98,072	▲0.083	▲210	＋2	▲211	＋30,982
貸倒引当関連純損益			＋1,124	＋1,124		
役務取引等粗利益			＋1,365	＋1,365		

（資料）　全国銀行協会各種統計資料、日本銀行統計等を用いて筆者作成。

（億円、%）

➡"金利がある世界"展望)				（2013年➡"金利がある世界"展望）				
（スプレッド）	粗利益	残高等要因	利鞘要因	（残　高）	（スプレッド）	粗利益	残高等要因	利鞘要因
▲ 0.606	+ 2,598	▲ 1,346	+ 3,944	+ 1,357,600	+ 0.210	+ 2,854	+ 10,760	▲ 7,906
+ 0.104	+ 3,438	▲ 506	+ 3,944	+ 1,357,600	▲ 0.140	+ 2,570	+ 10,476	▲ 7,906
+ 0.000	+ 0	+ 0	+ 0	+ 819,000	▲ 0.453	+ 269	+ 8,650	▲ 8,382
+ 0.000	+ 0	+ 0	+ 0	+ 422,584	▲ 0.453	▲ 1,094	+ 4,367	▲ 5,461
+ 0.000	+ 0	+ 0	+ 0	+ 403,042	▲ 0.501	+ 900	+ 4,275	▲ 3,374
+ 0.000	+ 0	+ 0	+ 0	+ 19,542	▲ 0.517	▲ 1,994	+ 92	▲ 2,087
+ 0.000	+ 0	+ 0	+ 0	+ 308,891	▲ 0.524	+ 1,210	+ 3,831	▲ 2,621
+ 0.000	+ 0	+ 0	+ 0	+ 259,122	▲ 0.405	+ 475	+ 2,220	▲ 1,745
+ 0.000	+ 0	+ 0	+ 0	+ 19,877	▲ 2.695	+ 373	+ 1,134	▲ 761
+ 0.000	+ 0	+ 0	+ 0	+ 29,891	▲ 0.755	+ 362	+ 478	▲ 116
+ 0.000	+ 0	+ 0	+ 0	+ 87,525	▲ 0.244	+ 153	+ 452	▲ 299
+ 0.118	+ 3,438	▲ 506	+ 3,944	+ 538,600	+ 0.019	+ 936	+ 460	+ 476
+ 0.109	+ 1,928	▲ 590	+ 2,518	+ 535,500	+ 0.004	+ 642	+ 590	+ 52
+ 0.109	+ 638	▲ 195	+ 833	+ 159,167	+ 0.004	+ 193	+ 175	+ 18
+ 0.109	+ 1,146	▲ 351	+ 1,497	+ 276,457	+ 0.004	+ 338	+ 305	+ 33
+ 0.109	+ 144	▲ 44	+ 188	+ 99,876	+ 0.004	+ 111	+ 110	+ 1
+ 0.153	+ 1,510	+ 84	+ 1,426	+ 3,100	+ 0.028	+ 294	▲ 130	+ 423
+ 0.168	+ 1,011	+ 12	+ 999	+ 161,393	+ 0.025	+ 182	+ 61	+ 121
+ 0.109	+ 238	+ 29	+ 210	▲ 91,203	+ 0.051	+ 61	▲ 98	+ 158
+ 0.140	+ 260	+ 43	+ 217	▲ 67,090	+ 0.057	+ 51	▲ 93	+ 144
	▲ 840	▲ 840				+ 284	+ 284	
	+ 0	+ 0				+ 1,365	+ 1,365	

CHAPTER 1 ● "時系列分析（1999年➡2013年➡2023年）" スプレッドバンキング

図表1-19 "金利がある世界"のTier II（ALM部門収益）の展望

| | ①（ALM総運用） | 0.4282% | | | ①（ALM総運用） |
| | ②（ALM総調達） | 0.1416% | | | ②（ALM総調達） |

2013年3月　(当年全収益比)

		（残　高）	（運調利回り）①-②	粗利益	比率	（残　高）
【Tier II】ALM部門収益　**(A)＋(B)**		2,449,000	＋0.2866	＋7,018	＋20.4%	3,445,000
除く ALMその他損益（国債等債券売買償還損益・株式等売却損益等）		2,449,000	＋0.2219	＋5,435	＋15.6%	3,445,000
ALM長短ミスマッチ収益（A）						
ALM長短運用収入	貸出金見合いTP運用	1,674,000	＋0.1370	＋2,293		2,493,000
	有価証券（ALMプロパー）	721,000	＋0.8668	＋6,536		892,000
	国債	352,000	＋0.7916	＋2,786		127,000
	地方債	103,000	＋1.0035	＋1,034		168,000
	社債	159,000	＋1.0390	＋1,652		128,000
	株式	46,000	＋1.3897	＋639		66,000
	その他証券	61,000	＋0.4521	＋425		403,000
	動不動等他資産見合いTP	54,000	＋0.1370	＋74		60,000
ALM長短調達費用	預金見合いTP調達	2,286,000	▲0.1419	▲3,245		3,253,000
	流動性預金見合いTP	1,240,000	▲0.1370	▲1,699		2,311,000
	当座預金TP	92,000	▲0.1370	▲126		145,000
	普通預金等TP	1,148,000	▲0.1370	▲1,573		2,166,000
	定期性預金見合いTP	1,046,000	▲0.1478	▲1,546		942,000
	自己資本等その他負債TP	163,000	▲0.1370	▲223		192,000
ALMその他損益	特定取引粗利益			＋44	＋0.1%	
	その他業務粗利益			＋1,962	＋5.7%	
	国債等債券売買償還損益			＋1,456	＋4.2%	
	株式等売却益等			▲423	▲1.2%	
ALMベーシスリスク収益（B）						
短プラベーシスリスク収益						
流動性ベーシスリスク収益						

（資料）　全国銀行協会各種統計資料、日本銀行統計等を用いて筆者作成。

(億円、%)

0.1339%		① (ALM総運用)	0.4483%
0.0026%		② (ALM総調達)	0.3494%

2023年3月		(当年全収益比)		"金利がある世界"			(当年全収益比)
(運調利回り) ①−②	粗利益	比 率	残 高	(運調利回り) ①−②	粗利益	比 率
+ 0.1313	+ 4,523		3,016,600	+ 0.0990	+ 2,985	+ 8.9%
+ 0.2030	+ 6,993	+ 19.8%	3,016,600	+ 0.0990	+ 2,985	+ 8.5%
+ 0.0026	+ 64		2,493,000	+ 0.3102	+ 7,733	
+ 0.7865	+ 7,016		463,600	+ 1.2090	+ 5,605	
+ 0.1317	+ 167		127,000	+ 0.8389	+ 1,065	
+ 0.3315	+ 557		81,600	+ 1.0386	+ 848	
+ 0.4817	+ 617		128,000	+ 1.1889	+ 1,522	
+ 2.3408	+ 1,545		66,000	+ 2.3408	+ 1,545	
+ 1.0249	+ 4,130		61,000	+ 1.0249	+ 625	
+ 0.0026	+ 2		60,000	+ 0.3102	+ 186	
▲ 0.0026	▲ 84		2,824,600	▲ 0.3520	▲ 9,944	
▲ 0.0026	▲ 60		1,775,500	▲ 0.3102	▲ 5,508	
▲ 0.0026	▲ 4		92,000	▲ 0.3102	▲ 285	
▲ 0.0026	▲ 56		1,683,500	▲ 0.3102	▲ 5,222	
▲ 0.0026	▲ 24		1,049,100	▲ 0.4228	▲ 4,436	
▲ 0.0026	▲ 5		192,000	▲ 0.3102	▲ 596	
	+ 0	+ 0.0%			+ 0	+ 0.0%
	▲ 5,276	▲ 16.5%			+ 0	+ 0.0%
	▲ 5,845	▲ 18.3%			+ 0	+ 0.0%
	+ 2,806	+ 8.8%			+ 0	+ 0.0%

図表1−20 "金利がある世界"のTier II（ALM部門収益）の増減分析

		〈実績〉					（2023年
		（2013年➡2023年 構造変化）					
		（残 高）	（スプレッド）	粗利益	残高要因等	利鞘要因	（残 高）
【Tier II】ALM部門収益 （A）+（B）		+996,000	▲0.155	▲2,495	▲464	▲2,032	▲428,400
	除くALMその他損益（国債等債券売買償還損益・株式等売却損益等）	+996,000	▲0.019	+1,558	+3,589	▲2,032	▲428,400
ALM長短ミスマッチ収益 （A）							
ALM長短運用収入	貸出金見合いTP運用	+819,000	▲0.134	▲2,229	+21	▲2,250	+0
	有価証券（ALMプロパー）	+171,000	▲0.080	+480	+3,594	▲3,114	▲428,400
	国債	▲225,000	▲0.660	▲2,619	▲296	▲2,323	+0
	地方債	+65,000	▲0.672	▲477	+215	▲692	▲86,400
	社債	▲31,000	▲0.557	▲1,035	▲149	▲886	+0
	株式	+20,000	+0.951	+906	+468	+438	+0
	その他証券	+342,000	+0.573	+3,705	+3,356	+349	▲342,000
	動不動等他資産見合いTP	+6,000	▲0.134	▲72	+0	▲73	+0
ALM長短調達費用	預金見合いTP調達	+967,000	△0.139	+3,161	▲25	+3,186	▲428,400
	流動性預金見合いTP	+1,071,000	△0.134	+1,639	▲28	+1,667	▲535,500
	当座預金TP	+53,000	△0.134	+122	▲1	+124	▲53,000
	普通預金等TP	+1,018,000	△0.134	+1,517	▲26	+1,543	▲482,500
	定期性預金見合いTP	▲104,000	△0.145	+1,522	+3	+1,519	+107,100
	自己資本等その他負債TP	+29,000	△0.134	+218	▲1	+219	+0
ALMその他損益	特定取引粗利益			▲44	▲44		
	その他業務粗利益			▲7,238	▲7,238		
	国債等債券売買償還損益			▲7,301	▲7,301		
	株式等売却益等			+3,229	+3,229		
ALMベーシスリスク収益 （B）							
短プラベーシスリスク収益							
流動性ベーシスリスク収益							

（資料） 全国銀行協会各種統計資料、日本銀行統計等を用いて筆者作成。

（億円、％）

（スプレッド）	粗利益	残高要因等	利鞘要因	（残　高）	（スプレッド）	粗利益	残高要因等	利鞘要因
▲ 0.032	▲ 1,538	▲ 724	▲ 814	+ 567,600	▲ 0.188	▲ 4,033	▲ 1,188	▲ 2,845
▲ 0.104	▲ 4,008	▲ 3,194	▲ 814	+ 567,600	▲ 0.123	▲ 2,450	+ 395	▲ 2,845
+ 0.308	+ 7,669	+ 0	+ 7,669	+ 819,000	+ 0.173	+ 5,440	+ 21	+ 5,419
+ 0.422	▲ 1,411	▲ 4,402	+ 2,991	▲ 257,400	+ 0.342	▲ 931	▲ 809	▲ 122
+ 0.707	+ 898	+ 0	+ 898	▲ 225,000	▲ 0.047	▲ 1,721	▲ 296	▲ 1,424
+ 0.707	+ 291	▲ 897	+ 1,188	▲ 21,400	▲ 0.035	▲ 186	▲ 682	+ 496
+ 0.707	+ 905	+ 0	+ 905	▲ 31,000	▲ 0.150	▲ 130	▲ 149	+ 19
+ 0.000	+ 0	+ 0	+ 0	+ 20,000	+ 0.951	+ 906	+ 468	+ 438
+ 0.000	▲ 3,505	▲ 3,505	+ 0	+ 0	+ 0.573	+ 200	▲ 149	+ 349
+ 0.308	+ 185	+ 0	+ 185	+ 6,000	+ 0.173	+ 112	+ 0	+ 112
▲ 0.349	▲ 9,859	+ 1,208	▲ 11,068	+ 538,600	▲ 0.210	▲ 6,699	+ 1,183	▲ 7,882
▲ 0.308	▲ 5,448	+ 1,661	▲ 7,109	+ 535,500	▲ 0.173	▲ 3,809	+ 1,633	▲ 5,442
▲ 0.308	▲ 282	+ 164	▲ 446	+ 0	▲ 0.173	▲ 159	+ 163	▲ 322
▲ 0.308	▲ 5,166	+ 1,497	▲ 6,663	+ 535,500	▲ 0.173	▲ 3,649	+ 1,470	▲ 5,120
▲ 0.420	▲ 4,412	▲ 453	▲ 3,959	+ 3,100	▲ 0.275	▲ 2,890	▲ 450	▲ 2,440
▲ 0.308	▲ 591	▲ 0	▲ 591	+ 29,000	▲ 0.173	▲ 372	▲ 1	▲ 372
	+ 0	+ 0				▲ 44	▲ 44	
	+ 5,276	+ 5,276				▲ 1,962	▲ 1,962	
	+ 5,845	+ 5,845				▲ 1,456	▲ 1,456	+ 0
	▲ 2,806	▲ 2,806				+ 423	+ 423	+ 0

図表1−21 "金利がある世界"のTierⅢ（経営部門収益）の展望

		2013年3月				
					（当年全収益比）	
		（残　高）	（運調利回り）	粗利益	比　率	（残　高）
【TierⅢ】 経営部門収益		109,000	+ 0.137	+ 149	+ 0.4%	132,000
	自己資本運用益等	109,000	+ 0.137	+ 149		132,000
	自己資本・損益資金運用益 動不動産等調達コスト	163,000 54,000	+ 0.137 ▲ 0.137	+ 223 ▲ 74		192,000 60,000
	経営運営インセンティブ損益					
	預金全体インセンティブ 預金個別インセンティブ					
	住宅ローンインセンティブ 住宅ローン個別インセンティブ					
	経営管理損益					
	戦略支援取引 その他経営					

（資料）　全国銀行協会各種統計資料、日本銀行統計等を用いて筆者作成。

　これは、TierⅠ（営業部門スプレッド収益）において預金ビジネスが大幅に改善し、＋3,438億円の増益となる一方で、TierⅡ（ALM部門収益）では、流動性預金の減少によってALM資産残高が縮小し、結果▲4,008億円の減益となることで相殺されてしまうからです。この10年で膨張した流動性預金をどうつなぎとめ、ALM資産残高を維持できるかが"金利がある世界"の成否を分けることになるのです。

> 　"金利がある世界"において、市場が期待している収益力の向上を実現するには、預金ビジネスと貸出ビジネスの両輪駆動となるTierⅠ（営業部門スプレッド収益）の増勢を下支えするために、TierⅡ（ALM部門収益）のマネジメントが大変重要となります。

　金利がある世界で"レジリエンス"を確固たるものとするには、ALM体制（管理会計・組織陣容）の経営改革が重要なポイントとなります。この点

2023年3月		(当年全収益比)	"金利がある世界"			(当年全収益比)
（運調利回り）	粗利益	比　率	（残　高）	（運調利回り）	粗利益	比　率
+ 0.003	+ 3	+ 0.0%	132,000		+ 409	+ 1.2%
+ 0.003	+ 3		132,000	+ 0.0031	+ 409	
+ 0.003	+ 5		192,000	+ 0.3102	+ 596	
▲ 0.003	▲ 2		60,000	▲ 0.3102	▲ 186	
			〈経営運営インセンティブ損益〉を経営の意思を入魂し、どう運営するか、できるかが、"金利がある世界"の銀行経営の成否を分けることになる。金利上昇により"改善する経営部門収益"を源資に果敢な行動ができる。			

に関し、**CHAPTER 2 SECTION 1「"ALM部門"のシン設計と"総合損益"によるシン経営」**にて詳述します。

　経営部門（Tier Ⅲ）を通じた"経営意思を反映したTPの運営"を樹立することとの協働が鍵となります（**図表 1 − 21**）。

　流動性預金の他行への流出を防止し、ALMボリュームの激変緩和をするよう、一時的に預金TPを市場金利より高めに設定し、そのゆがんだ"インセンティブ・スプレッド"を「インセンティブ手法」によって経営部門が管理・運営する。"預金の液状化"を見越し、地盤を強化するために杭を打ち込むTPの運営が必要です。この点に関しては、**CHAPTER 2 SECTION 2「"経営部門"のシン設計」**にて論述します。

　金利の胎動が始まり、預金の収益性が回復局面に入ったいま、DXリテラシーの高まった個人・法人からの厳しい選好、新興銀行との激しい競争が始まります。

この競争に対して"受身の防戦"ではなく、自行の理想とする「金利がある世界」を描き、その世界観に基づく「銀行像」を実現する必要があります。

　そのためには「守るべき顧客」を明確に定義し、預金に対して一定のインセンティブ、たとえば「一律0.5％」などを付与することが求められます。

　また、預金は"儲からないもの"と刷り込まれている営業部門に対し、金利がある世界で達成するべき収益性を"事前"に提示し、新興銀行に対して先手を打って対峙する姿勢が重要です。

　これらを「経営の意思」として強く宣言し、それを実現するALM運営が"金利がある世界"において真っ先に取り組むべき課題なのです。

CHAPTER **2**

"シン設計"スプレッドバンキング
──"金利""AI""成長"のある
世界に適合する銀行経営

SECTION 1

"ALM部門"のシン設計と "総合損益"によるシン経営

「金利がある世界」において絶対に必須となる経営行動は、**ALM部門のシン設計**です。

この10年、銀行におけるALMは異次元緩和のもと奮闘し、国債一辺倒から外債も含めた総合バランス・ポートフォリオへと改革を果たし、多くの成果をあげています。運用人財の強化も進んでおり、おおいに評価すべきです。これは、国債に依存することができず、切羽詰まった逆境のなかで艱難辛苦の改革で得た成果ともいえます。個別行によっては課題があるものの総じて大きな"AM（アセット・マネジメント）改革"を成し遂げたと高く評価しています。

SECTION 1の主題は、こうした困難な状況下で強化されてきた**市場AM人財の"金利がある世界"における活動範囲の抜本的拡大**です。市場アセットのみならずライアビリティをも総合したALM運営の組織的拡張です。

金利がある世界に適合するため、いまこそ全資産・全負債を総合したALM体制を整備し、管理会計と組織の陣容を"シン設計"すべきです。

有価証券運用のみならず、預金・貸金そしてその他資産・負債のすべてを一元統括する**全体最適のALM組織体**を実現するために新たに設計しなければなりません。

現在、預貸金を含めた全体のALMの役割は「総合企画部門」のような部門にあいまいなまま委ねているのではないでしょうか。市場取引と距離がある「総合企画部門」では**全体最適**に向けたビビッドで能動的な行動を起こすことは困難です。ゼロ金利の結果として預金調達が岩盤のように固定化し、

PART I ●【シン設計】スプレッドバンキング

その岩盤上に有価証券運用のビルを建てるALMは、"金利がある世界"では、きわめて困難なものとなります。これまでALMにおける経営上の主題は地盤が強固で補強する必要がない安全基盤（預金調達）の上にいかに高層ビルを建築（運用）するかでした。

しかし、これからは違います。**金利は"完全に自由化されている"**のです。

すでに"金利の完全自由化"がなされている世界では、<mark>預金基盤の"液状化"</mark>は避けて通れません。今後の金利がある世界において、安定的な預金基盤を予定調和的に期待することはできません。「粘着的な預金」という感覚、つまり預金が勝手に集まるというのは異次元緩和による錯覚です。ゼロ金利だから考えても無駄だという**預金者の合理的な無関心**による、かりそめの姿が現れているにすぎません。

市場運用に対する部分最適のアセット・マネジメント形態を廃し、<mark>**"完全自由化"と"DX超人預金者"に適合する銀行ALM**</mark>への組織改革は待ったなしの最重要課題です。

リスクアペタイトに沿った高度な市場運用の高層ビル群を、DX民度がきわめて高まった預金者調達の土台に総合的に建築する。預金の動向を繊細に注視し、"合理的な無関心"により発生する預金の粘着性を今後どのように維持しうるかはALMの行動目的として重要です。そうしなければ市場運用の高層ビル群は、耐震性を維持できません。単なる競争プライシングの対応では、経営がドンドン苦しくなり、預金粘着性は他行への追随のたびに薄れていきます。

現在の地銀ALM体制は"凍結ゼロ金利"という金融史上きわめてまれな土台上の"盆栽"のようなもので、人工的安定環境のもと市場運用を育めばよかった（**図表2-1**）。結果として預貸金のスプレッド幅が極限にまで潰れ、スプレッドバンキングを適用する意義も実効性もなくなったのがこの10年です。**"意図せざる本支店レート管理"**が復活しています。詳細は**CHAPTER 3**にて詳述します。

図表 2 − 1 "盆栽"のような人工的安定環境のもとでの市場運用

異次元緩和下のALMは「凍結ゼロ金利」という金融史上きわめてまれな土台の上の盆栽のような、安定凍結な調達環境でどう市場運用を打ち建てるかが経営上の主題であった。

金利はすでに"完全自由化"されている。完全自由化下での"金利がある世界"の到来である。
自由化に適応するALM体制のシン設計が必須である。
市場部門の担当範囲を銀行の全資産・全負債に拡大させ一元管理するALM体制の樹立が最大の経営課題となっている。

- バンキング勘定の"果実"である営業部門スプレッド収益を刈り落とし、銀行の全資産・全負債を"市場金利で洗い替え"、トランスファー・プライシング処理を実行。
- そのTP処理後に、有価証券運用のみならず預貸金ポジションも総括した全資産・全負債の統括する「ALM部門」を創設する。

「ALM部門」のシン設計

預金基盤の"液状化"

ゼロ金利により凍結された預金者行動とゼロ金利安定調達

金利のある世界、その胎動に即応した
「ALM部門」の組織設計とALM部門収益
(守り追求すべき収益)の勘定設立が急務。

"金利の完全自由化"と"預金の液状化"に経営適合できる
「ALM部門」のシン設計が最大の経営課題となっている。

バンキング預貸金のスプレッドが潰れ、営業部門の収益性のスプレッド営業意欲が減退。TPの運営もゼロ金利で事実上運営不可の状態となり、"意図せざる"本支店レート管理が復活し、結果として、1980年代の規制金利時代の地銀ALMの組織分掌となっている。

- 金利上昇によって営業部門スプレッド収益は拡大するのが一般的な予想であるが、はたしてそうであろうか。
- 金利のある世界では預金勘定は預金者行動の大移動の号砲である。
- 適切なプライシングによる残高維持と収益性維持が銀行経営の本源的な残高タスクとなる。

「営業部門」のシン設計

072　PART I ●【シン設計】スプレッドバンキング

Tier I（営業部門）、Tier II（ALM部門）、Tier III（経営部門）へと構造分解ができないほど、TP自体がゼロ化してしまいました。その結果、**スプレッドバンキングの本来の目的であった"預貸金を含めた全体最適のALM"が消失した失われた10年となったのです。**

これらの要因により、地銀のALMは、1980年代規制金利時代の組織分掌のままとなっています。金利はすでに"完全自由化"されています。金利の完全自由化に適合するALM部門へのシン設計が必須なのです。

市場部門の担当範囲を銀行の全資産・全負債に拡大させ一元管理するALM体制の樹立が最大の経営課題となっています。

以下、ALM部門の**シン設計**の骨子を提示します。

1．市場部門・総合企画部門の部分最適、積上げ合成のALM体制を廃し、「ALM部門」として全体最適のALMを追求する組織へとシン設計する。

2．この「ALM部門」は、PART IIで詳述のTP（トランスファー・プライシング）により、預貸金やその他資産・負債を含めたすべての資産・負債を「市場値」で洗い替え、その全資産・全負債を対象とするALMを実行する部門です。

3．銀行の全資産・全負債を対象としたALMにて、"利益を追求するビジネスユニット"として組織上、明確に位置づける。総合企画部門より設定される「許容リスク量」の範囲内で「リターンの最大化」を希求する戦略組織へとシン設計する。

4．「許容リスク量」の範囲内で「リターンの最大化」を希求する**ビジネスユニット**であるALM部門に対するパフォーマンス評価基準は総合損益でしかありえない。ALM部門の業績評価を含めた**管理会計**を同時にシン設計する。

総合損益は、対象期間内の「実現損益（期間損益）＋対象期間の評価損益（含み損益）の増減」により形成されます。

各種のALM取引は1年期間内にて満期を迎えるものではありません。「期間損益」を"リターンの最大化"に設定してしまうと、きわめてゆがんだ取引が形成されます。足もとの期間損益の見栄えをよくし、将来へ損失を先送りするインセンティブとなってしまう。

　"利益を追求するビジネスユニット"として、「ALM部門」を現在の市場部門を基盤に立ち上げるのであれば、リターン基準は**総合損益**でしかありえません。**ALM部門のシン形成と総合損益基準は必ずセットなのです（図表2-2）。**

　もちろん、市場の信認を失わないように期間損益のパフォーマンスも必要です。「このままこの銀行は期待される利益を期間計上する可能性が高い」という信認を得る必要があるからです。

　しかし、それが評価基準の第一ではなく制約条件的なものです。総合損益と期間損益の関係を市場に開示する知恵と行動が、これからのALMには必要なのです。

　総合損益とは、当財務年度に表出する「実現損益（期間損益）＋当財務年度期間における評価損益（含み損益）の増減」です。当財務年度のALMの運営によって、**銀行の企業価値（経済価値）をどれほど高めることができたかを評価することであり、ALMの活動そのものを評価する**ということです。

　ALM損益の"源泉"は、「フロー取引損益」と「ストック取引損益」で構成されます。

　フロー取引損益とは、当該財務年度期間中に新たに取引した損益のフローです。たとえば住宅ローンの新たな実行があります。その取引の経済価値は今期にすべて表出するのではなく、来期以降20年等の長期にわたり経済価値が表出します。9月末実行であれば、半年分の期間損益への貢献となります。残りの20年を超える経済価値は、期末時点の現在価値（含み損益）で計上していきます。

　大事なことは、TP処理にて「対顧スプレッド部分」を削ぎ落として洗い替えした値で評価するということです。

図表２－２　ALM部門のシン形成と総合損益基準は必ずセット

"金利がある世界"でのALM経営を全うする「総合損益ALM」の打ち建てが急務

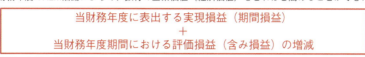

「当財務年度のALM活動によって、銀行の企業価値（経済価値）をどれほど高めることができたか」

当財務年度に表出する実現損益（期間損益）
＋
当財務年度期間における評価損益（含み損益）の増減

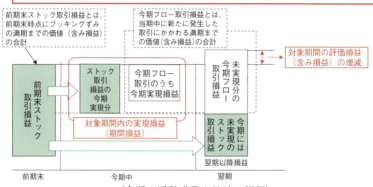

〈今期の活動成果を的確に評価〉
① フロー取引損益　　今期、どれだけフロー収益を新たに積み上げたか
② ストック取引損益　前期末に比べ、今期末時点のストック損益をいくら増加させたか
③ 今期期間損益　　　今期、いくらの実現損益をあげたか
④ 今期総合損益　　　今期、総合していくら、企業価値を高めたか

　すなわち、住宅ローンを取り組んだときは市場値と同じで経済価値はゼロであり、その後の金利の動向により含み損益が形成されるということです。ALM部門がビジネスユニットとして利益追求するなか、その住宅ローンポジションを取組み時点でフルヘッジするのか、あるいは見合いの預金マチュリティ（特定の満期）と相殺する運営とするかは"ALM部門による判断"なのです。このような評価基準とすれば、自律自走にて、機敏なALM運営が実現できることになります。
　総合損益の概念は、「営業部門の活動評価」にも活用できます。いや活動評価の主軸とすべきです。
　ALM損益のもう１つの"源泉"は**ストック取引損益**です。当該期の始ま

る前にすでに取り組まれた投資商品や調達、預貸金ポジションです。前期末に存在するALMポジション、その時点の経済価値（含み損益）と当該ポジションの本期末での経済価値（含み損益）の増減を計測します。そして当該期に実現した期間損益を加算し前期末にすでにブッキングされているストック取引の企業価値への寄与を客観構造的に評価するものです。

総合損益は、ALM運営がその期にどれほどの経済価値（企業価値）の増強に貢献したのか、あるいは損失を与えたのかをズバリ捕捉するものです。

図表2-3が示すとおり、TP処理により、預貸金等のバンキング取引によって生まれる付加価値部分（スプレッド収益：お肉部分）を削ぎ落とし、資金特性に応じた市場卸値（骨格部分）にて銀行の全資産・全負債を一元管理し利益を追求していく"ビジネスユニット"としてALM部門をシン設計するということです。

劣後借入れ等の自己資本対策における負のプレミアムに関しては「総合企画部門」にトランスファー（移転）し、資金特性に応じた市場卸値で、銀行の全資産・全負債を「ALM部門」のビジネス対象とする。メガバンクにおいては、金利であれ、外国為替であれ、株式であれ、コモディティであれ、世界津々浦々にて収益機会を探索し収益をあげています。そこにはグローバル金融機関との熾烈な競争と情報戦が常時存在しています。

能動的ビジネスユニットである ALM部門 の強化発展は、メガバンクがこの10年で急速な国際化をするための力強いエンジンともなりました。グローバルに業務を展開するということは、それぞれの国に応じた外国通貨の運用と調達が必要であり、**ALM部門**はその点においてもおおいに成果をあげています。

地銀のALMにおいても"経費差引き後"のALM部門収益は、**全体収益の３割を超える貢献**となることが期待されます。その理由の１つには、勘定系システムや店舗網投資が不要で、投入する人員も大変少ないからです。"ALM部門の１人当り生産性（利益）"の水準はきわめて高く、**"営業部門の８倍以上"**と想定されます（**図表1-6**）。

076　PART Ⅰ　●【シン設計】スプレッドバンキング

図表 2－3 TPによりすべての資産・負債を "市場値" にて洗い替え

> 銀行の全資産・全負債＝有価証券＋預貸金＋その他資産・負債すべてを、Transfer Pricing（TP処理）にて、市場金利で洗い替え、その "ALM収益" をビジネスユニットとして立ち上げながら利益を追求する「ALM部門」をビジネスユニットとして立ち上げる。

(1) 預金商品

管理商品ユニット	行内移転価格手法（TP手法）	能動プライシング（あり○）	スプレッド収益	長短ミスマッチ収益	ベーシスリスク収益	能動プライシング	信用コスト収益	中途解約補整	複利補整	延利他	ALM長短レート	ALMベーシスレート（αスプレッド）	水準	更改日	信用TPレート
【流動性預金】当座預金	「ベーシススプレッド手法」	—	営業店	ALM（長短）	ALM（ベーシス）	—	—	—	—	—	市場金利（1カ月）	α当座預金	0.15	不定期	—
普通預金	「ベーシススプレッド手法」	—	営業店	ALM（長短）	ALM（ベーシス）	—	—	—	—	—	市場金利（1カ月）	α普通預金	0.13	不定期	—
通知預金	「ベーシススプレッド手法」	—	営業店	ALM（長短）	ALM（ベーシス）	—	—	—	—	—	市場金利（1カ月）	α通知預金	0.13	不定期	—
別段預金	「ベーシススプレッド手法」	—	営業店	ALM（長短）	ALM（ベーシス）	—	—	—	—	—	市場金利（1カ月）	α別段預金	0.15	不定期	—
【定期性預金】大口定期預金 10億円以上	「市場金利手法」（個別）	—	営業店	ALM（長短）	—	—	—	ALM（長短）	—	—	市場金利（ダイレクト）	—	—	—	—
〃 3億〜10億円未満	「市場金利手法」	○	営業店	ALM（長短）	—	（営業統括）	—	ALM（長短）	—	—	市場金利（日中）	—	—	—	—
〃 3億円未満	「市場金利手法」	○	営業店	ALM（長短）	—	（営業統括）	—	ALM（長短）	—	—	市場金利（日次）	—	—	—	—
〃 預託金	「ベーシススプレッド手法」	—	（営業統括）	ALM（長短）	—	—	—	ALM（長短）	—	—	市場金利（日次）	α預託金	0	—	—
スーパー定期 300万円以上	「市場金利手法」	○	営業店	ALM（長短）	—	（営業統括）	—	ALM（長短）	—	—	市場金利（日次）	—	—	—	—
〃 300万円未満	「市場金利手法」	○	営業店	ALM（長短）	—	（営業統括）	—	ALM（長短）	—	—	市場金利（日次）	—	—	—	—
〃 預託金	「ベーシススプレッド手法」	—	（営業統括）	ALM（長短）	—	—	—	ALM（長短）	—	—	市場金利（日次）	α預託金	0	—	—

収益帰属先ユニット / TPレート（定期性預金）

管理商品ユニット		行内移転価格手法（TP手法）	能動プライシング（あり）	スプレッド収益	長短ミスマッチ収益	ベーシスリスク収益	能動プライシング収益	信用コスト収益	中途解約補整	複利補整	延利他	ALM長短レート	ALMベーシスレート（αスプレッド）	適用ルール 水準	適用ルール 更改日	信用TPレート
定期性預金	変動金利定期	「市場金利手法」	—	営業店	ALM（長短）	—	—	—	ALM（長短）	—	—	市場金利（日次）	—	—	—	—
	年金定期	「市場金利手法」	○	営業店	ALM（長短）	—	（営業統括）	—	ALM（長短）	—	—	市場金利（日次）	—	—	—	—
	福祉定期	「市場金利手法」	—	営業店	ALM（長短）	—	（営業統括）	—	ALM（長短）	—	—	市場金利（日次）	—	—	—	—
	積立定期（含む財形）	「市場金利手法」	—	営業店	ALM（長短）	—	—	—	ALM（長短）	—	—	市場金利（日次）	—	—	—	—
	期日指定定期（含む財形・積立）	「市場金利手法」	—	営業店	ALM（長短）	—	—	—	ALM（長短）	（経営管理）	—	市場金利（日次）	—	—	—	—
	期日後定期	「ベーシススプレッド手法」	↑○	営業店	ALM（長短）	ALM（ベーシス）	—	—	—	—	—	市場金利1カ月	α普通預金	0.13	不定期	—

【信用コスト】は営業部門収益から控除せず、内数表示。ただし、当該"信用コスト収益"を（融資企画セクション）においても収益管理（保険料収入概念として）

(2) 資金商品

収益帰属先ユニット / TPレート（資金商品）

管理商品ユニット		行内移転価格手法（TP手法）	能動プライシング（あり）	スプレッド収益	長短ミスマッチ収益	ベーシスリスク収益	能動プライシング収益	信用コスト収益	中途解約補整	複利補整	延利他	ALM長短レート	ALMベーシスレート（αスプレッド）	適用ルール 水準	適用ルール 更改日	信用TPレート
事業性資金	商業手形 短プラ連動	「ベーシススプレッド手法」	○	営業店	ALM（長短）	ALM（ベーシス）	（営業統括）	（融資企画）	—	—	—	市場金利（日次）	α短プラ（アスプレッド）	1.20	不定期	法人（PD×LGD）
	手形貸付 短プラ連動	「ベーシススプレッド手法」	○	営業店	ALM（長短）	ALM（ベーシス）	（営業統括）	（融資企画）	—	—	—	市場金利（日次）	α短プラ（アスプレッド）	1.20	不定期	法人（PD×LGD）
	〃 スプレッド貸出	「市場金利手法」	—	営業店	ALM（長短）	—	—	（融資企画）	ALM（長短）	—	—	市場金利（日中）	—	—	—	法人（PD×LGD）

管理商品ユニット	種別	行内移転価格手法(TP手法)	能動プライシング(あり○)	スプレッド収益	長短ミスマッチ収益	ベーシスリスク収益	能動プライシング	信用コスト収益	中途解約補整	複利補整	延利他	ALM長短レート	ALMベーシスレート(αスプレッド)	水準	更改日	信用TPレート
スプレッド貸出	(大口)	「市場金利手法」(個別)	—	営業店	ALM(長短)	—	—	(融資企画)	—	—	(融資企画)	市場金利(ダイレクト)	—	—	—	法人(PD×LGD)
預金金利	(預金担保)	「ベーシススプレッド手法」	—	営業店	ALM(長短)	ALM(ベーシス)	—	(融資企画)	—	—	(融資企画)	市場金利(日次)	α短プラ	1.20	不定期	法人(PD×LGD)
制度融資	(預託金)	「ベーシススプレッド手法」	○	営業店	ALM(長短)	(営業統括)	(営業統括)	(融資企画)	—	—	(融資企画)	市場金利(日次)	α預託金融資	0.10	不定期	法人(PD×LGD)
短プラ連動 当座貸越(一般)		「ベーシススプレッド手法」	—	営業店	ALM(長短)	ALM(ベーシス)	—	(融資企画)	—	—	(融資企画)	市場金利(1カ月)	α短プラ	1.20	不定期	法人(PD×LGD)
預金金利	(預金担保)	「ベーシススプレッド手法」	—	営業店	ALM(長短)	ALM(ベーシス)	—	(融資企画)	—	—	(融資企画)	市場金利(1カ月)	α短プラ	1.20	不定期	法人(PD×LGD)
短プラ連動 当座貸越(特殊)		「ベーシススプレッド手法」	○	営業店	ALM(長短)	ALM(ベーシス)	(営業統括)	(融資企画)	ALM(長短)	—	(融資企画)	市場金利(日次)	α短プラ	1.20	不定期	法人(PD×LGD)
スプレッド貸出	(一般)	「ベーシススプレッド手法」	—	営業店	ALM(長短)	ALM(ベーシス)	—	(融資企画)	ALM(長短)	—	(融資企画)	市場金利(日中)	α短プラ	1.20	不定期	法人(PD×LGD)
預金金利	(預金担保)	「ベーシススプレッド手法」	—	営業店	ALM(長短)	ALM(ベーシス)	—	(融資企画)	ALM(長短)	—	(融資企画)	市場金利(日中)	α短プラ	1.20	不定期	法人(PD×LGD)
短プラ連動 証書貸付(変動)		「ベーシススプレッド手法」	○	営業店	ALM(長短)	ALM(ベーシス)	(営業統括)	(融資企画)	—	—	(融資企画)	市場金利(日次)	α短プラ	1.20	不定期	法人(PD×LGD)
スプレッド貸出	(大口)	「市場金利手法」(個別)	—	営業店	ALM(長短)	—	—	(融資企画)	—	—	(融資企画)	市場金利(ダイレクト)	—	—	—	法人(PD×LGD)
預金金利	(預金担保)	「ベーシススプレッド手法」	—	営業店	ALM(長短)	ALM(ベーシス)	—	(融資企画)	—	—	(融資企画)	市場金利(日次)	α短プラ	1.20	不定期	法人(PD×LGD)
制度融資	(預託金)	「ベーシススプレッド手法」	○	営業店	ALM(長短)	(営業統括)	(営業統括)	(融資企画)	—	—	(融資企画)	市場金利(日次)	α預託金融資	0.10	不定期	法人(PD×LGD)
その他連動		「ベーシススプレッド手法」	○	営業店	ALM(長短)	ALM(ベーシス)	(営業統括)	(融資企画)	—	—	(融資企画)	市場金利(日次)	αその他変動	1.50	不定期	法人(PD×LGD)

事業性資金

管理商品ユニット			行内移転価格手法(TP手法)	能動プライシング(あり○)	収益帰属先ユニット スプレッド収益	長短ミスマッチ収益	ベーシスリスク収益	能動プライシング収益	信用コスト収益	その他の収益 中途解約補整	複利補整	延利他	ALM長短レート	ALMベーシスレート(αスプレッド)	TPレート 適用ルール 水準	更改日	信用TPレート
事業性資金	証書貸付(固定)	期限一括返済	「市場金利手法」	―	営業店	ALM(長短)	―	―	(融資企画)	ALM(長短)	―	(融資企画)	市場金利(日中)	―	―	―	法人(PD×LGD)
	〃	元金均等	「市場金利手法」	―	営業店	ALM(長短)	―	―	(融資企画)	ALM(長短)	―	(融資企画)	市場金利(元金)	―	―	―	法人(PD×LGD)
	〃	元利均等等	「市場金利手法」	―	営業店	ALM(長短)	―	―	(融資企画)	ALM(長短)	―	(融資企画)	市場金利(元利)	―	―	―	法人(PD×LGD)
	〃	制度融資等	「ベーシススプレッド手法」	○	営業店	ALM(長短)	(営業統括)	(営業統括)	(融資企画)	ALM(長短)	―	(融資企画)	市場金利(元金)	α預託金融資	0.10	不定期	法人(PD×LGD)
手形貸付	〃	短プラ連動	「ベーシススプレッド手法」	○	営業店	ALM(長短)	ALM(ベーシス)	(営業統括)	(融資企画)	―	―	(融資企画)	市場金利(日次)	α短プラ	1.20	不定期	法人(PD×LGD)
	〃	スプレッド貸出	「市場金利手法」	―	営業店	ALM(長短)	―	―	(融資企画)	ALM(長短)	―	(融資企画)	市場金利(日中)	―	―	―	法人(PD×LGD)
	〃	預金金利	「ベーシススプレッド手法」	○	営業店	ALM(長短)	ALM(ベーシス)	(営業統括)	(融資企画)	―	―	(融資企画)	市場金利(日次)	α短プラ	1.20	不定期	法人(PD×LGD)
	〃	その他の連動	「ベーシススプレッド手法」	○	営業店	ALM(長短)	(営業統括)	(営業統括)	(融資企画)	―	―	(融資企画)	市場金利(日次)	α短プラ	1.20	不定期	法人(PD×LGD)
消費性資金	当座貸越(一般)	預金金利	「ベーシススプレッド手法」	○	営業店	ALM(長短)	ALM(ベーシス)	(営業統括)	(融資企画)	ALM(長短)	―	(融資企画)	市場金利(1カ月)	α総合口座	0.10	不定期	個人(PD×LGD)
	当座貸越(特殊)	短プラ連動	「市場金利手法」	―	営業店	ALM(長短)	―	―	(融資企画)	―	―	(融資企画)	市場金利(1カ月)	α短プラ	1.20	不定期	個人(PD×LGD)
	証書貸付(変動)	短プラ連動	「ベーシススプレッド手法」	○	営業店	ALM(長短)	ALM(ベーシス)	(営業統括)	(融資企画)	―	―	(融資企画)	市場金利(日次)	α短プラ	1.20	不定期	個人(PD×LGD)
	〃	スプレッド貸出	「市場金利手法」	―	営業店	ALM(長短)	―	―	(融資企画)	ALM(長短)	―	(融資企画)	市場金利(日中)	―	―	―	個人(PD×LGD)
	〃	預金金利	「ベーシススプレッド手法」	―	営業店	ALM(長短)	ALM(ベーシス)	―	(融資企画)	―	―	(融資企画)	市場金利(日次)	α短プラ	1.20	不定期	個人(PD×LGD)
	〃	その他の連動	「ベーシススプレッド手法」	―	営業店	ALM(長短)	ALM(ベーシス)	―	(融資企画)	―	―	(融資企画)	市場金利(日次)	αその他変動	1.50	不定期	個人(PD×LGD)
消費性資金	証書貸付(固定)	元金均等等	「市場金利手法」	―	営業店	ALM(長短)	―	―	(融資企画)	ALM(長短)	―	(融資企画)	市場金利(住宅元金)	―	―	―	個人(PD×LGD)

管理商品ユニット			行内移転価格手法（TP手法）	能動プライシング（あり）○	収益帰属先ユニット					その他収益			ALM長短レート	TPレート			信用TPレート
					スプレッド収益	長短ミスマッチ収益	ベーシスリスク収益	能動プライシング	信用コスト収益	中途解約補填	複利補整	延利他		ALMベーシスレート（αスプレッド）	適用ルール 水準	適用ルール 更改日	
消費性貸金	元利均等	（住宅ローン）	「市場金利手法」	—	営業店	ALM（長短）	—	—	（融資企画）	ALM（長短）	—	（融資企画）	市場金利（住宅元利）	—	—	—	個人（PD×LGD）
	固定変動選択型	（住宅ローン）	「市場金利手法」	—	営業店	ALM（長短）	—	—	（融資企画）	ALM（長短）	—	（融資企画）	市場金利（固変選択）	—	—	—	個人（PD×LGD）
	その他固定	（住宅ローン）	「市場金利手法」	—	営業店	ALM（長短）	—	—	（融資企画）	ALM（長短）	—	（融資企画）	市場金利（その他固定）	—	—	—	個人（PD×LGD）
本部管理貸金他 手形貸付	短プラ連動	（変動）	「ベーシススプレッド手法」	—	（経営管理）	ALM（長短）	ALM（ベーシス）	—	（融資企画）	—	—	（融資企画）	市場金利（日次）	α短プラ	1.20	不定期	本部（PD×LGD）
	スプレッド貸出	（一般）	「市場金利手法」	—	（経営管理）	ALM（長短）	—	—	（融資企画）	ALM（長短）	—	（融資企画）	市場金利（日中）	—	—	—	本部（PD×LGD）
	預金金利	（預金担保）	「市場金利手法」	—	（経営管理）	ALM（長短）	—	—	（融資企画）	ALM（長短）	—	（融資企画）	市場金利（日次）	—	—	—	本部（PD×LGD）
証書貸付	短プラ連動	（変動）	「ベーシススプレッド手法」	—	（経営管理）	ALM（長短）	ALM（ベーシス）	—	（融資企画）	—	—	（融資企画）	市場金利（日次）	α短プラ	1.20	不定期	本部（PD×LGD）
	スプレッド貸出	（一般）	「市場金利手法」	—	（経営管理）	ALM（長短）	—	—	（融資企画）	ALM（長短）	—	（融資企画）	市場金利（日中）	—	—	—	本部（PD×LGD）
	預金金利	（預金担保）	「市場金利手法」	—	（経営管理）	ALM（長短）	—	—	（融資企画）	ALM（長短）	—	（融資企画）	市場金利（日次）	—	—	—	本部（PD×LGD）
	その他連動		「ベーシススプレッド手法」	—	（経営管理）	ALM（長短）	ALM（ベーシス）	—	（融資企画）	—	—	（融資企画）	市場金利（日次）	αその他変動	1.50	不定期	本部（PD×LGD）
証書貸付（固定）	期限一括返済		「市場金利手法」	—	（経営管理）	ALM（長短）	—	—	（融資企画）	ALM（長短）	—	（融資企画）	市場金利（日次）	—	—	—	本部（PD×LGD）
	元金均等		「市場金利手法」	—	（経営管理）	ALM（長短）	—	—	（融資企画）	ALM（長短）	—	（融資企画）	市場金利（元金）	—	—	—	本部（PD×LGD）
	元利均等		「市場金利手法」	—	（経営管理）	ALM（長短）	—	—	（融資企画）	ALM（長短）	—	（融資企画）	市場金利（元利）	—	—	—	本部（PD×LGD）
不良債権			「市場金利手法」	—	（経営管理）	ALM（長短）	—	—	（融資企画）	—	—	—	市場金利 1ヵ月	—	—	—	本部（PD×LGD）

(3) その他資産・負債

管理商品ユニット	行内移転価格手法（TP手法）	能動プライシング（あり○）	収益帰属先ユニット スプレッド収益	長短ミスマッチ収益	ベーシスリスク収益	能動プライシング	信用コスト収益	その他収益 中途解約補填	複利補整	延利他	ALM長短レート	TPレート ALMベーシスレート（αスプレッド）	適用ルール 水準	更改日	信用TPレート
保有現金	「市場金利手法」	←○	営業店	ALM（長短）	—	—	—	—	—	—	市場金利 1ヵ月	—	—	—	—
日銀預け金	ALM（長短）プロパー資金	—	—	ALM（長短）	—	—	—	—	—	—	ALM 持ち値	—	—	—	—
定期性預け金	ALM（長短）プロパー資金	—	—	ALM（長短）	—	—	—	—	—	—	ALM 持ち値	—	—	—	—
流動性預け金	ALM（長短）プロパー資金	—	—	ALM（長短）	—	—	—	—	—	—	ALM 持ち値	—	—	—	—
譲渡性預金預け金	ALM（長短）プロパー資金	—	—	ALM（長短）	—	—	—	—	—	—	ALM 持ち値	—	—	—	—
コールローン	ALM（長短）プロパー資金	—	—	ALM（長短）	—	—	—	—	—	—	ALM 持ち値	—	—	—	—
買入手形	ALM（長短）プロパー資金	—	—	ALM（長短）	—	—	—	—	—	—	ALM 持ち値	—	—	—	—
CP	ALM（長短）プロパー資金	—	—	ALM（長短）	—	—	—	—	—	—	ALM 持ち値	—	—	—	—
その他買入金銭債権	ALM（長短）プロパー資金	—	—	ALM（長短）	—	—	—	—	—	—	ALM 持ち値	—	—	—	—
商品有価証券	ALM（長短）プロパー資金	—	—	ALM（長短）	—	—	—	—	—	—	ALM 持ち値	—	—	—	—
金銭の信託	ALM（長短）プロパー資金	—	—	ALM（長短）	—	—	—	—	—	—	ALM 持ち値	—	—	—	—
国債	ALM（長短）プロパー資金	—	—	ALM（長短）	—	—	—	—	—	—	ALM 持ち値	—	—	—	—
地方債（公募地方債）	ALM（長短）プロパー資金	—	—	ALM（長短）	—	—	—	—	—	—	ALM 持ち値	—	—	—	—

管理商品ユニット		行内移転価格手法（TP手法）	能動プライシング収益（あり○）↑	スプレッド収益	長短ミスマッチ収益	ベーシスリスク収益	能動プライシング	信用コスト収益	中途解約補整	複利補整	延利他	ALM長短レート	ALMベーシスレート（αスプレッド）	適用ルール 水準	適用ルール 更改日	信用TPレート
地方債	縁故地方債	ALM（長短）フロンパー資金	—	—	ALM（長短）	—	—	—	—	—	—	ALM持ち値	—	—	—	—
公社・公団債	政府保証債	ALM（長短）フロンパー資金	—	—	ALM（長短）	—	—	—	—	—	—	ALM持ち値	—	—	—	—
〃	非政府保証債	ALM（長短）フロンパー資金	—	—	ALM（長短）	—	—	—	—	—	—	ALM持ち値	—	—	—	—
金融債	利付債	ALM（長短）フロンパー資金	—	—	ALM（長短）	—	—	—	—	—	—	ALM持ち値	—	—	—	—
〃	割引債	ALM（長短）フロンパー資金	—	—	ALM（長短）	—	—	—	—	—	—	ALM持ち値	—	—	—	—
事業債	公募債	ALM（長短）フロンパー資金	—	—	ALM（長短）	—	—	—	—	—	—	ALM持ち値	—	—	—	—
〃	私募債	「ベーシススプレッド手法」	営業店	—	ALM（長短）	（営業新拓）	—	（融資企画）	ALM（長短）	—	（融資企画）	市場金利（日次）	α私募債	0.50	不定期	法人（PD×LGD）
〃	転換社債	ALM（長短）フロンパー資金	—	—	ALM（長短）	—	—	—	—	—	—	ALM持ち値	—	—	—	—
〃	ブランド債	ALM（長短）フロンパー資金	—	—	ALM（長短）	—	—	—	—	—	—	ALM持ち値	—	—	—	—
株式	上場	「市場金利手法」	営業店	—	ALM（長短）	—	—	—	—	—	—	市場金利1カ月	—	—	—	—
〃	非上場	「市場金利手法」	営業店	—	ALM（長短）	—	—	—	—	—	—	市場金利1カ月	—	—	—	—
その他債券		ALM（長短）フロンパー資金	—	—	ALM（長短）	—	—	—	—	—	—	ALM持ち値	—	—	—	—
その他資産 仮払金		「市場金利手法」	（経営管理）	—	ALM（長短）	—	—	—	—	—	—	市場金利1カ月	—	—	—	—
その他資産 動産・不動産		「市場金利手法」	（経営管理）	—	ALM（長短）	—	—	—	—	—	—	市場金利1カ月	—	—	—	—

管理商品ユニット		行内移転価格手法（TP手法）	能動プライシングスプレッド収益（あり○）	収益帰属先ユニット								TPレート				
				スプレッド収益	長短ミスマッチ収益	ベーシスリスク収益	能動プライシング収益	信用コスト収益	その他収益 中途解約補填	その他収益 複利補整	その他収益 延利他	ALM長短レート	ALMベーシスレート（αスプレッド）	適用ルール 水準	適用ルール 更改日	信用TPレート
その他資産	その他資産	「市場金利手法」	—	（経営管理）	ALM（長短）	—	—	—	—	—	—	市場金利 1ヵ月	ALM 持ち値	—	—	—
	円投	ALM（長短）フロンバー資金	—	—	ALM（長短）	—	—	—	—	—	—	ALM 持ち値	—	—	—	—
	日銀借入	ALM（長短）フロンバー資金	—	営業店	ALM（長短）	—	—	—	—	—	—	ALM 持ち値	—	—	—	—
	コール・マネー	ALM（長短）フロンバー資金	—	—	ALM（長短）	—	—	—	—	—	—	ALM 持ち値	—	—	—	—
	売渡手形	ALM（長短）フロンバー資金	—	—	ALM（長短）	—	—	—	—	—	—	ALM 持ち値	—	—	—	—
	その他借入金	ALM（長短）フロンバー資金	—	—	ALM（長短）	—	—	—	—	—	—	ALM 持ち値	—	—	—	—
その他負債	譲渡性預金（インターバンク）	ALM（長短）フロンバー資金	—	—	ALM（長短）	—	—	—	—	—	—	ALM 持ち値	—	—	—	—
	譲渡性預金（対顧販売）	「市場金利手法」	—	—	ALM（長短）	—	—	—	—	—	—	市場金利（日次）	ALM 持ち値	—	—	—
	社債	ALM（長短）フロンバー資金	—	—	ALM（長短）	—	—	—	—	—	—	ALM 持ち値	—	—	—	—
	転換社債	「市場金利手法」	—	（経営管理）	ALM（長短）	—	—	—	—	—	—	市場金利（日次）	ALM 持ち値	—	—	—
	劣後ローン	「市場金利手法」	—	（経営管理）	ALM（長短）	—	—	—	—	—	—	市場金利（日次）	ALM 持ち値	—	—	—
	仮受金	「市場金利手法」	—	（経営管理）	ALM（長短）	—	—	—	—	—	—	市場金利 1ヵ月	ALM 持ち値	—	—	—
	従業員預り金	「市場金利手法」	—	（経営管理）	ALM（長短）	—	—	—	—	—	—	市場金利 1ヵ月	ALM 持ち値	—	—	—
	自己資本・損益資金	「市場金利手法」	—	（経営管理）	ALM（長短）	—	—	—	—	—	—	市場金利 1ヵ月	ALM 持ち値	—	—	—

管理商品ユニット				行内移転価格手法（TP手法）	能動プライシングスプレッド収益（あり→○）	長短ミスマッチ収益	ベーシスリスク収益	能動プライシング収益	信用コスト収益	その他収益 中途解約補整	その他収益 複利補整	その他収益 延利他	ALM長短レート	ALM ベーシスレート（αスプレッド）	適用ルール 水準	適用ルール 更改日	信用TPレート
				「市場金利手法」	(経営管理)	ALM（長短）	—	—	—	—	—	—	市場金利1カ月	—	—	—	—
その他負債	円投			ALM（長短）プロパー資金	—	ALM（長短）	—	—	—	—	—	—	ALM持ち値	—	—	—	—
	金利スワップ（払い）	個別ヘッジ	変動	ALM（長短）プロパー資金	—	ALM（長短）	—	—	—	—	—	—	ALM持ち値	—	—	—	—
		個別ヘッジ	固定	ALM（長短）プロパー資金	—	ALM（長短）	—	—	—	—	—	—	ALM持ち値	—	—	—	—
		包括ヘッジ	変動	ALM（長短）プロパー資金	—	ALM（長短）	—	—	—	—	—	—	ALM持ち値	—	—	—	—
		包括ヘッジ	固定	ALM（長短）プロパー資金	—	ALM（長短）	—	—	—	—	—	—	ALM持ち値	—	—	—	—
		経営ALM（内部取引）	変動	ALM（長短）プロパー資金	—	ALM（長短）	—	—	—	—	—	—	ALM持ち値	—	—	—	—
		経営ALM（内部取引）	固定	ALM（長短）プロパー資金	—	ALM（長短）	—	—	—	—	—	—	ALM持ち値	—	—	—	—
オフバランス	金利スワップ（受け）	個別ヘッジ	変動	ALM（長短）プロパー資金	—	ALM（長短）	—	—	—	—	—	—	ALM持ち値	—	—	—	—
		個別ヘッジ	固定	ALM（長短）プロパー資金	—	ALM（長短）	—	—	—	—	—	—	ALM持ち値	—	—	—	—
		包括ヘッジ	変動	ALM（長短）プロパー資金	—	ALM（長短）	—	—	—	—	—	—	ALM持ち値	—	—	—	—
		包括ヘッジ	固定	ALM（長短）プロパー資金	—	ALM（長短）	—	—	—	—	—	—	ALM持ち値	—	—	—	—
		経営ALM（内部取引）	変動	ALM（長短）プロパー資金	—	ALM（長短）	—	—	—	—	—	—	ALM持ち値	—	—	—	—
		経営ALM（内部取引）	固定	ALM（長短）プロパー資金	—	ALM（長短）	—	—	—	—	—	—	ALM持ち値	—	—	—	—

（注）詳細は CHAPTER 7 を参照。

ALM組織におけるシン管理会計とシン陣容を両面にていかに抜本強化できるか、金利がある世界において待ったなしの経営行動であることには間違いありません。

ALM部門の"シン設計"が必要なのです。

SECTION 2

"経営部門"のシン設計
——経営意思を反映した意図的な TP運営

「金利がある世界」において絶対必須な経営行動は、"経営部門"のシン設計です。

スプレッドバンキングの経営手法は、さまざまなリスクとリターンを因数分解しながら結びつけます。その際、多様なTP手法を合目的に適用しますが、**経営部門では、インセンティブ手法による"経営意思を反映すること"が重要な責務**となります。

詳細は**CHAPTER 4 SECTION 5「インセンティブ手法」**を参照してください。

能動プライシングとは、ALM部門あるいは営業部門と協議し、"経営部門"が"全体経営意思"を反映して、**各種TPを"意図的にゆがめる"**ものです。

CHAPTER 4で詳述する**金利TP**（市場金利手法：ベーシススプレッド手法）においても、**CHAPTER 5**で詳述する**信用TP**においても、金利リスク・信用コストを消化するためのTP設定は"現在観測される各種パラメータ"により運営されます。

たとえば、金利TPにおいては、ALM部門が市場での反対取引にて機動的なリスクヘッジが可能となるよう「市場金利」にてTPされます。

一方で、信用コストを反映した貸出プライシングの原価を構成する信用TPにおいては、債務者格付・案件格付にて確認される想定デフォルト率（PD：Probability of Default）とデフォルトが発生した場合に非回収となる

確率である**デフォルト時損失率（LGD：Loss Given Default）**を設定し、運営されます。

リスクとリターンを因数分解しながら結びつけ、具体的にリスク消化や業績評価をするのですから、TPに用いられる数値は客観的で合理的なものでなければなりません。しかし、そのTP値は客観合理にしてもそれは"事実であって真実ではない"ということがポイントとなります。

たしかに預金スプレッドは現在ゼロですが、これは異次元緩和による副作用であり未来永劫続くものではありません。

金利がある世界においては、金利イールドカーブの下方に利鞘を形成する預金スプレッドの改善が見込まれます。つまりは、"現時点での事実にすぎず、将来を透徹する真実ではない"ということです。

信用コストにおいても適用されるTP値はPD（想定デフォルト率）とLGD（デフォルト時損失率）によって形成されますが、これも直近の過去実績であり、将来的には変動していきます。従い、同じ与信先の同じ貸出も"信用コスト"は将来変わりうる、いや変わるのは当然であるということです。

"事実であって真実ではない"ということに経営はどう対処していけばよいのでしょうか。これには答えはありません。だからこそ「経営が必要」ということです。

"粘着的"と思われていた預金に対する将来不安から、銀行の経営トップは、預金に対する重要性をあらためて認識するように自行の役職員に促しています。前述したとおり、地銀だけでもこの10年で流動性預金は＋107兆円の増加です。これにより貸出＋82兆円増をまかなっています。金利の上昇は預金者の"合理的な無関心"の終焉を知らせる号砲となります。現在の銀行トップが将来に対し、危機感を抱くのは至極"健全"なことです。

しかし、こうした危機感を行員全員に意識させるだけでは、経営の対応としては不十分です。草の根的に全人全層にて、"預金ビジネスを大事にする行動"をとる必要があります。その具体的な経営としての仕組みがインセンティブ手法です。

インセンティブ手法とは、経営意思として特定の預貸金に対し、インセンティブやディスインセンティブを設定する手法です。これにより営業戦略として注力している商品の販売促進にインセンティブを付与したり、営業基盤を守るために、赤字でも預貸金取引を実行する際に、現場にその行動を承諾あるいは生起させるよう一定の基準で“収益補填”のインセンティブを与えたりすることです。つまり、“能動的なプライシング”を行うためのTP手法です。

このインセンティブ手法の運営主体は経営部門にほかありません。

“事実であって真実ではない”ということに対する経営判断の結果、**TPをあえてゆがめる**ということです。

これからの最大の難事である金利がある世界への経営適合において、“市場金利後追いの漸次適合”で乗り切れるのかは大変不安です。

市場金利の漸次上昇に応じた市場金利手法[1]やベーシススプレッド手法[2]を用いてTP値を改定するような“漸次預金スプレッドの改善”で、適切な金利がある世界の営業組織行動を生起させることができるのでしょうか。

はなはだ不安です。なぜならばすでにネット銀行、プラットフォーマ銀行は金利上昇を見込み、預金プライシングにおいて“市場水準無視”の金利を出し始めているからです。これからの“預金の大流動化”にて規模を一気に拡大し、織田信長、豊臣秀吉、徳川家康となることを目指しています。ネット銀行はもはや“新参者”ではありません。前述のように預金量において、楽天銀行（10兆5,000億円）、住信SBI銀行（9兆5,000億円）、大和ネクスト銀行（4兆5,000億円）、ソニー銀行（4兆1,000億円）、auじぶん銀行（3兆9,000億円）、PayPay銀行（1兆8,000億円）の合計で34兆円です。直近1年間で＋18％の増勢で、地銀はわずか2％の伸びにとどまります。金利がある世界の経営適合のため、いまこそ、経営の意思を反映した**インセンティブ手法**の運営樹立が必須なのです。

1　市場金利手法の詳細は**CHAPTER 4**を参照。
2　ベーシススプレッド手法の詳細は**CHAPTER 4**を参照。

"金利がある世界"のための「インセンティブ手法」の骨子

① 「金利上昇の社会雰囲気」や「預金者の心証」に十分に目配せを
し、市場金利後追いの預金金利設定ではなく、<u>あえて能動事前的に預
金金利の引上げを行う</u>。

② 能動事前的な預金金利の引上げにおいて、営業部門が赤字スプレッ
ドとなりディスインセンティブとならないよう、<u>営業部門 TP 値を経
営運営としてゆがめる</u>（高めに設定）。

③ ALM 部門に対しては、市場金利手法の TP 値にて適切にトランス
ファー。

④ <u>「営業部門 TP」と「ALM 部門 TP」の差額を"経営部門にトランス
ファー"</u>。

この"能動性"は"恣意性"を意味し、そこには当然ながら運営上のリス
クが存在します。一方、この"能動性"はとても重要な「経営行為」です。
この"能動性"が必要なければ、銀行経営は"数理コンピュータ"で足りる
ことになります。能動経営により、戦略的な ALM 運営、顧客の動向を透徹
した中長期的な戦略プライシング等、各行独自のしなやかで多様性のある間
接金融が生まれるのです。

ただし、十分に注意しなければならないのは、「その能動行為の裏側には
当然ながら"リスク"が存在する」ということです。

"経営も間違う"ということを念頭に、リスク管理を実行しうる態勢整備
を図る必要があるのです。その能動経営がいかなる結果を招き、企図した目
標は達成されているのか。これらを経営管理する技法がインセンティブ手法
です。

インセンティブ手法に関しては、**CHAPTER 4 SECTION 5** で詳述します。

金利の胎動が始まり、預金の収益性が回復局面に入ったいま、DXリテラシーの高まった個人・法人からの厳しい選好、ネット銀行との激しい競争が始まります。その競争に対し後追いの"受動防戦"とならないよう、金利がある世界における自行の姿を「世界観」として打ち建て、その世界観での目指すべき"銀行像"を達成するように、"守るべき顧客"を明確に定義のうえ、預金に対してインセンティブを、たとえば「一律0.5%」を付与する。

　預金は"儲からないもの"と刷り込まれている営業部門に対して、金利がある世界において今後達成する収益性を事前に提示し、ネット銀行に対し"先手先手"で合目的に競争する。その経営意思をおおいに宣言する。それがまさに金利がある世界において真っ先に行わなければならないALM運営なのです。

　　　　経営部門の"シン設計"が必要なのです。

SECTION 3

"営業部門"のシン設計
——AIとの徹底的な棲み分けとDX

CHAPTER 1 で確認したとおり、営業部門（Tier Ⅰ）収益の全体収益への貢献割合は、この四半世紀不変の"8割"です。そのなかでもやはり**貸出ビジネスが根幹**（全体収益への貢献比率：1999年＋63％➡2013年＋68％➡2023年＋68％）であることをあらためて確認しました。

しかしながら、貢献比率は不変でも"収益水準"はこの四半世紀で完全なる横ばいです。これは、貸出スプレッドの減少▲0.763％（1999年＋1.720％➡2023年＋0.957％）による減益影響▲1兆299億円を、なんと貸出ボリューム増＋111兆円（1999年138兆円➡2023年249兆円）の増益効果＋1兆347億円が吸収し、収益水準を辛うじて維持しているものです。

優良貸出先への金利競争は今後も変わらないでしょう。貸出ボリュームの激増＋111兆円はこの10年の82兆円増で形成されています。政府保証によるコロナ対応融資等が内包されており、信用リスクの顕現化に注意が必要です。

これからの金利がある世界においてでも、貸出スプレッドの改善は期待薄です。この10年でTIBOR連動貸の比率が高まり、"約定"としてスプレッドが固定化される商慣行が定着しているからです。むしろ、この四半世紀の"一貫した貸出スプレッドの縮小トレンド"にどう歯止めをかけるかの方策が必要な状況です。

"合理的な無関心"は預金者のみならず、借入先においても発生しています。

借入金利水準が1％程度ですので本質的な文句がない。しかし、借入金利が2％水準に近づくと俄然金利に対してセンシティブとなることが想定され

092　PART Ⅰ　●【シン設計】スプレッドバンキング

ます。この10年の82兆円の貸出ボリューム増により、個人にしても、法人にしても、過大債務を抱えることになったからです。

　今後の金利がある世界においては、以下を前提として"営業部門のシン設計"を遂行しなければなりません。

1．預金ビジネスと貸金ビジネスの双方において、金利上昇はネット銀行等の高効率競合者との"激しい競争プライシングの号砲"となり、預貸金の大流動化が始まる。

2．充実した店舗網にてある程度の優位性は維持できるかもしれないが、むしろインターネット完結の無店舗体制と独自経済圏を形成しているネット銀行に競争劣後することが想定される。

3．ネット銀行はもはや"新参者"ではない。預金量において、楽天銀行（10兆5,000億円）、住信SBI銀行（9兆5,000億円）、大和ネクスト銀行（4兆5,000億円）、ソニー銀行（4兆1,000億円）、auじぶん銀行（3兆9,000億円）、PayPay銀行（1兆8,000億円）の合計で34兆円。直近1年間で＋18％の増勢（地銀の伸びは2％）。

4．ネット銀行、プラットフォーマ銀行の「AI×DX」の営業態勢に伍していけるように、銀行の営業態勢を抜本的にリエンジニアリングすることは金利がある世界における"事業継続の最低必要条件"である。

5．"人間の本源的価値"を新たに創出できるよう、AIとどう"隊列"を組ませられるかが銀行経営の腕の見せ所となる。

6．ネット銀行の営業は、自行にとって収益性の高い一部の預貸金商品に対する"チェリーピッキング・マーケティング"であり、人間での主対応営業を想定していない。**AIとの徹底的な棲み分けと隊列形成による新たな"人間の本源的価値"の創出が金利がある世界において生き残るための最も重要な経営戦略となる。**

ネット銀行、プラットフォーマ銀行との"競争プライシング"に対抗でき
る徹底的な営業部門のビジネス・プロセス・リエンジニアリングは待ったな
しの状況です。

　スプレッドバンキングのシン設計においては、金利がある世界に適合する
営業部門の"シン組織形態"を念頭において実施しなければ、異次元緩和凍
結環境での死体解剖的なスプレッドバンキングの経営実装となってしまうの
です。

　経費効率を向上させ、店舗網をリエンジニアリングし、ネット取引の拡充
強化を図ることはもちろん第一義的成果となり、金利がある世界の厳しい競
争プライシングの体力ともなります。しかし、営業部門の「AIとの徹底的
な棲み分け」と「DX」が目指すものは、**プライシング体力の増強**だけでは
ありません。同時に目指すべきことは、**信用リスク管理の全総的強化**です。

　信用モニタリングに練達したシニア層の退職、実行を担う中間層の異業種
への転職は今後も強まることはあれ弱まることはありません。銀行における
与信文化・与信技術を"AI結晶化"し、それを"DX"しなければ事業存
続できない。このAI×DXのよい点は**全総的なもれのないモニタリング**を
可能とすることです。法人顧客・個人顧客の大小を問わず、全人全層的な
AIによる常時不断の信用モニタリングが可能となります。そしてAI×DX
の最もよい点は、人間を"人間の本源的価値が出せる業務"へ集中配置でき
ることです。

　新興銀行は人間を主たる営業力として想定していません。人間を**人間の本
源的価値が出せる業務**に集中配置する営業態勢の樹立が「金利がある世界」
において最も重要な営業戦略なのです。人間こそが、顧客との**圧倒的な信頼
関係**を形成できるということです。

　「人間×AI×DX」の有機的協業により、"いつでも・どこでも・綿密・
熱い"コミュニケーションと最幸体験をお客様に約束できる営業部門を"シ
ン設計"するのです。

　人間の"本源的価値"は、信用創造ではなく「未来創造」です。

お客様世界の"次元を変える！　次元を超えさせる！"ことにあります。人間は今後、過去の事象やデータに基づく意思決定においてはAIに勝てなくなるのは明白です。計算量とデータ収集能力にて打ち勝つことはできません。

ChatGPTに代表されるAI大規模言語モデルは、数値解析による各種のAI意思決定モデルと化学反応しながら猛烈な学習を続け、この数年の間に多くの業務や場面にて、確実に人間の能力を凌駕し、安価なものとなる。世の中がますますDX社会になれば、私たち人間自体が電子の流れをとどめてしまう障害物となる。AIが経済の多方面多次元においてDXを仲介する媒体となる。人間はDX社会の進展においてはそもそもお邪魔な存在であることをふまえ、今後の銀行営業を設計することが重要となります。

人間はAI適用が困難な**過去の延長線上ではない将来性の判断**ができます。過去のトレンドと不連続・不適合な急激な成長（悪化）や経営・競争環境変化の見極め、延長線からの新たな経営パスの創造、事業転換、BPR・抜本合理化、事業再生、事業承継、M&A、MBOという「**未来創造**」において価値を創出すべきです。

SECTION 1で提言した"ALM部門のシン設計"と同様にいまこそ金利がある世界に適合する"営業部門のシン設計"が必要なのです。**人間の本源的価値である**「**未来創造**」の社会提供を可能とするようシン設計するということです。

スプレッドバンキングの実効設計において重要なことは、**設計に必要な"設計コンポーネント"をしっかりと理解し、詳細設計に着手する前に、各コンポーネントの設営において"経営の意思"を入れること**です。

「設計コンポーネント」の詳細に関しては、**CHAPTER 7**にて詳述しますが、ここでは"営業部門のシン設計"に必要なところを以下確認します。

- 第一の「設計コンポーネント」は、収益帰属先の部門・部署のリスティングです。**収益帰属ユニット**と呼称します。
- 第二の「設計コンポーネント」は、法人・個人などの顧客属性のリスティングです。**顧客ユニット**と呼称します。
- 第三の「設計コンポーネント」は、商品科目のリスティングです。**管理商品ユニット**と呼称します。
- 第四の「設計コンポーネント」は、各種TP手法の具体的な各種ベースレートのリスティングとその運用規定です。
- 第五の「設計コンポーネント」は、各種TP手法の定義です。

"営業部門のシン設計"において重要な「設計コンポーネント」は、**収益帰属ユニット、顧客ユニット、管理商品ユニット**の3つです。

これらを現在の組織延長線上で考え、スプレッドバンキングを適用しても"死体解剖"であり、スプレッドバンキングの経営果実は得られず、金利がある世界に適用できる経営体制とはならないのです。

収益帰属ユニット、顧客ユニット、管理商品ユニットの3次元で、AIとの徹底的な棲み分けとDXによる営業部門の"シン設計"に関して以下、考察を深めます。詳細は、**大久保豊［著］『人工知能と銀行経営』**（金融財政事情研究会、2019年11月）を参照してください。

図表2−4においては、**管理商品ユニットを横軸に「良構造➡悪構造」問題の度合いにて左から右にマッピングしています。**

良構造問題とは問題が明確に理解でき、その解決方法に関しても論理的思考にて客観化できるものです。たとえば、東京から鹿児島へこれから最短時間で行くための方法を選択する問題です。

一方、**悪構造問題**とは、問題は問題として理解できますがその解決方法に関して客観的に定義できないものです。たとえば「今日1日を幸せに生きた

図表2－4　営業部門のAIとの徹底的な棲み分けとDX

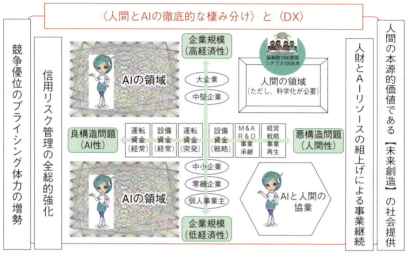

　いがどうしたらよいか」といったものです。

　AIがもっぱら得意で解ける問題は"良構造問題"です。融資商品でいえば、**図表2－4**の左象限の「経常的に発生する運転資金・設備資金」が考えられます。季節性や売上げの変動に応じて、あるいは経年劣化の設備に対する更新投資など、問題が具体的に定義でき、それに対応する考え方を論理的に構成できます。AIは過去の動向とそのときの財務ビヘイビアや足もとの状況確認（口座動態等）にて、当該融資のリスクや必要額を客観的にまた即座に判断できます。

　「突発的な運転資金」、たとえば取引先の入金遅延や破綻、あるいは事業急拡大による資金需要などもAIにおいて十分に対応できるようになりました。入金遅延の来月以降のインパクト、取引先が破綻した際のストック影響

も、財務あるいは口座データ等から客観的にDX収集できるようになったからです。ただし、確認情報の頑健性や救済要否の度合いに関して、人間能力との協業はもちろん必要となるでしょう。

図表2－4右象限の「戦略的設備投資」に関しては、AIだけではむずかしくなってきます。なぜなら戦略的であるがゆえ過去の延長線で思考し、判断する現在のAIには不向きだからです。たとえば、新商品開発における大型投資に関してAIで判断することは困難です。もちろん、投資環境情報の収集や過去の戦略投資の実績分析など、有用な情報組成には貢献できますが、それらはもっぱら人間の意思決定のための材料でしかありません。M&A、R&D、事業承継、経営戦略、事業再生等は問題構造が悪すぎて、AIのみで対応することはしばらくむずかしいでしょう。

縦軸は、**顧客ユニット**をマッピングしたものです。上に行くほど企業規模が大きくなり、発生する取引において経済性の高いものとなります。グローバル大企業がそのトップにあります。一方、個人事業主においては多様な借入ニーズがあっても金額は少額となります。

以上の**横軸マッピングの管理商品ユニット**と**縦軸マッピングの顧客ユニット**を俯瞰し、ますます希少となる人財リソースをどう配置するかをシン設計するのです。限られた人数をどう効率的に割り振るかは大変大きな問題となっています。就職先として銀行の人気が低迷するなかで新卒採用において満足できない状況が続いています。加えて、中堅や若手層の意図せざる退職も定常化しています。熟達行員の定年などが相まって、人的資源の確保と効率的な配置は待ったなしの大変深刻な問題となっています。

図表2－4のマトリックスに対して、第一の「設計コンポーネント」である**収益帰属ユニット**をどう設営するかが、営業部門の金利がある世界に適合するスプレッドバンキングの"シン設計"なのです。

図表2－4の左下の「第三象限」はもっぱら**AI**が主に担当する領域です。人間ではコストがかかるというより、お客様の数が多すぎて対応できな

PART I ● 【シン設計】スプレッドバンキング

い。結果、お客様へ社会的な便益を提供できない。またこの領域はネット銀行やプラットフォーマ銀行との激戦地であり、すでに防戦の状況となっています。一刻も早く営業体制をシン設計しなければなりません。

　左上の「**第二象限**」、**これも主役はAIです**。AIで十分に正しい答えに到達できるからです。ただし、金額規模の大変大きな層は粉飾リスクも大きく、人間の確認判断も必要となるでしょう。

　右下の「**第四象限**」**に関しては、AIにて取り扱うことはむずかしい領域です。そして人間をアサインするのでは規模の利益を享受できず、赤字となる先です。この領域ではできるだけ問題解決のための情報収集を定型化しその大部分をAIにて前さばきさせ、その集約情報をもとに人間が活躍する領域です。"人間とAIの構造的協業の技術革新"により、小規模のお客様にも高度な社会的な便益を提供していきたいところです。**

　現状、ネット銀行やプラットフォーマ銀行においては対応が不可能な領域です。この領域での「信頼関係」を樹立できれば、第三象限でのネット銀行やプラットフォーマ銀行との競合も大きな問題とはなりません。お客様は目の前のものに惹かれますが、これからの未来のほうがいっそう大事なことはわかっています。ネット銀行やプラットフォーマ銀行は「運転資金」に関するファイナンスしか興味がありません。設備投資や長期資金への資金供給はそもそも対象外の領域です。

　そして、右上の「**第一象限**」**です。ここはもっぱら人間が主役となります。**

　企業規模も大きく、M&A、事業承継、戦略策定など、過去の延長線をなぞらない、むしろそれを創造的に破壊する意思決定をAIが担うことはできません。もちろん、人間の意思決定に必要な情報組成には生成AI等の技術は貢献するでしょう。

　しかし、**"未来創造のための意思決定"は、AIでは手に負えず、もっぱら人間能力のみが頼りとなります。この第一象限での人間能力の発揮こそが日本経済再生・地方振興のかなめであり、未来のためのエンジンとなるのです。**

図表2−5 「本来の"銀行＝人間価値"の新興」

―【AI】による徹底的な代替と人間の本源的価値は【未来創造】―
1. 「(良⇔悪) 構造問題」の探索と業務マッピング
2. その構造マッピングに対する【人間】と【AI】の「棲み分け」と「協業組上げ」
3. 上記を通して、お客様に"何の価値"を生起させるか、それがいちばん大事（新商品・新サービス）

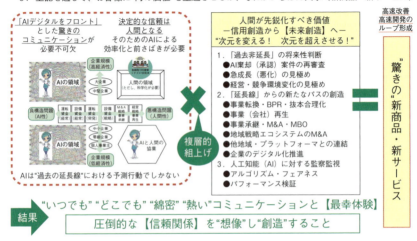

第二象限、第三象限に現在投入されている人財を徹底的にAIに代替させ、いかに多くの人財を第一象限あるいは第四象限に配置できるか。

　製造業・物流業でのロボテックAIの導入を手本とすべきです。「『良⇔悪』構造問題」の探索と業務マッピングを行い、"人間とAIの徹底的な棲み分け"を計画し組織設計していく。幾何級数的な進展を遂げている現代DX社会において、私たち人間自体が電子の流れを止めてしまう障害物となる。AIこそがDX社会における多次元の仲介媒体であり、人間は人間にしかできない「悪構造問題」に特化し、日本経済・地域経済の"未来創造"にてバリューを発揮する。人間が先鋭化すべき価値は信用創造ではなく、"未来創造"にあるのです。お客様の"次元を変える！　次元を超えさせる！"ことを生起できるのは人間しかないのです。

　悪構造問題と未来創造に人間資源を戦略投入する。その投入余力を確固たるものとするよう、ライバルに対して圧倒的な比較優位をもつよう、AIに

良構造問題である既存の銀行業務を革新的に代替させるのです。

　AIの活用により捻出された貴重な人的資源を、AIが棄却（承認）した事案の再吟味や、過去非延長の将来性判断に投入していく。お客様の過去とは違う「新たな成長パスの創造」に寄与する。事業転換・BPR・抜本合理化・事業再生・事業承継・M&A・地域戦略エコシステムの未来創造に、人間がおおいに貢献していく。

　AIをフロントとした驚きの営業コミュニケーションを実現していく。しかし、**決定的な信頼はやはり人間でしか勝ち取れません**。肝腎なときに人間がコミュニケーションする。AIはそのための有用な前さばきファンクションなのです。**"いつでも・どこでも・綿密・熱い"コミュニケーションによる最幸体験をシン設計**する。そして最も大事なことは**"驚きの新商品・新サービス"を高速開発・高速改善させるループフローの形成**を営業戦略として組織体現することです。

　さて、現状のゼロ金利において極限まで潰れてしまった預貸スプレッド。今後は金利とAIと成長がある世界において脈動し始めます。ゼロ凍結されたスプレッドが復活することを想定し、スプレッドバンキングによる「営業部門スプレッド収益」を復活させなければなりません。

　まだまだ短期金利が低位に位置することが予想されます。それでは実効的なスプレッド評価にならないと考える経営者も多いでしょう。

　それに対応するには、**実効的な管理意欲が湧くスプレッドとなるよう営業店TPを市場TPと乖離させて潤沢にすること**が有効です。その際は、営業店TPと市場TPの乖離損益を"経営勘定"として建てればよいのです。金利がある世界を模擬体験させる、新たな営業行動を意図的に惹起させることです。この点は**SECTION 2**で論述しました。

　営業部門スプレッド収益においても、ALM部門評価の主軸となる**総合損益**は大事な視点となります。もちろん、期間損益への貢献も決算締めがありますので重要ですが、お客様すべての価値は単年度の財務会計では表出しません。住宅ローン、長期貸出、短期継続融資、継続定期預金、コア預金な

ど、すべての預貸金は大変長い取引です。そこがバンキングビジネスを生業とするための源泉です。その特徴を十分に把握し評価し、顧客ポートフォリオが劣化していないか、成長しているか、地元経済の伸張とどうシンクロしているか。それらを評価する最も有効な基準が総合損益なのです。

「財務年度に表出する預貸金のフロー・スプレッド損益（期間損益）」と「前期末から今期末の預貸金ストック・スプレッド損益（含み損益）の増減」の総合損益だからこそ、今年度において営業部門は銀行の企業価値（経済価値）の創出にどれだけ貢献したかが一目瞭然にて評価できるのです。

ALM部門と同じように、営業部門においても総合損益の評価軸をスプレッドバンキングにて樹立していくのです。「**フロー取引損益**」と「**ストック取引損益**」に構造分解し、自行の営業基盤が衰退していないか、現在の期間損益の水準はよいが総合損益では減少していて、単に過去からのお客様取引を食い潰しているだけではないかを自省し確認していく。その年暮らしの期間損益で"ゆでガエル"にならないためにも、総合損益評価をスプレッドバンキングにてビルトインさせるのです。

営業部門の"シン設計"が必要なのです。

SECTION 4

"融資部門" のシン設計
——信用コストプライシングと成長のある世界への革新

　"金利がある世界"とは、借入企業の支払利子負担が上昇することを意味します。日本リスク・データ・バンク（RDB）の統計調べによると、「有利子負債利子率」は、2008年をピークに、正常先、要注意先ともに低下を続けています。正常先は2008年の2.1％から2022年度の0.8％まで、要注意先は同じく2.6％から1.1％まで、いずれも1.0％を超える低下です。

　政府の手厚いコロナ支援と日銀の異次元緩和によって、日本の企業は全国津々浦々にて大変低い借入金利を享受しています。RDBでのデータベースでは、「要注意先」の信用スコアは全体的に過去10年以上もの間上昇し続けており、その高スコア化は「有利子負債利子率」の低下が大きく寄与していると分析しています。金利が消滅した異次元緩和下において、借入法人の財務内容が実態以上に高く評価されているということです。したがって、今後の"金利がある世界"における借入金利の上昇は、貸出先の信用リスクに大きなインパクトを与えることは明らかです。

　RDB統計調べによると、リーマンショックの影響で財務状態が最も劣悪だった2009年度では「正常先33％：要注意先57％が当期赤字」だったのに対し、直近ではコロナ災厄で若干上昇しているもののそれぞれ、22％と49％にとどまっています。今後の金利がある世界を想定するにあたり、借入ボリュームに対し"借入金利が＋1％上昇"するものとして試算した結果が**図表2-6**です。

　実線が正常先、点線が要注意先の財務情報による当期赤字先比率の実績値を時系列に並べ、右端に直近2022年度の財務情報に対して金利上昇ストレスを与えた試算値を表示しています。

図表 2 − 6　赤字先の比率（右端が上昇想定時の試算値）

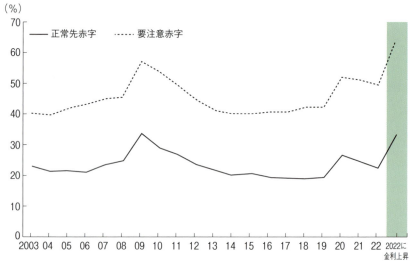

（資料）　RDBデータベースでの計測および試算値。

　正常先の33％、要注意先の65％が当期赤字に陥ることになり、これは2009年度の実績と比較して、正常先は同程度、要注意先についてはさらに8％も多くの貸出先が赤字となることを示しています。

　つまり、"**リーマンショック級のネガティブインパクト**"となるということです。さらに心配なことは、**リーマンショックとは異なり金融緩和政策の修正は一過性の事象では終わらない**ということです。金利がひとたび上昇すると短期的には下がらない"**慢性疾患**"となる。わずかな金利上昇による利払い負担の増加さえも、リーマンショック以上のストレスとなりかねないことを示唆しています。

　以上をふまえ、今後のスプレッドバンキングの適用においては、以下を骨子に"融資部門"のシン設計を行わなければならないと考えます。

1．今後の金利がある世界では、**リーマンショック以上の信用リスクの顕在化を想定した融資運営が必要**。異次元緩和とコロナ政府支援の合わせ技によるデフォルト低位安定局面が変化し、経営状況や財務内容が脆弱であった企業の返済負担の増加や、借換え資金の調達難により、覆い隠されていた諸問題が金利上昇を"号砲"として顕在化する。

2．**一定の金利上昇を前提に信用格付の悪化先を"事前試算"する。そのなかで信用エクスポージャーの大きな「信用動向懸念先」を抽出し、個別にその対応策を事前策定する。**

3．上記の"事前試算"において、格付ノッチの悪化が想定される先への**「リスク・プライシング」の方策を事前策定する**。金利上昇により信用格付が悪化する先へのリスクに見合った適正な貸出金利の引上げ交渉の段取りを事前策定する。

4．その際重要となるのが、**信用TP**の適用です。詳しくは**CHAPTER 5**を参照してください。想定デフォルト率（PD：Probability of Default）**とデフォルト時の非回収確率である**デフォルト時損失率（LGD：Loss Given Default）**にて、スプレッドバンキングの信用TPを行い、"貸出ガイドライン金利"の再生を図り、貸出1本1本に"信用コスト原価"を情報貼り付けする。**これにより、信用リスクに見合った適正なプライシング行動を全人全層で生起させる。

5．その際、後述する**Honest Banking**の経営樹立が重要です。情報開示に誠実であり、借り手先のことを想った融資行動が必要です。そうでなければ、金利引上げ交渉は禍根を残し、プラットフォーマ銀行との競争において、"信頼関係"において劣後することになります。**Honest Bankingの骨格は「企業評価の誠実な開示」と「成長性視点」であり、それが体現される融資部門のシン設計が必要です。**

6．**人間の"本源的価値"を新興し、新たな付加価値を創出できるよう、どう"AIと隊列を組ませられるか"が腕の見せ所です。**

信用TPにおけるスプレッドバンキングの実践は以下のとおりです。

「信用コスト」は、貸出業務を行ううえでの必要コストであり、"信用原価"に相当するものです。この"信用原価"を貸出プライシングにて回収できない状態のまま放置すると、将来、自己資本を毀損して処理することになります。したがって、貸出金利を組成する際は、この"信用原価"をしっかりと組み込む必要があります。

"信用原価"が担保される限り、積極的な貸出増強に努めてよいわけであり、当然ながら毎年所要の貸出償却や個別引当費用が発生しますが、それは決して悪いことではありません。

「信用コスト」をPD（想定デフォルト率）とLGD（デフォルト時損失率）に因数分解し、それぞれの実測値をもとに"信用原価"を設定します（**図表2－7**）。したがって、PDとLGDの計測精度がとても重要です。「信用コスト」を貸出プライシングに構造的に組み込み、信用リスクの消化酵素として

図表2－7　「信用コスト」＝"信用原価"を組み込んだ貸出プライシング

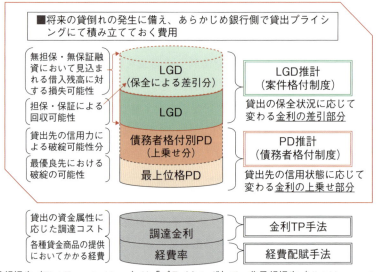

予想損失（EL：Expected Loss）は「プライシング」で、非予想損失（UL：Unexpected Loss）は「自己資本」での対応が、銀行・金融機関の信用リスク運営の基本

機能させるのです。

PDとLGDによる客観的な"貸出ガイドライン金利"の運営は、借入先に対する誠実な説明と経営の現在位置を羅針するHonest Bankingの礎ともなります。

図表2－8は、「債務者格付R6×案件格付L1」の5年物貸金対顧レート3.2％と、「債務者格付R4×案件格付L2」の1年物貸金対顧レート2.0％の事例にて、信用TPを解説したものです。貸金取引の収益性から"金利リスク見合い"部分を除去した貸金スプレッド収益は「5年貸」が＋1.2％、「1年貸」が＋1.0％です。表面金利差が1.2％（＝3.2－2.0）もある貸金ですが、それぞれの貸金の期間特性にて調達原価を適用すると、収益性においては0.2％しか差がないことが理解でき、"資金満期""金利満期"の相違する貸出における統一の収益評価基準が形成できるのが「金利TP」でした。

一方、信用TPは、それぞれの貸出先の「債務者格付」と「案件格付」により、「信用コスト」を算出、その部分を"信用原価"としてTPするものです。

「債務者格付R6×案件格付L1」の「信用コスト」は▲0.99％であり、「債務者格付R4×案件格付L2」は▲0.25％です。それら"信用コスト控除後の貸金スプレッド収益"は「5年貸」が＋0.21％、「1年貸」が＋0.75％となります。「5年貸」対顧レート3.2％は「1年貸」より1.2％も高レートですが収益性は3分の1以下であることが理解できるようになります。

Honest Bankingの骨格は**"企業評価の誠実な開示"**です。貸出プライシングに客観合理なメッセージを組み込み、現在の経営状態を羅針する、"転ばぬ先の杖"としての金利交渉をいかに展開できるか。これはAIにはできないものであり、従い、ネット銀行に対する"圧倒的な競争優位"となります。適正な"経営通信簿"をもらいたい、それはどの法人も抱いている潜在願望です。それに真正面から経営のプロとしてコミュニケーションするのです。銀行の"経営教師"としての役割の復興が信用リスク・プライシングの

図表2-8 信用トランスファー・プライシング

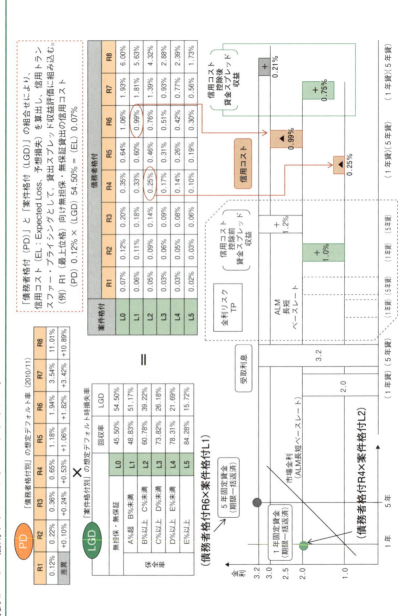

108　PART I ●【シン設計】スプレッドバンキング

礎なのです。

しかし、いかに客観的な“経営通信簿”を提示しても、それだけでは信頼関係を築くことはできません。**未来の話が必要です。**

現在の通信簿は未来のための参考資料でしかないからです。お客様は銀行と“未来を語りたい”のです。これもAIには到底できないものです。

そこで**Honest Banking**のもう１つの骨格となるのが**“成長性視点”**です。これからの金利がある世界において、「どう**成長ある世界**を創出していくか」という銀行の“成長性視点”こそが、圧倒的な信頼関係の根幹であり、その未来開放系の融資営業が借入先との貸出プライシング交渉において納得できる基盤となります。与信先にとって“成長”が担保されるのなら、金利負担増は経済的に折り合いがつくものだからです。

“成長性視点”に関しては、邦銀において、抜本的な改革が必要です。バーゼル規制・金融検査マニュアルの厳格運用のなか、**短期視点のデフォルト判別モデル**に基づく「内部格付制度」が普及し、本来の事業金融の目的である将来成長する可能性のある先への資金供給が十分に行われていないという問題意識をもっています。

日本の格付（企業評価）手法はグローバルプラクティスと大きく相違しています。

グローバルプラクティスにおいては、財務と事業評価に基づく将来キャッシュフロー・モデルによる評価がスタンダードです。日本のような過去複数期の財務数値をインプット・データとする“評価期間１年”のデフォルト判別モデル（DF判別モデル）によっての企業評価は主軸ではありません。

> “成長がある”与信ビジネスのためには、**“信用創造から未来創造”**に変わる必要があり、そのためには、**DF判別モデルの単眼ではなく、「中長期の成長性を評価するモデル（成長性判別モード：将来キャッシュフロー（CF））」を形成し、企業評価を構造的複眼の仕組みに改革する必要があります。**

CHAPTER 2 ● “シン設計”スプレッドバンキング 109

図表 2 - 9　格付（企業評価）手法のグローバルプラクティス

- ●格付（企業評価）は、財務と事業評価に基づく将来キャッシュフロー（CF）評価がスタンダード。
- ●本邦金融機関がDF判別モデルを採用している理由の1つは費用対効果。将来キャッシュフロー評価には高い専門性と労力が必要であり、与信額が少額かつ対象先が多数となる中小企業で運用するにはハードルがある。

	【評価者】	【評価手法】	【評価対象】
銀行融資	米国金融機関 （含む米国当局）	●財務と事業評価に基づき将来CFを算定。 ●7年累積の将来CFと有利子負債の比率に基づき、格付を決定。 ●現在もFRB、OCC、FDICが厳格な検査運営を継続。シンジケートローンのエージェント行に対するSNC検査や個別行への立入り検査を経常的に実施し、多数の格付・債務者区分の修正指摘を行っている。	将来CF
	本邦金融機関 （中小企業領域）	●過去複数期の財務数値をインプット・データとする財務格付モデルで格付を決定。 ●評価期間は1年、目的変数はデフォルト判別。	DF判別
社債投資	外部格付機関 （S&P等）	●事業評価、財務評価に基づき、現在および将来のキャッシュフローを予想。 ●有利子負債とのバランスにより格付を決定。	将来CF
株式投資 M&A等	投資ファンド等	●算定した将来CFから割引現在価値（DCF法）を求め、Enterprise Valueを算定。 ●買収価格の妥当性や買収可否の判断に活用。	将来CF

短期の「信用力評価」中心の現在の〈DF判別モデル〉を改良し、「成長性評価」を判別する〈将来キャッシュフロー・モデル〉を形成し【構造的複眼】の"融資部門"を"シン設計"する。

〈現在の格付制度・融資業務〉　　　　　　　〈本来の企業評価・事業金融〉

評価軸	時間軸 短期	時間軸 長期
信用力	△	×
成長性	×	×

モデル革新の必要性

評価軸	時間軸 短期	時間軸 長期
信用力	○	○
成長性	○	○

　短期のデフォルト判別目線から中長期の成長性目線に軸足を移すには、与信先の最新情報に基づく、足もとの**予兆変調検知**が必須です。ここにこそ、**AI**と**DX**にて、融資業務を革新進歩させるべきです。

邦銀が「DF判別モデル」を採用している理由の１つは費用対効果にあります。「将来キャッシュフロー評価」には高い専門性と労力が必要です。与信額が少額かつ対象先が多数となる中小企業で運用するにはハードルが高い。しかし、ここにこそ、現在の社会経済革命の巨大エンジンとなっているAIとDXを積極的に活用すべきです。

　全国津々浦々の個人・中小企業・大企業は、すでに巨大なデジタル電脳世界にて "常時電子連結・多次元相互・即時共鳴" しています。フィナンシャル・デジタライゼーションを拒むことはできない不可避の社会進化であり、そもそもお客様がそこに包摂されていきます。銀行はデジタル社会の "プラットフォーマとはなれない" が、プラットフォーマと協業して電子接続することはできる。銀行のデジタル化が進めば進むほど "デジタル化しなければならない個人・法人" の経済活動も発展する。外部と「電子接続」するということは、銀行内のビジネスプロセスもDXにより革新する必要があります。そうでなければ "デジタルは流れない" からです。

　フィナンシャル・デジタライゼーションの世界においては "お金に色が付いている" どころか "お金はデジタルタグのほんの一部の情報" です。デジタルタグには取引されている商品の特徴（サイズ・色・素材等）のみならず、ユーザー評価（用途適合性・頑健性等）、そして仲介者の信用情報まで記載されている。

　お金の情報はほんの一部でもはや主役ではない。経済社会の基盤システムは、銀行から巨大ITプラットフォーマに移行した。データがお金の "お株" を奪ったのです。デジタルはツールではなく、私たちはすでに "デジタルの一部" であり、リアルがもはやツールなのです。

　異業種が「新たな信頼関係」を動態的に創造し常時新たな "提案" を試みる。金融商品は単品ではなく、ポイント制、キャッシュバック、受発注等の商取引との構造化された "パッケージされたビジネス" となる。スマートフォン（PC）さえあれば、24時間365日、いつでもどこでもDX経済取引と同時に融資の申込みができる。猛烈な進化を遂げるDX社会と電子接続する

には、融資部門の革命的な"シン設計"が必要なのです。

> この電子接続は銀行経営にとって必須の"守り"なのですが、大変重要な"攻め"の基盤ともなります。**猛烈なDX社会においては、与信判断・融資営業のための鮮度が高く有用な情報が常時新たにデジタル生成されています。新機軸の大量多品質の「審査・営業のためのDX原材情報」がデジタル化され、刻々と生産されているのです。**

"成長がある"与信ビジネスのため、"信用創造から未来創造"のため、この新機軸で大量多品質の「審査・営業のためのDX原材情報」を成長性判別モデルの原材料とするのです。

AIとDXにより、成長がある世界への革新的な融資部門・営業部門のシン設計が可能なのです。

「財務・面談情報」は引き続き大変重要な王道中核情報です。しかし、それはSECTION3で考察した第一象限（図表2-4）にて最も効力が発揮される情報です。また、「審査・営業のための原材情報」の一部を構成するにすぎず、それだけでは電脳世界で多連結するお客様のニーズや状況を十分には把握できない。

> 財務・面談情報に加え、**自行独占の最強DX財産である口座動態情報やWebトランザクション情報、Webニュース・口コミ情報**等の電脳取引状況を新たな「**審査・営業のための原材情報**」として融資業務のプロセスに組み込んでいくのです。

RDBでは、猛烈に生成されているDXデジタル情報を、融資業務のプロセスに内蔵させるDXの取組みを推進しています。また、膨大なDXデータを読み込み、人間の審査プロセスや融資営業のリアルな場面へと情報連結させるさまざまなAIを同時に製造し提供しています。

そのなかで、一丁目一番地にて注目すべき「**審査・営業のためのDX原材情報**」は、いまだ融資部門での位置づけが明確ではない"**各行独占**"の口座

図表 2 − 10　口座動態情報──最大最強最良の"電脳社会の写し絵"

| すでに電子化情報として存在する金融機関独自のFinTech資産 | 金融機関口座を介して取引されるさまざまな金融取引は、"お客様のいま（経営状態のいま）"と"お客様同士のいま（商流のいま）"を表す"リアル"で、"リアルタイム"な"常時自動更新"される「経済エビデンス」である。それらを正規化して、活用可能な汎用動態データベースとして基盤格納する。 | 即時性
常時更新性
明細性
商流連関性 |

口座の資金移動全情報　「預金口座入出金情報」「為替仕向・被仕向情報」「代金取立手形」「商業手形割引」「でんさい：電子記録債権取引」「貸出金実行回収明細」のすべてをもれなく総合的かつ時系列にて継続モニタリングすることで、企業経営の実態や業況・信用状況変化に対する予兆事象を「ファクト」と「仮説」により、動態かつ連続的にとらえることが可能となる。

AI動態モニタリングモデル

動態情報です（図表 2 − 10）。

　口座動態情報は伝統的な財務・面談情報と情報化合において、きわめて"親和性"が高いものです。預金口座入出金情報、為替仕向・被仕向相手先情報、代金取立手形、商業手形割引、でんさい、貸出金実行回収明細のすべてをもれなく総合的かつ時系列にて継続モニタリングすることで、企業の経営動向や個人の家計実態を、"ファクト"と"仮説"により、動態かつ連続的にとらえることが可能となります。

　金融機関口座を介して取引されるさまざまな金融取引は"お客様のいま（経営状態のいま）"と"お客様同士のいま（商流のいま）"を表すリアルで、リアルタイムな"常時自動更新"される「経済エビデンス」です。

　それらを正規化して、利活用可能な汎用動態データベースとして基盤格納し「与信判断・融資営業のための原材料」として活用しない理由がないのです。そして、それらはDX現代社会の"電脳写し絵"であり、プラットフォーマにとって"垂涎情報"なのです。それを各行独占のDX資産として保有しているのです。

　DX商流視点からの「連鎖倒産リスク」「連鎖成長チャンス」の常時モニタリング、実同企業の「資金循環モニタリング」「借入申請内容の真正性検証」、商流1次取引先から2次取引先、そして次々と「商流網」をたどることができ、融資先の商流とその経済圏をエビデンスでもって確認することが

図表2-11 銀行独占の審査原料「口座動態情報」による融資業務革新の必要性

静態モニタリングの構造課題と「AI口座動態モニタリング」の必要性

"財務決算書"は企業から提出される"エビデンス"であり、「信用格付制度」は今後も〔決算書評価〕が基盤となる。しかしながら、決算情報のみを拠り所にしすぎることで、以下のような構造課題を抱えている。

静態モニタリングの構造課題

"群れる行動"を惹起する
(良い先への金利ダンピング)
(悪い先からの一斉撤退)

【離散定点観測】
- 年1度の決算情報による内部格付制度では、日々動きがある顧客の状況を連続的に信用評価する方法がない。
- 結果として、資金ニーズ発生時にあらためて状況調査が必要となるが、的確な調査ポイントがわからない。

【恒常タイムラグの発生】
- 決算締後3カ月後に受け取る決算書では、業況確認において"9～21カ月"の構造的な恒常ラグが発生する。
- 結果、その時々の経営状況を見誤ったり、成長資金・運転資金をタイムリーに信用供与することができない。

【差別性のない個社情報】
- 決算書は、顧客から受け取る"受動的"な、他行他機関と"同じ情報"であり差別化につながらない。
- 企業がつながる仕入先、売上先の商流動態を総合俯瞰しておらず、個社独立での格付評価となっている。

補完する手段の開発が必要

全取引先もれなく均質性能		財務と違うデータソース(毎日更新)
費用極小マンパワー不要	AI口座動態モニタリング(人間との協業が成功の鍵)	事後検証と自律的性能強化可能

口座の資金移動全情報

AI動態モニタリングモデル

「預金口座入出金」「為替仕向・被仕向」「代金取立手形」
「商業手形割引」「電子記録債権取引」「貸出金実行回収明細」
のすべての情報をもれなく総合的にかつ時系列にて継続モニタリングすることで、中小企業の経営実態や、業況変化・信用変化に対する予兆事象を動態かつ連続的にとらえる。

可能です。口座動態から精製される商流情報がさまざまな新しい「与信判断・融資営業のための原材料」となるのです。

AI口座動態モニタリングは、財務情報とは違い日々生成される情報に対する常時モニタリングであり、全取引先に均等の"観察眼"にて休むことなく実行でき、コストパフォーマンスがよく、また観察眼向上のためのPDCAのAIスパイラルが形成されていきます。

銀行は口座動態情報という最大最強最良の"電脳社会の写し絵"という金鉱山を保有しています。伝統的な財務・面談情報と化合し、この各行独占の口座動態情報を基盤に原材料（情報）をシン形成し、そこにWebトランザクション情報やWebニュース・口コミ情報等の電脳取引状況を加味し、SECTION 3の営業部門のシン設計と一緒に進めていくのです。

図表 2－12　銀行独占の「口座動態情報」による融資業務の革新——実践例

口座入出金の一本一本に対し「AI理論仕訳」し、資金使途（事業性／非事業性）と取引先相手をAI特定することで、動態ネットワーク図を自動生成し、対象とする企業の商流環境を、常時、視覚的かつデジタル数量として認識します。

取引状況による
構造信用リスク・プロファイリング

● 商流視点から、連鎖倒産リスクの常時モニタリング
● 商流視点から、連鎖成長チャンスの常時モニタリング
● 商流視点から、実同企業の資金循環モニタリング
● 申請内容の真正性検証、フロード・リスクの排除

1. 財務決算情報のみでは、十分に確認できなかった申請内容の真正性チェック
2. 連鎖倒産リスクの構造把握
3. 不正取引の可能性モニタリング

● 視覚的把握から量的把握への即時ドリルダウン

HALCA-B
（商流連関俯瞰モデル）

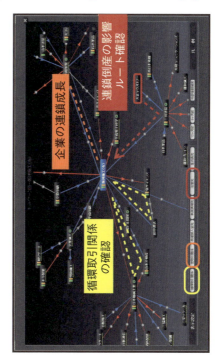

企業の連鎖成長

連鎖倒産の影響ルート確認

循環取引関係の確認

● 商流は「1次取引先」から「2次取引先」そして次々とクリックをたどることができ、企業アイコンをクリックすることにより対象企業を切り替え、連続した商流探索が可能。商流からの人間による【気づき】による分析調査を促進

マネー・ローンダリングに対するAI監視

● 柔軟多様なリスクベース・アプローチ
● ベネフィシャル・オーナーに対する、常時更新データによる不断の探索

CHAPTER 2 ● "シン設計"スプレッドバンキング　115

図表2−13 「信用力判別モデル」と「成長性評価モデル」の構造的複眼の"シン設計"

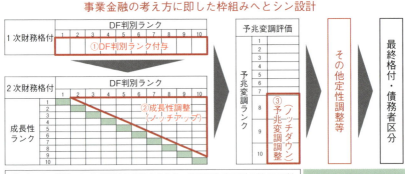

　バーゼル規制における格付の定義をふまえると、格付の起点は引き続きDF判別モデルを基盤とした信用力判別モデルとなります。

　そこで、「成長性評価ランク」が「信用力判別ランク」の評価を上回る先について、成長性評価モデルの結果が妥当と判断できる場合はノッチアップを実施していく（図表2−13）。

　信用力判別モデルを基盤に現行の信用格付制度を改良・発展させるのです。成長性評価モデルを多次元多方面にて発露しているDXデータをAIにて取り込み、新たに形成し、「構造的複眼」を達成することが融資部門のシン設計の基礎骨格となります。

　　　　　融資部門の"シン設計"が必要なのです。

SECTION	"預金者行動動態モニタリング"
5	**のシン設計**
	──流動性リスクへの消化対応

　この四半世紀で第一地銀だけで＋178兆円も増え、残高水準231兆円規模に達している流動性預金。間違いなく"待機資金"です。金利がある世界において、その動向がこれからの銀行経営の"生死"を決定することになります。

　3億円以上（超大口流動性預金）で全預金の23.7％、残高77兆円の存在です（2023年3月末時点）。この77兆円が貸出増（2013年➡2023年の82兆円）の原資となっているのです。1,000万円以上の流動性預金では実に全預金の半分（49.7％）を形成し、残高で162兆円にも及びます。地銀だけででです（**図表2−14**）。

　これからの「新局面」において、この流動性預金が"流動化する"、その規模も優に100兆円を超えることは必至であるとみられます。流動性預金は

図表2−14　異次元緩和にて膨張した流動性預金（地銀）

（億円）

2023年3月末	全預金対比の構成比率			2023年3月末	残　高		
	流動性預金	定期性預金	計		流動性預金	定期性預金	計
0〜300万円未満	8.1％	8.4％	16.5％	0〜300万円未満	263,434	272,501	535,935
0〜1,000万円未満	21.3％	15.6％	37.0％	0〜1,000万円未満	693,952	508,219	1,202,171
1,000万円以上	49.7％	13.3％	63.0％	1,000万円以上	1,617,048	433,781	2,050,829
3億円以上	23.7％	5.1％	28.8％	3億円以上	770,278	167,466	937,744

| 合　計 | 71.0％ | 29.0％ | 100.0％ | 合　計 | 2,311,000 | 942,000 | 3,253,000 |

| | | | | 2013年　残高 | 1,240,000 | 1,046,000 | 2,286,000 |

| | | | | 2013年➡2023年増減 | ＋1,071,000 | ▲104,000 | ＋967,000 |

（資料）　全国銀行協会各種統計資料、日本銀行統計等を用いて筆者作成。

"巨大なダム"のように満々とエネルギーを秘め沈黙しています。しかし、ある「心証金利」を超えたところでそのダムは決壊し大流動化が開始される大きなリスクをはらんでいます。預金者の獰猛な選別行動が開始され、それらは「流動性➡定期性預金」というマントル対流を生起させるばかりか、他行他機関への預金シフトも引き起こすことになるでしょう。

まさに"流動性リスク管理"です。
これは"最もむずかしいリスク管理"といえます。

　過去に経験のないことを、これからの「新局面」にて、初めて経験していくのです。それも、ITリテラシーに関し、高度な成熟段階に入ったマグマだまりの、ストック・ベースでの選別活動なのです。
　もはや、"過去データ"はまったく意味をなしません。"どの金利水準"から、その選別の号砲が聞かれ、その地響きは金利胎動のどの局面まで続くのか、その"選別スピード"はどれほどのものか、他行への資金流出がどのくらいの"規模"で生じるのか等、それは過去データから類推できるものではないのです。

この"最もむずかしいリスク管理"の有効な手立ては、
やはり前述した「自行口座の動態モニタリング」なのです。

　過去データが参考にならないのなら、"いま起きていることを即時にそれも多角的な視点でモニタリングする"、それしか方法がないのです。
　従来の単なる（預金科目残高の増減）だけでは、有効な手立てとはなりえません。勘定科目ごとの増減はわかっても、それがいかなる「預金者選別行動」の結果であるのか"因果分析"ができないからです。
　どの層、どの特性の経済主体の流動性預金が、どの定期性商品へと資金移動したのか、また他行他機関への資金流出はどうであるか、そのような因果

分析ができない限り、"具体的な打ち手"に関する経営企画が実行しえないのです。

他行他機関との競争において、具体的にいくらまでの「金利優遇」を行う必要があるのか。

その「金利優遇」の結果、企図したとおり資金流出の歯止め、あるいは資金奪取において"どの程度"の成功を収めたのか。

PDCAスパイラルを動態にてマネジメントする経営力がなければ、ただただ"右往左往"する経営となってしまう。検証可能な打ち手の立案とその評価を毎日する動態経営力が、"最もむずかしいこの流動性リスク管理"に必須なのです。

「プライシング➡ボリューム」という戦略樹立のためには、残高増減のみの静態情報ではビビッドで有効な打ち手が創案できない。この"最もむずかしいリスク管理"に対し、有効に対処するためには、**口座の動態モニタリング**というイノベーションが間違いなく必要なのです。

RDBでは、**預金者行動動態モニタリング**として、同一名義人の各口座に対し"横断的に取引情報を集合化"のうえ、"時間履歴処理"を施し、商品選択の視点から資金移動を「動態名寄せ（特許取得）」することを行っています。

入金取引と出金取引を時間発生順に論理マッチングさせる「論理移動名寄せ」と、資金移動の連関事由が明らかな取引に対する「物理移動名寄せ」を行う複層処理を行い、「預金者行動分析のための動態データベース」を構築しています（**図表2−15**）。

これにより、「商品間選択」や「定期解約➡外部流出／再預入」「選好預入期間」等の預金者行動の**動態モニタリング**が実現できるのです。

従来の、単なる（預金科目の残高増減）という静態モニタリングでは、預金者が、いかなる有機行動により、その結果となったのかがまったくわからず、具体的なプライシング戦略の立案において、"何をしたらよいか"が立案できない。いわば氷山の一角しか観察できず、預金者の轟轟たる選別行動

図表 2 - 15　預金者行動動態分析のための「動態資金移動名寄せ」

● 「流動性預金」「定期性預金」「投資信託」等の各勘定を"縦切り"にて残高観察するだけでは、「金利上昇局面」における、"預り資産の大流動化"に対して、タイムリーな状況把握と有効な打ち手を創出できない。

● 各口座に対して"横断的に取引履歴情報を集合化"し、それらに対して、"時間履歴処理"を施し、商品選択の視点から、資金移動を、【動態名寄せ】することが重要となる。

● これにより、商品間選択や定期預入期間等の"預金者行動"の【動態モニタリング】が実現できる。

外部流出／再預入、選好預入期間　←→　取引の種類をふまえ有機的に組み上げる　←→

物理移動名寄せ

資金移動の連関事由が明らかである取引に対し、論理名寄せを行うことなく移動内容を確定

① 特別処理をさせる取引を分類

| 顧客：A｜商品：普通預金｜取引内容：給与振込み｜取引金額：¥300,000｜日付 9/1 02:50 |
| 顧客：A｜商品：普通預金｜取引内容：他行振込み｜取引金額：¥500,000｜日付 9/1 10:00 |
| 顧客：A｜商品：普通預金｜取引内容：年金受取り｜取引金額：¥500,000｜日付 9/1 10:10 |

② 連関事由により名寄せを直接生成

名寄せ①その他（給与振込み）→普通預金 ¥300,000
名寄せ②普通預金→その他（他行振込み）¥500,000
名寄せ③その他（年金受取り）→普通預金 ¥500,000

● 名寄せ対象がなく「その他」との流出入となった取引について、一定期間内にて対象探索のうえ、再名寄せ（"再名寄せ処理"）。
● 当座・普通預金のような決済口座は、顧客の選択意思とは関係なく、資金経由のため入出金記帳がされることが一般的なことから、さらに統合消込名寄せを行う（"統合消込名寄せ処理"）。

論理移動名寄せ

入金取引と出金取引を時間発生順に論理マッチング

① 同一預金者の預り資産の取引明細を時間履歴にて集合化

| 顧客：A｜商品：投資信託｜取引内容：購入｜取引金額：¥300,000｜日付 9/1 09:50 |
| 顧客：A｜商品：普通預金｜取引内容：出金｜取引金額：¥500,000｜日付 9/1 10:00 |
| 顧客：A｜商品：定期預金｜取引内容：入金｜取引金額：¥500,000｜日付 9/1 10:10 |

② 取引に「時間推移情報」を加味し、入金と出金とに仕分ける

（入金）
商品：投資信託
取引金額：¥300,000
日付 9/1 09:50

商品：定期預金
取引金額：¥500,000
日付 9/1 10:10

（出金）
商品：普通預金
取引金額：¥500,000
日付 9/1 10:00

その他（現金）
取引金額：¥300,000
日付 9/1 23:59

入出金の過不足金額を"その他"として作成

③ 「時間推移」を基礎情報とし、預金者の商品選択の"連関処理「マッチング」"を行う

名寄せ（A）投資信託→普通預金 ¥300,000
名寄せ（B）定期預金→普通預金 ¥200,000
名寄せ（C）定期預金→その他 ¥300,000

の本体や本質を理解しえないのです

　図表2−16は、**動態資金移動名寄せ**による**預金者行動動態モニタリング**の実践事例です。当座・普通預金等の流動性残高の減少▲4,765億円が、まず、当該勘定への「資金流入＋6,064億円」と他勘定への「資金流出▲1兆829億円」とに因果分析されます。

　さらに、どの勘定から、そして、どの勘定へと、資金移動したかの詳細動向を分析することが可能となります。事例では、流動性預金勘定から、自行内の大口定期へ2,500億円、スーパー定期300へ500億円、スーパー定期へ300億円、投資信託へ200億円、外貨預金へ300億円の預け替えが生じていることが把握されます。さらに他行の同名義人口座に▲1,450億円の資金流出が発生していることが確認され、これが競合他行の定期性預金や投信キャンペーン（当該金融機関との店頭掲示レート金利差等）から生じているものか、あるいは"総合的なブランディング・パワー差"によるものかの考察を可能とする「動態モニタリング・データ」として機能します。

　一方、当該金融機関の流動性預金が給与振込や年金受給口座に指定されていることにより、各種自動引落し等の資金決済後で＋600億円の残高増加になっていることが確認され、口座の"メイン化"による預金残高の"自然増加力"も分析できます。いかにこの自然増加力を、定期性預金等の資産形成商品にて"ロックイン"することができているかを動態モニタリングすることができるのです。

　大口定期は＋1,338億円の残高増加となっていますが、それを動態資金移動名寄せによる**預金者行動動態モニタリング**により因果分析すると、まずは"大口定期内"での預け替えにより（±1,800億円）が生じていることが確認されます。これは中途解約により同期間預金で利回りアップを図った行動といった、期間選好の変化等に対する詳細分析を可能とします。

　また大口定期は金利上昇に伴う預金金利の魅力向上から、流動性預金の2,500億円とスーパー定期300の800億円、スーパー定期の350億円が組み合わさり、＋3,650億円の増加となった一方で、自行内の投信へと▲1,900億円の

CHAPTER 2 ● "シン設計"スプレッドバンキング　　121

図表 2 -16　預金者行動動態モニタリング　実践例

(単位：億円)

商品への資金流入

区分	項目	金額
当座/普預金等 +6,064	当座/普（現金入金）等	▲50.0
	大口定期	▲999.0
	スーパー定期300	▲1,198.8
	スーパー定期	299.7
	投資信託	▲199.8
	外貨預金	99.9
	その他の預り資産	499.5
	自転入（振替込）	219.8
	他転入（振替込）	▲999.0
	給与・年金等	
大口定期 +10,739	当座/普定期	▲3,496.5
	大口定期	1,798.2
	スーパー定期300	▲1,908.1
	スーパー定期	▲1,348.7
	投資信託	▲99.9
	外貨預金	▲30.0
	その他の預り資産	▲25.0
	自転入（振替込）	▲1,998.0
	他転入（振替込）	▲35.0
	給与・年金等	0.0
スーパー定期300 +5,816	当座/普（現金入金）等	▲1,998.5
	大口定期	1,098.9
	スーパー定期300	▲888.0
	スーパー定期	777.0
	投資信託	▲55.0
	外貨預金	22.0
	その他の預り資産	▲14.0
	自転入（振替込）	▲896.0
	他転入（振替込）	▲67.0
	給与・年金等	0.0
スーパー定期 +4,093	当座/普（現金入金）等	▲1,498.5
	大口定期	▲999.0
	スーパー定期300	▲655.0
	スーパー定期	▲555.0

商品からの資金流出

区分	項目	金額
当座/普預金等	当座/普（現出）等	149.9
	大口定期	3,496.5
	スーパー定期300	1,998.0
	スーパー定期	1,498.5
	投資信託	499.5
	外貨預金	499.5
	その他の預り資産	109.9
	自転出（振込）	1,948.1
	他転出（振込）	229.8
	自動振替	399.6
大口定期 ▲9,401	当座/普（現出）等	999.0
	大口定期	1,798.2
	スーパー定期300	1,098.5
	スーパー定期	999.0
	投資信託	1,998.0
	外貨預金	32.0
	その他の預り資産	26.0
	自転出（振込）	2,425.0
	他転出（振込）	25.0
	自動振替	0.0
スーパー定期300 ▲7,469	当座/普（現出）等	1,498.5
	大口定期	1,908.1
	スーパー定期300	888.0
	スーパー定期	655.0
	投資信託	986.0
	外貨預金	25.0
	その他の預り資産	18.0
	自転出（振込）	1,476.0
	他転出（振込）	14.0
	自動振替	0.0
スーパー定期 ▲5,519	当座/普（現出）等	1,198.8
	大口定期	1,798.2
	スーパー定期300	777.0
	スーパー定期	555.0

（注記）預入期間選好分析／他行競争状況分析

資金流入出計

区分	項目	金額
当座/普預金等 ▲4,765	当座/普（現金純入）等	▲99.9
	大口定期	▲2,497.5
	スーパー定期300	▲499.5
	スーパー定期	▲299.7
	投資信託	▲199.8
	外貨預金	▲299.7
	他内	▲10.0
	自（純転入）	▲1,448.6
	他（純転入）	▲10.0
	自動振替	599.4
大口定期 +1,338	収入支出計　当座/普（現金純入）等	2,497.5
	大口定期	0.0
	スーパー定期300	809.2
	スーパー定期	349.7
	投資信託	▲1,898.1
	外貨預金	▲2.0
	他内	▲1.0
	自（純転入）	▲427.0
	他（純転入）	10.0
	収入支出計	0.0
スーパー定期300 ▲1,653	当座/普（現金純入）等	499.5
	大口定期	▲809.2
	スーパー定期300	0.0
	スーパー定期	122.0
	投資信託	▲931.0
	外貨預金	▲3.0
	他内	▲4.0
	自（純転入）	▲580.0
	他（純転入）	53.0
	収入支出計	0.0
スーパー定期 ▲1,426	当座/普（現金純入）等	299.7
	大口定期	▲799.2
	スーパー定期300	▲122.0
	スーパー定期	0.0

投資信託

投資信託（純増減の内訳）

項目	＋（流入）	中間	＝（結果）
投資信託	▲33.0	765.0	▲732.0 ☆
外貨預金	▲12.0	11.0	1.0
その他預り資産 / 他預り	▲4.0	5.5	▲1.5
自転出（振込）/ 自（純転入）	▲258.0	389.0	▲131.0
他転出（振込）/ 他（純転入）	▲22.0	19.0	3.0
給与・年金等 / 自動振替 / 収入支出等	56.0	0.0	56.0

投資信託 ＋5,628 ＋（▲1,678）＝ ＋3,951

項目	投資信託 ＋5,628	投資信託 ▲1,678	投資信託 ＋3,951
当座／普通（現金入金）等 / 当座／普（現金純入）等	▲499.5	299.7	199.8
大口定期	▲1,998.0	99.9	1,898.1
スーパー定期300	▲986.0	55.0	931.0
スーパー定期	▲765.0	33.0	732.0
投資信託	999.0	999.0	0.0
外貨預金	▲5.0	3.0	2.0
その他預り資産 / 他預り	0.8	1.2	▲0.4
自転入（被振込）/ 自転出（振込）/ 自（純転入）	▲353.0	157.0	196.0
他転入（被振込）/ 他転出（振込）/ 他（純転入）	22.0	30.0	▲8.0
給与・年金等 / 自動振替 / 収入支出等	0.0	0.0	0.0

外貨預金

外貨預金 ＋639 ＋（▲338）＝ ＋302

項目	外貨預金 ＋639	外貨預金 ▲338	外貨預金 ＋302
当座／普通（現金入金）等 / 当座／普（現出）等 / 当座／普（現金純入）等	▲499.5	199.8	299.7
大口定期	▲32.0	30.0	2.0
スーパー定期300	▲25.0	22.0	3.0
スーパー定期	▲11.0	12.0	▲1.0
投資信託	3.0	5.0	▲2.0
外貨預金	▲67.0	67.0	0.0
その他預り資産 / 他預り	▲1.4	1.3	0.1
自転入（被振込）/ 自転出（振込）/ 自（純転入）	▲0.5	0.7	▲0.2
他転入（被振込）/ 他転出（振込）/ 他（純転入）	0.0	0.0	0.0
給与・年金等 / 自動振替 / 収入支出等	0.0	0.0	0.0

その他預り資産

その他預り資産 ＋173 ＋（▲156）＝ ＋17

項目	その他預り資産 ＋173	その他預り資産 ▲156	その他預り資産 ＋17
当座／普通（現金入金）等 / 当座／普（現出）等 / 当座／普（現金純入）等	▲109.9	99.9	10.0
大口定期	▲26.0	25.0	1.0
スーパー定期300	▲18.0	14.0	4.0
スーパー定期	▲5.5	4.0	1.5
投資信託	▲1.2	0.8	0.4
外貨預金	▲1.3	1.4	0.1
その他預り資産 / 他預り	▲9.0	9.0	▲0.1
自転入（被振込）/ 自転出（振込）/ 自（純転入）	2.1	1.9	0.2
他転入（被振込）/ 他転出（振込）/ 他（純転入）	▲0.2	0.1	0.1
給与・年金等 / 自動振替 / 収入支出等	0.0	0.0	0.0

預け替えが発生していることが確認されます。

　金利上昇による預金者の預け替え行動を、流動性から定期性預金、そして小口定期から大口定期へのランクアップにより、どれほど"ロックイン"できているか、株式投信等の新たなリスクオンの傾向度合いも動態モニタリングできるのです。

　一方、大口定期から▲400億円の純転出が生じており、さらに内訳をみると、他行の同名義人口座から＋2,000億円の資金流入がある反面、▲2,400億円の資金流出が発生しており、競合他機関との激しい預金争奪戦が生じていることも、その勝ち負けも動態確認できるようになります。

① 　預金者の商品選択の動向
② 　預金者の金融機関選択の動向
③ 　預金者の預金増勢の動向

　上記の①～③に関し、"常時"、そしてさまざまな顧客属性の"切り口"にて、動態モニタリングすることができるようになり、金の卵である流動性預金を、"いかに資産形成商品への預け替え"へとロックインするかの、事後検証可能な"打ち手"の立案が可能となる画期的なイノベーションシップ・バンキングなのです。

PART **II**

【基本設計】
スプレッドバンキング

CHAPTER **3**

"総点検"による【自己評価】が
必要とされる【現行収益管理】

SECTION 1

総点検の「経営視点」

　スプレッドバンキングのシン設計を開始するにあたり、まずは"現行収益管理の総点検"が必要です。現状の問題点を的確に自己評価しなければ、設計するうえでの経営軸足が不確かになるからです。そこで**SECTION 1**では、その"総点検"における「経営視点」に関して取りまとめます。

　"総点検"のいの一番の「経営視点」は"完全金利自由化"への対応です。
　異次元緩和によりゼロ凍結金利となり、金利が消滅したこの20年、あたかも規制金利下の経営環境にいる"錯覚"を覚えます。加えて、現在の経営陣や幹部行員において、そもそも、"完全金利自由化"における経営運行や営業経験が乏しいものとなっており、"錯覚×未経験"から、現行の経営管理体制の不備や問題点がどうも釈然と理解できない状況にあると考えています。そこでまずは、**"完全金利自由化"が銀行経営に課している「事業命題」**に関して考えます。

　金利の完全自由化により、預金者は資金ニーズに関し、わがままを充足する"社会的な権利"を得ました。高度成長期のような、経済成長を支える資金循環上の"物量優先"の時代は終焉しました。個人預金者の運用ニーズの充足が、成熟経済の持続的な成長に必要不可欠であることから、彼らのニーズを充足するよう銀行業に対して変革が求められ、それが社会合意されたのが"金利の完全自由化"なのです。

　資金供給者（預金者）と資金需要者（借入先）の相いれない資金ニーズを、金利競争をしながら「社会金融システム」として"科学消化"し、元本保証である預貯金を原資に、資金循環が"社会最適"となるよう、各行・各

128　PART Ⅱ　●【基本設計】スプレッドバンキング

図表3-1 "金利完全自由化"により課せられた銀行の「事業命題」

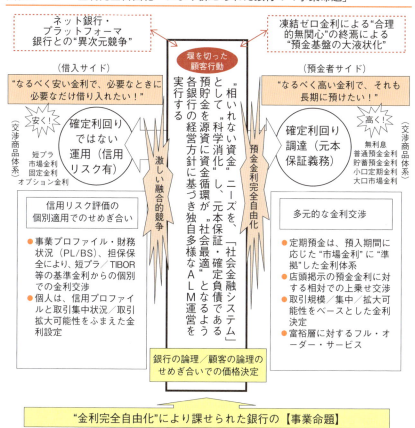

金融機関の独自で多様なALM運営を実行することが「事業命題」として社会的に課せられたのが"金利完全自由化"の本質なのです。

　預金者は運用期間に応じた"よりよい金利"を要求できる権利を得ているのです。

　異次元緩和の前は、定期預金は預入期間の長短に応じた"市場金利"に"準拠"した金利体系でした。そして、1,000万円以上の大口定期においては、その店頭掲示レートに対して、相対での金利上乗せ交渉が行われるのが

当然でした。地銀におけるこの10年間の驚きの預金増＋97兆円は、もっぱら流動性預金の増大＋107兆円によって形成されています。定期性預金は▲10兆円の減少です。残高3億円以上の「超大口流動性預金」で全預金の23.7％、地銀全体で残高77兆円の存在です。この77兆円が貸出増（2013年➡2023年の82兆円）の原資となっているのです。間違いなく待機資金です。1,000万円以上の流動性預金で実に全預金の半分（49.7％）を形成し、残高で162兆円にも及びます。地銀だけでです。

「ゼロ金利」に伴うイールドカーブの極端なゼロフラット化により、預金者は現在、金利選好に関して"意思決定の中断状態"にあります。その結果が普通預金での待機状態です。現在の預金調達基盤は一時的な"砂上の楼閣"です。

スマートフォンを情報端末とした高度なITリテラシーと複合取引の各種ポイント制度を熟知した国民が、全国津々浦々どこでもネットバンキングを利用できる環境、それがいまの経営環境です。そのような"合理的な個人"が、金利上昇の合図を受けて積極的な行動を開始する。**"完全金利自由化のもとでの金利がある世界"**の到来なのです。

　　　　　預金者は、「なるべく高い金利で、それも長期に預けたい！」
借入先は、「なるべく安い金利で、必要なときに必要なだけ借り入れたい！」

> そもそも"相いれない資金ニーズ"を仲介する間接金融機関として、社会消化しながらかつ金利競争をしながら地域最適となるよう資金循環させる「事業命題」を社会的に課せられたのが金利自由化であり、"金利リスクの消化能力"がどれほど備わっているかが、現行収益管理の"総点検"のいの一番の「経営視点」なのです。

"総点検"のもう1つの重要な「経営視点」は**"信用リスクの消化能力"**です。

「銀行破綻・経営危機を招いた信用リスクの発生を二度と引き起こさない」

ということです。銀行・地域金融機関は、経済の心臓であり大動脈です。したがって、その動揺は、日本経済・地域経済へ大きな"負のスパイラル"を惹起し、最後の救い手として国の登場が必要になります。このことをバブル崩壊以降、継続して経験してきています。私たち民間はやはりどのような事態においても"自立"を維持し、一行・一機関がしなやかに危機に対応しつつ、事業を安定継続することを使命とすべきです。"民が一身独立してこそ一国独立する"を肝に銘じ、経済危機が起きても、自行・自機関の経営維持を国や外部に頼らず、日本経済・地域経済の主役たる法人・個人に対し、危機だからこそ信用供与をしなやかに維持する経営が最も大事なことであると考えます。

> 　貸出業務に関しては、その時点では収益性を確定しえない収益管理の特徴があります。それは「信用リスク」があるからです。一方、預金は元本保証が義務づけられた確定負債です。仕入れは確定費用、売上げは不確定収入という非対称の「事業命題」だからこそ、危機とリスクの"種"が宿命として常に生じるのです。信用リスクとリターン（貸出スプレッド）の"適正バランス"を確保する経営メカニズムの実装が重要です。「信用リスクの消化能力」がどれほど備わっているかが、現行収益管理の総点検"における第二の「経営視点」なのです。

　日銀の異次元緩和政策と政府のコロナ対応政策により、日本経済は長らく「ゼロ信用リスク」の状態にありました。貸倒引当金戻入益が継続的に発生し、増益基調の下地が形成されていました。しかし、これからの金利がある世界は逆回転する可能性が高い。ゼロゼロ融資の返済が本格化しています。また金利上昇による支払金利負担の増加が財務体質のよくない法人に大きな影響を与えようとしています。

　信用リスクとリターン（貸出スプレッド）の"適正バランス"を確保する経営メカニズムの実装が重要な喫緊の課題です。

貸倒れのない銀行・地域金融機関は、"よい金融機関"といえるでしょうか。

　もちろん、そうとはいえません。失敗がない先にしか貸さない金融機関だからです。では、たくさん貸倒れがあるのが"よい金融機関"かといえば、それも違います。

　答えはその中間にあります。それをどの辺りに定めるか、それが各行・各金融機関の多様で柔軟なリスクテイク方針により定められるべきものなのです。となりますと、「信用リスクとリターン」の適正バランスをいかに考えるか、の科学的なフレームワークが必須となります。さもなければ、"精神論"にて間接金融を営むことになります。精神は大事ですが、やはり融資取組みの現状を科学的に解析し、現状の貸出ポートフォリオと企図している信用リスクテイク方針と照合のうえ、不断の自己評価・自己反省をすべきです。

　バブルを二度と起こさない、不必要な信用収縮は決して起こさない"信用リスク収益管理"の実装状況の確認が、第二の"総点検"の「経営視点」です。

SECTION 2

早急な改革が必要な"意図せざる"本支店レート管理の復活
——規制金利時代の遺物である「本支店レート管理」

金利が完全自由化している現環境下では、「ボリューム増＝収益増」という単線的な関係はもはや成立しません。取組み時点では儲かっていた取引も、その後の金利変動によって収益性が大きく変動し、どの業務、どの商品、どの顧客から収益を得ているかが不鮮明となり、業務戦略・投資計画の策定、あるいは業績・人事評価を行う際、混迷を深めるものとなります。

"総点検"を行ううえで、まずは金利の完全自由化に適合した"経営羅針盤"が形成できているかについて、現行収益管理に対し、しっかりと「自己評価」することが重要なポイントとなります。

その状況は各金融機関において相違するでしょう。しかしながら、長らく続いている「ゼロ金利」により、"あたかも"規制行政が発動され、経営を守ってもらっているという"錯覚"に陥っている金融機関が多いのではないのでしょうか。

> あまりにも長い「ゼロ金利」時代。それにより、「本支店レート管理」という前時代の遺物が制度として生き長らえている、あるいは復活しています。自己評価と「改革」が早急に必要です。

四半世紀前にはたしかにスプレッドバンキングへと移行した銀行・地域金融機関においても、原点に立ち返り現状を細かく評価し、「本支店レート管理」へと後戻りしていないかをよく確認することを勧めます。多分そうなっている銀行がとても多いのが実態だと思います。

1 「本支店レート管理」による収益管理の限界と矛盾

旧態依然、規制行政時代の遺物である「本支店レート管理」は、完全自由化のいまの経営環境にはまったく適合しないものです。

「本支店レート管理」とは、各営業店における預金調達・貸金運用の総額が必ずしもバランスしないことから、その差額に対して本部が間をとり、"過不足分に対して一括して"本支店レートを適用し、営業店の収益評価を行う管理会計の手法です。

すなわち、預超店舗であればその「余剰資金」に対して、貸超店舗であればその「不足資金」に対し、単一の本支店レートを一括適用し、本部との間での貸し借りをするものです。このような「本支店レート管理」の手法は**差額法**と呼ばれています（**図表3－2**）。

本支店レート管理の発展型として**総額法**があります。これは、"運調尻

図表3－2　本支店レート管理会計――差額法

- **差額法**とは、各営業店における預金調達、貸金運用が必ずしもバランスしないことから、その資金の過不足分に対して、本部が間をとり、"過不足分に対して一括して"、「本支店レート」を適用し、営業店の収益管理をする方法。
- すなわち、預超店舗（預金残高＞貸金残高）であれば、「預金残高－貸金残高＝**余剰資金**」に対して、貸超店舗（預金残高＜貸金残高）であれば同様に、「貸金残高－預金残高＝**不足資金**」に対して単一の本支店レートを適用し、本部との間での貸し借りをするもの。

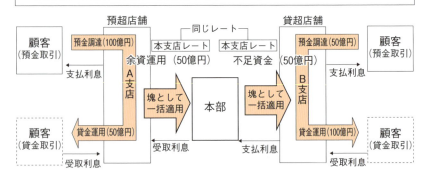

（調達（預金）と運用（貸出）残高の差額）"に単一の本支店レートを適用することを是正し、"預金・貸金それぞれに本支店レートを設定"するものです。営業店は預金として調達した資金を"本支店貸レート"で本部へ預託する一方、本部から"本支店借レート"で資金調達（帳簿上）し貸出に充てるものとし、収益評価する方法です。

さらに総額法を発展させ、新規取引に適用する"本支店フローレート"と既存取引に適用する"本支店ストックレート"に区分し適用する**フロー・ストック法**という本支店レート管理があります。

しかし、どの本支店レート管理の手法においても、その本支店レートが、いかなる経営理由や根拠により設定されるか、そもそも"何の何カ月物の市場金利"を基準に決定しているのか、"いかなるタイミングで変更"するのか、という質問に対し、明確な回答を得られない**"政策恣意的な仕切りレート"**であることにその特徴があります（**図表3-3**）。

そして、この本支店レートの"政策恣意性"は仕方のないものです。なぜならば、さまざまな預入期間・預入種別の預金に対し、またさまざまな貸出期間・貸出種別の貸金に対し、差額法であればその差額部分である運調尻という"ブロック"に対して、総額法においては貸出・預金というそれぞれの"ブロック"に対して、フロー・ストック法では新規・既存という"ブロック"に対して、"一括適用する仕切りレート"であるがゆえ、その性向となることは自明の理なのです。

これらの本支店レート管理は規制金利時代の遺物です。

政府が決める預貸金利の変更がない限り、対顧金利は変動しない——そのような経営環境において、つまり"金利リスク"がない経営環境においては、何かしらの"決め"によって預貸金の収益性を評価すればよいだけでした。

政府の金融政策によってのみ預貸金利が変動し、その際も利鞘は"純鞘"で確保される。したがって規制金利時代は、"政策金利変更時"に本支店レートを見直せばよかったのです。

図表3－3　前時代の遺物、本支店レート管理会計の類型

これらの本支店レートは資金の「経済価値」を反映していない、政策恣意的な仕切りレート　← これが問題

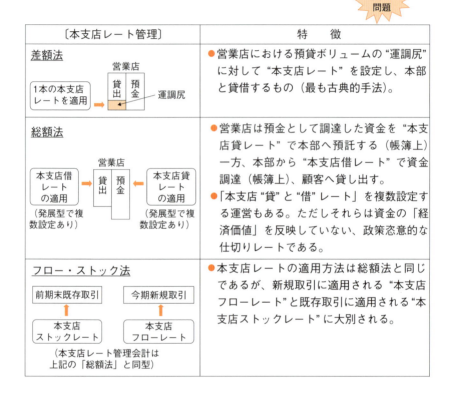

　ゼロ金利が長く続いている現在、いまだに規制行政が発動していると"錯覚"したり、知らず知らずのうちにこの本支店レート管理を継続していたり、復活させている銀行があります。もはや金利は完全自由化されています。預金金利に関しては、1985年より定期性預金の自由化が段階的に進められ、現在ではすべての定期性預金の金利設定は完全に自由化されています。また流動性預金についても、実に30年前の1994年に当座預金を除き自由化されました。

本支店レート管理では預貸金の収益性を適正に評価できないうえ、そもそもの経営運行において大きな支障をきたします。実際に、1990年代において、本支店レート管理を採用している銀行は混迷を深めました。

金利が毎週変動し、定期預金の店頭掲示レートも預入期間ごとに変更する。しかし、いかにして「本支店レート」を決定し適用するか。日々の金利の変動に対して、どう収益性評価の基準である本支店レートを決定すればよいかわからない混迷状態に陥ったのです。

預金全体に対する1本だけの本支店レートでは、順イールド下、期間の長い預金ほどスプレッドが小さくなってしまう。"預金大液状化リスク"をふまえれば、安定調達として長い預金が欲しいのですが真逆のインセンティブを営業現場に与えてしまう。

本支店レートの問題——それは、ある"ブロック"に対して、"一括して"本支店レートを適用することから生じます。"ブロック"のなかは、さまざまな期間・種別の預貸金にて構成され、金利変動時にはそれぞれの預貸金がそれぞれの金利連動と更改インターバルを呈します。

したがって本支店レートの決定に関して、事前にルール化することは不可能なのです。その結果、金利が変動し、ある程度大きく動いた時点で、恣意的に判断し、本支店レートの水準も変更することになります。

「事前にルール化しなくとも、毎月あるルール、たとえば『総預金平残利回り＋0.5％』と決めて運用すればよいのでは？」という意見があります。

これも問題です。なぜなら、**本支店レートが変更されるということは、既存取組み分の収益評価も根こそぎ変更になるということです。営業店収益も個社別採算もすべて変更になります。一貫した適正な営業店評価・顧客採算評価ができないのです**（図表3－4）。

本支店レート管理においては、"金利リスク"が営業店・顧客に転嫁されるものであり、まさに規制行政時代を錯覚した"甘え（採算があうよう預貸金利が設定できる）"にほかなりません。完全自由化の現在、だれもその"甘え"は許されません。

図表3-4　［前時代の遺物］本支店レート管理会計の類型と"構造問題"

- 「差額法」にしろ、「総額法」にしろ、「フロー・ストック法」にしろ、結局はある"ブロック"に対し、"一括して"本支店レートを適用するもの。本支店レートにおいては、その"ブロック適用"のため、具体的な〔資金属性（期間・連動ルール）〕が想定不可能であり、結果、"政策恣意的な仕切りレート"とならざるをえない。
- いくら多く本支店レートを設定しても、適用単位が塊の"ブロック"である限り、完全自由化における預貸金の繊細性・変動性には対処できない。

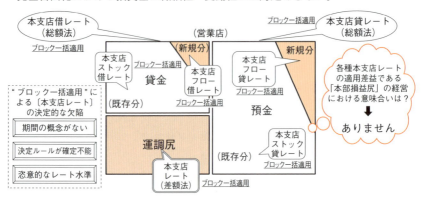

- また〔本支店レート管理〕は、「営業店のみ」に対する収益管理法であり、間に入る"本部"の収益管理を対象としていない。
- 仮に〔本支店レート管理〕を"本部収益管理"にも適用拡大すると、「各本支店（貸）⇔（借）レート」に関する損益尻管理となるが、本部はその損益尻に到底責任を負えない。その損益を最大化する本支店レートは本部にとってよいが、営業店採算評価、顧客別採算評価において大きなゆがみが生じる。何よりもその"本部損益尻"の経営上の意味合いや運営方針が立たない。

　本支店レート管理における収益評価上のゆがみを理解するため、以下、簡単な事例を想定し、営業店における預貸ボリュームの"運調尻"に対して、本部と貸借する最も古典的な「差額法」にて確認していきます。

- 「預金」は1年定期100億円と3年定期100億円、「貸金」は1年・短プラ貸金300億円、結果、預貸尻を「市場借入れ」100億円で調達しているシンプルな銀行、そして当該預貸金は1つの営業店にて取り組まれていると想定します。

- 「対顧金利」は、預金１年物2.0％、３年物2.2％、短プラ１年貸金は基準短プラ3.0％から１％上乗せして4.0％、貸超分を資金証券セクションが2.3％で市場調達していると想定します。
- 「市場金利」は、１年物が2.2％、３年物が３％と想定します。

運用側の受取利息と調達側の支払利息を計算し、当行収益を算出すると（300億円×４％－100億円×２％－100億円×2.2％－100億円×2.3％）＝5.5億円が粗利益に計上されます。

〔本支店レート〕を３％とすると、収益利鞘は、１年預金で＋１％、３年物で＋0.8％、短プラ貸金で＋１％、市場調達で＋0.7％となり、預貸金収益が＋4.8億円、本部調達部門収益が＋0.7億円となります。

これらを、**CHAPTER 4**で詳述する**スプレッドバンキング**にて収益性評価すると、各業務の収益評価は大きく変貌します。まず、預金についてみてみます。

預金を資金として吸収する意義は、市場からの取入れより安く安定的に調達することにあります。金融の自由化により、金融機関は必要なときに必要な資金を、要望する期間や変動ルールにより、市場より自由に調達できるのです。預金という調達活動の経済価値評価は、論理的にも対顧プライシングの観点からも"同期間の市場金利"を基準とすべきです。「営業努力見合いの預金収益」を（市場金利－対顧金利）で計測するのが、いわゆるスプレッド評価です。１年物預金のスプレッド収益は＋0.2％（2.2％－2.0％）、３年物預金は＋0.8％（３％－2.2％）となり、本支店レートでの収益評価と逆転します。

すなわちスプレッド評価においては、長い預金のほうが収益性は高いものとなっています。期間が長くなれば金利が高くなる"順イールド"の場合、定期預金の金利設定も期間の長さに応じて高くなり、結果、単一の仕切りレートである本支店レートでは、長い預金ほど収益性が低く評価されるゆがみが生じます。"預金の液状化リスク"をふまえると、長い期間の預金がほしいところです。

「本支店レート管理」における収益管理では、営業現場に"意図せざる間違った経営メッセージ"を送ることになってしまうのです。

一方、貸金のほうはスプレッド評価で＋1.8％（4.0％－2.2％）と本支店レート管理対比＋0.8％も改善します。よって、この本支店レート管理のもとでは"貸金の収益性を低めにゆがめる"収益評価となります。

スプレッドバンキングへの移行に伴い、営業店の預貸収益は＋6.4億円と本支店レート管理比＋1.6億円の増加となり、さらに今後金利が変動しても次回の金利満期時までこの収益は確定されます。

営業店の預貸収益は＋6.4億円、当行収益は変わらず＋5.5億円であることから、本店部門の損益は▲0.9億円の損が新たに経営認識されます。CHAPTER 4 にて詳しく解説しますが、これが「ALM収益」であり、「長短ミスマッチ・リスク見合いの収益」です。

この本支店レート管理のもとでは、営業店の本来預貸収益の25％相当に当たる1.6億円の収益が本店へ移転してしまいます。さて、このような、本部による営業店収益の"召上げ"に経営上の意味合いがあるのでしょうか。あるはずはありません。恣意的な本支店レートによる不作為のゆがみであり、それ以上の意味をもたないのです。

以上は、預貸の"取組み時点"で発生する収益評価上のゆがみですが、さらにゆがめるのが、取組み後の本支店レートの変更です。

預貸金取組み後に市場金利が上昇に転じた場合を想定します。なんらかのルールや会議決定に基づき、本支店レートを仮に1％引き上げたとします。

注意すべき点は、スプレッド評価においては、満期まで営業店の収益が確定されますので、預貸の収益性評価はまったく変わりません。変わってしまうのは、本支店レート管理の場合です。

本支店レート＋1％の引上げにより、預金の収益性は一段と高まる一方、貸出は収益"0"となり、「本部収益」としてさらに＋1億円が計上されることとなります。「昨日のヒーロー、今日は悪役」の事態が商品別のみなら

ず、顧客別・営業店別にも生じます。これでは、何から収益を得て、どの顧客セグメントが収益貢献をしているかがまったくわからなくなり、商品・顧客戦略の軸が定まりません。

　金利があった時代の1990年代においては、このような"ゆがみ"と"混迷"は、すべての銀行経営者が経験してきた事実なのです。

　差額法の欠陥を是正するため、総額法やフロー・ストック法の開発がなされました。しかし、これらもまったく機能せず、むしろ混迷を深めるだけとなりました。

　総額法は、預金・貸金"それぞれに本支店レートを設定"し、収益評価する方法です。"預貸尻一括"の差額法より、細かい設定が可能となりました。しかしながら、預金と貸金のそれぞれの本支店レートをいかに決定するか、両者のレート差額（そうでなければ差額法と同じですから）の"経営上の意味合い"とは何であろうか、と呻吟することになりました。さらに金利は継続して変動します。過去に取り組んだ預金は金利の上昇に比例して収益性が高まります。一方、貸出は逆に収益性が悪化していきます。過去に取り組んだ取引がいまの取引と同じ優遇幅、上乗せ幅でも収益性が大きく相違する事態が生じたのです。これに対処すべく、最後に**フロー・ストック法**が開発されました。

　これは、新規取引に適用される"本支店フローレート"と既存取引に適用される"本支店ストックレート"というカテゴリーを新たに設けるものでした。しかしながら、"既存の"といっても、"新規の"といっても、それぞれのなかでさまざまな預貸金が存在します。それらのなかでの収益性評価において構造的なゆがみが生じることは避けられないうえ、そもそも「本支店レート」の"種類"があまりに多岐にわたり、決定運営において混迷が混迷を呼ぶ事態になってしまったのです。

　これらは"完全自由化"の金利がある1990年代に経験した事実です。

　現在の「ゼロ金利」の環境下では、上述の苦労は発生していません。

　しかし今後、金利が胎動を始め、変動が普通に生じる（それがそもそも普

CHAPTER 3 ● "総点検"による【自己評価】が必要とされる【現行収益管理】　141

通の状態）ようになると、同じ問題が生じるのです。なぜなら、現在はもはや規制金利時代ではなく、すでに金利は完全に自由化されているのですから……。このような本支店レート管理の運営を現在行っている銀行・地域金融機関は早急に**収益管理**を抜本改革しなければなりません。

スプレッドバンキングを構築ずみの銀行・地域金融機関においても、CHAPTER 4で詳述する視点から、埃をかぶっていないか、機能不全となっていないか、"現行の収益管理を総点検"する必要があります。

金利上昇、長短イールドの形成により、差別的な金利設定、ニッチの金利設定が可能な余地が生じます。余地を得たネット銀行・プラットフォーマ銀行は、精緻なコスト管理のもと、取り扱うさまざまな種別の預貸金に対して、ギリギリの預貸金利を顧客に提示してくる"チェリーピッキング"を開始します。

"待機資金100兆円"の争奪戦の開始です。曖昧模糊とした旧時代の遺物である本支店レート管理、もう存在しない規制行政を前提とする本支店レート管理を収益管理として採用する銀行・地域金融機関の経営は早晩行き詰まることになります。

- 「本支店レート管理」による収益評価では、業績評価、商品・店舗戦略の策定において誤った経営判断をもたらします。
- これは経営レベルの混乱のみならず、もっと重要な弊害をもたらします。それは、営業現場において行動のゆがみを生じさせることです。異業種を交えたいっそう激しい多面的な競争が確実な金利上昇局面において、適正な原価を反映しない対顧プライシングでは、営業現場の"間違った行動"を生起させます。
- そこまで金利を下げて融資したら、あるいはそこまで金利を優遇し預金を受け入れたら、そもそも採算割れになるという基本中の基本が営業としてできなくなります。

今後の金利上昇局面における貸出金利の引上げ交渉という収益改善努力に

関して考えてみましょう。

　Ａ支店長は、市場金利の高まりを受けた自店預金調達金利の上昇に対し、甲法人の短プラ上乗せ幅をさらに＋0.3％引き上げる交渉を何度も重ね、次回の金利更改日より新金利適用の合意を得ました。しかしながら、本部より来期からの「本支店レート」を＋0.5％引き上げるとの通達を受けました。支店長の行動として、0.2％の引上げ努力が足りなかったという事態です。さて、この支店長は支店経営を失敗したのでしょうか。

　答えは、"失敗したか、しなかったかもわからない経営である"ということです。経営として"構造的に失敗"しているということです。本支店レートの＋0.5％の引上げ自体、正しい経営数値なのか。そもそも、市場金利が上がったのだから、"短プラ基準金利"自体を引き上げるべきではないか。また、そもそも金利はさらに変動しているが、今後もこのような事態は繰り返されるのでは。それも今後いつ起きるのかもわからない。

　この問題の本質は、「短プラvs市場金利」のミスマッチ・リスクをどう経営運行するか、という金利ALMの問題です。**CHAPTER 4 SECTION 4**「**ベーシススプレッド手法**」にて詳しく解説しますが、「短プラベーシスリスク見合いのALM収益」をいかに統御するかの問題です。"短プラ基準金利での粗利益率を継続維持できるにように短プラを改定する"——それがこの問題の本質です。ですから、この努力は"本部"によらなければなりません。なぜなら、"本部のみが短プラを決定できる"からです。支店長にその権限はありません。支店長の権限は、その基準金利に対して、"信用リスク"と"目標利益"を考慮して、いかにスプレッドを上乗せするかにあります。本部により決定された短プラという基準金利に対し、上乗せする努力、その営業努力の成果に対して、適正な評価がなされるべきなのです。

　長らく続いた「ゼロ金利」により、社会が、そして監督当局が、あたかも"順鞘"を保証してくれているかのような錯覚を抱いていないでしょうか。

すべては「凍結ゼロ金利」が生み出している"錯覚"なのです。

CHAPTER 3 ● "総点検"による【自己評価】が必要とされる【現行収益管理】　143

2 「本支店レート管理」における ALM 運営の限界と矛盾

　ALM会議での1コマ。ALM会議において、ALM担当部長は以下のとおり、プレゼンテーションを締めくくった。

　　「われわれが1年前から実施してきた、金利上昇を見込んだ残存期間短期化のポジション運営は計画どおり進み、金利リスク指標値であるVaRを10％圧縮しました。また足もとの金利上昇を受けて、『本支店レート』を貸レート＋0.2％、借レートで＋0.1％に引き上げました」

　担当専務はそれに応え、困惑した面持ちでALM会議資料をみながら、以下の質問を投げかけた。

　　「われわれの金利リスク運営がうまくできている、という報告を聞いて満足している。しかしながら、結果として、余資は日銀当座での積み運用となっている。リスクが減っても、運用収入というリターンが大幅に減っている。いったい、このことはどう経営として理解したらよいのか。それに、金利は思っていたより上がっていないのではないか。そもそも長期債ポジション圧縮のALM判断が間違っていたのではないか。また、本支店レートの貸と借でどうして上げ幅の差が生じるのか。さらに、貸出に比べ預金の期間が長いということだが、貸と借レートの差額スプレッドはどの部門の収益となるのか。そもそも営業店収益の合計が財務会計と一致していないが、どういう意味があるのか」

　この担当専務の疑問はきわめて的を射ており、本支店レート管理によるALM運営の限界と矛盾を的確に表しています。いままでは、このような問題は大きくは顕在化してきませんでした。なぜなら、「ゼロ金利」により、市場金利があたかも規制金利下のように固定されていたからです。しかし、今後の「新局面」は違います。金利の胎動が始まるからです。金利活動の解凍は、"金利リスク"の常態化を意味します。

本支店レートは、"金利変動リスクを営業店に残存賦課させる"ことを意味しています。結果的に、営業店にとっては「金利変動後の結果としての収益」が生じ、金利変動リスクが営業店全体に"散布・遍在"することになります。

　相いれない資金ニーズをもつ預金者と借入人の"資金消化"を、金融のプロとして実行することが社会制度として要求され、それを受け入れたのが「金利の完全自由化」です。もはや、**金利リスクを「営業店へ転嫁➡顧客へ転嫁」することは許されず、そもそもの自由化の政策思想と真逆なものなのです。**このことをしっかりと"自己認識"しなければなりません。今後の金利競争・顧客獲得競争のいっそうの激化、ヘッジ市場の高度化・有効化をふまえれば、金利リスクを「営業店➡顧客」へと転嫁する経営枠組みを改革し、"相いれずわがままな顧客ニーズを原点"とし、その預貸取引にかかわる金利リスクを自行内で効果的に"消化"するという「間接金融力」を増強する必要があるのです。

　"顧客ニーズを原点"とする動きは、各金融機関でみられるようになりました。たとえば住宅ローンにおいて、当初は固定金利で、その後、固定か変動かの選択権を顧客に付与する商品も開発されました。しかしここで重要なことは、"顧客ニーズを原点"とする行為がきちんとALM機能として"形成"されているかにあります。

　プライシングが各種リスクをふまえ適切であるか、不採算レートになっていないか。

　仮に不採算であるならば、収益実額としていくら持出しとなっており、その負担部署はどこで、その行為の経営上の意味合いは何か。

　仮に取組み時点で適切なプライシングを行っているとして、その後の管理セクションはだれで、また十分なリスク・収益管理を実施しうる態勢となっているか。

　リスク消化態勢が未整備のままでの、"銀行論理取引"から"顧客ニーズを原点とする顧客取引"への移行は、換言すれば「封建主義」から「社会主義」への移行を意味し、経営として実りあるものでは決してありません。

CHAPTER 3 ● "総点検"による【自己評価】が必要とされる【現行収益管理】　　145

顧客ニーズを掘り起こし、適切なプライシングとリスク管理で顧客のみならず、銀行・地域金融機関自身も幸せとなる経営上の枠組みが必要なのです。

- 「期間・資金属性の概念のない単一な本支店レート」による収益管理は、単に預貸金の収益性を"仕切る"もので、"金利リスク"を営業店、ひいては顧客に転嫁する"規制金利下の経営パラダイム"です。
- この規制金利を前提とした本支店レート管理では、「営業店に遍在している金利変動リスクを一元管理する」ことができない。
- 金利の完全自由化が実現され、顧客折衝が大きく変化している現在の経営環境のもと、ALMを有効に機能させるためには、「遍在している金利リスクを一元管理する」ことが最も重要な方策となります。
- そのためには、金利リスク見合いの収益を定義し、その収益を「ALM部門収益」として本部へ集中移管し、その変動をいかに管理するかをALMの枠組みとしてシン設計することが必須なのです。

　ALM会議の資料では、金利リスクが計量化され経営管理をされていますが、**ではいったい「そのような金利リスクをとることにより、現在いくらの収益を"計上"しているのか」**が議論されているケースはまれです。

　この「金利リスク見合いの収益」が経営により明確に定義されていなければ、ALMの根幹である"守るべき収益"と"その変動リスク"の関係を明らかにし、管理することは不可能なのです。

　以上、旧態依然の経営パラダイムに依拠する本支店レート管理の構造限界と矛盾に関して述べてきました。金利自由化という大海原において、経営の"羅針盤"がないまま船出をしていることに加え、船員一人ひとりが環境変化に即し、"自律対応"する枠組みが構築されていないこと——そこが問題なのです。

146　PART Ⅱ　●【基本設計】スプレッドバンキング

CHAPTER

4

金利リスク収益管理会計
──金利スプレッドバンキング

SECTION 1

金利自由化に適合する「スプレッドバンキング」

　経営として、正しいこと、よりよいことが、組織の全人全層にて自然発露するような経営基盤となることが「管理会計」の目的であると考えます。

> 　現場の各部門や活動者が、自分たちの行動の"経済的な意味"を的確に理解できるよう、経営として「収益⇔リスクの統一基準」を会計のなかにビルトインさせるのが「管理会計」の本質です。そして、だれが何の収益とリスクに対し"責任"と"成果"の権利をもつのかの効果的な"組織設定"を行うものです。

　CHAPTER 4においては、「金利リスク収益管理会計」として、ミクロ的で全人全層からの経営改善を招来する"自由化に適合する経営管理の枠組み"である金利スプレッドバンキングの詳細に関して、考察を深めていきます。

　当然ながら、CHAPTER 3で批判し、棄却した本支店レート管理では、このような「管理会計」の本質を体現することができません。一方で、「本支店レート管理はもはや採用しておらず、私たちはスプレッド収益管理に移行している」という見解に関しても、本書が提唱するスプレッドバンキングと同じものであるか確認を要します。すでに移行しているスプレッド収益管理のなかには、スプレッドバンキングの"一部の機能"しか搭載されておらず、"経営管理の枠組み"にまで昇華していない事例がみられます。また、スプレッドバンキングの構築当初はしっかりとした"経営管理の枠組み"として機能していたものの、イールドカーブの超フラット化と「ゼロ金利」により、"預貸金の収益性を市場金利で仕切るだけ"のスプレッド管理に経年

劣化している事例も相当数あるものと思われます。

「スプレッド管理」という言葉自体は"日本人の造語"です。欧米金融機関に「スプレッド管理」といっても、何のことかはわからず困惑します。それは、"預貸スプレッド収益という孤島収益管理"では、経営全体としての枠組みとして機能しないからです。

欧米では、どこの部署に"何の収益とリスクを統合管理"させるかの"責任と成果"の帰属を明確に経営が定義するもの、すなわち行内移転価格制度（TP：Transfer Pricing）として位置づけています。本書では、これらを「スプレッドバンキング」と総称します。

スプレッドバンキングとは、営業部門の対顧折衝とALM部門のリスク管理に対する経営評価が、全体経営という統合視点から実行でき、リスクとリスク見合いの収益およびその担当部署を、もれなくかつ重なりなく（一部重なってよいが、経営としての意味づけがなければならない）定義・関係づける「管理会計＝行内移転価格制度」の構築とその実践です。

預貸取引の一つひとつに内在する各種金利リスク・信用リスクに対して、"金融因数分解"を施し、その分解されたリスクとそのリスクをとることで生じる収益を責任をもって管理し、その収益パフォーマンスの成果を享受する部門・部署をもれなく定義する管理会計の技法が「スプレッドバンキング」なのです。

さらにいえば、スプレッドバンキングとは、間接金融機関の事業命題である、"資金供給者"と"資金需要者"の相いれない資金ニーズを、社会金融システムとして"科学消化"し、元本保証・確定負債である預貯金を原資に、資金循環が"社会最適"となるよう各金融機関の独自で多様なALM方針に基づき活発化させる、それを"科学経営"として担保する仕組みなのです。

CHAPTER 4 ● 金利リスク収益管理会計

SECTION 2

"ベスト・フィット"のための金利リスクTP体系

1 機械的な市場主義の適用ではなく、むしろ真逆なスプレッドバンキング

　行内移転価格制度（TP：Transfer Pricing）の定義は、「各種預貸取引等に内在するさまざまなリスクとそのリスク見合いの収益を"金融因数分解"のうえ、関係づけ、各部門・各部署の管理対象の『収益⇔リスク』として定義し、責任移転する収益リスク管理会計」です。

　いわば、"経営管理・評価ルールの体現"にほかありません。このルールが経営目的に合致するようきちんと定義されていれば、預貸取引の強化も、ALMの高度化も、自然発露的かつ草の根的に生じるのです。アダム・スミスのいう"見えざる手"が発動するような"経営管理の枠組み"をつくる、ということです。

　そして、この"経営管理の枠組み"をつくるにあたり非常に重要なことは、経営インフラとして"ベスト・フィット"させることです。スプレッドバンキングは決して機械的な市場主義の適用ではありません。むしろ"真逆"なものです。間接金融を"生業"とする銀行・地域金融機関にとって、経営の中心は市場取引ではありません。金利の完全自由化により、"市場が間接金融機関の経営に影響を与えること"を経営環境として認識しつつ、市場から発せられるさまざまな悪影響やリスクをなるべくうまく回避し、ヘッジ取引など利用できるところは積極的に利用しながら、柔軟でしなやかな経営を実現する科学技法がスプレッドバンキングなのです。

150　PART Ⅱ　●【基本設計】スプレッドバンキング

2 金利リスク消化酵素としてのTP体系

さまざまな市場取引や競争により、受動あるいは能動にて形成される対顧金利。そして、その対顧金利の運営において、もはや「貸出金利＞預金金利」は保証されない——。厳しい自由競争の対顧金利運営において、いかにうまく「金利リスク」を"消化"するか。そのための科学技法が金利スプレッドバンキングの本質です。

預貸金に内包されている「金利リスク」には、いうなれば炭水化物、タンパク質、脂質のようにさまざまな特性があります。"消化酵素"は単様なものではいけません。これらの特性に適したものが必要であり、以下の種類のTP手法が設計されています。

第一の消化酵素は、「長短（期間）ミスマッチ金利リスク」の消化酵素です。

預金の預入期間は1カ月、3カ月、1年、3年などさまざまです。一方、貸金も手形貸付3カ月、運転資金1年、設備投資10年、住宅ローン20年などさまざまです。今後、金利イールドカーブが上方にシフトしながら勾配も変わることにより、**運調期間構造のミスマッチから生じる「金利リスク」**が多様化し、拡大します。

さまざまな預貸金を取り組むことにより自然と保有することになる「期間構造のミスマッチ」を消化するためのTP手法が、市場金利手法なのです。

第二の消化酵素は、「ベーシス金利リスク」の消化酵素です。

ベーシス金利リスクとは、銀行が間接金融を"生業"としていることから形成される"基準金利プライシング"によって発生する「金利リスク」です。具体的には、短期プライムレート（短プラ）、普通預金金利、各種定期預金の期間別店頭掲示レートの設定から生じる「金利リスク」です。

銀行は完全自由化の環境下、基本的には市場金利を"基軸"に預貸のプライシングを行っています。ただし、その際の顧客との"交渉基準金利"は市場連動貸・市場性大口定期という一部の例外を除き、市場金利そのものでは

CHAPTER 4 ● 金利リスク収益管理会計

ありません。貸出商品の多くの割合は"短プラ"を基準としたもので、預金は市場金利に準拠した"店頭掲示レート"であり、流動性預金に至っては特別な金利として設定されます。

「ベーシス金利リスク」とは、間接金融という業務特性から発生する、市場金利に準拠するも完全に連動しないことから発生する金利リスクです。

銀行は、銀行という"擬似仲介市場"を通し、「預金⇔貸金」の資金ニーズをつなげます。その際の値建ては、「市場金利」そのものではなく、"短プラ"や"預金店頭掲示レート"等の銀行独自の"交渉基準金利"を設置してつなげているのです。

なぜ、そのような"交渉基準金利"を設置するのかというと、多種多様でかつ大量の預貸金取引一本一本に対し、その時点時点の市場金利をベースに相対で金利設定することは、営業上も運営上も困難であるからです。そこで、市場金利に準拠するも、そのものではない"交渉基準金利"を設置し、銀行という"擬似仲介市場"を通し、預貸金の資金ニーズをつなげていきます。

以降、考察を深めていきますが、この**「ベーシス金利リスク」は、リスクというよりは、間接金融機関であるからこそ生み出せた"特別な消化酵素"**です。ただし、もはや運用と調達の構造が大きく異なるメガバンクの"短プラ"や"預金店頭掲示レート"に"盲従"するようでは、"特別な消化酵素"としての機能は保証されません。"盲従"はまさにリスクそのものとなります。

「ベーシス金利リスク」を消化する、そしてその効能を数値として客観評価するTP手法がベーシススプレッド手法なのです。

第三の消化酵素は、「能動プライシング・リスク」の消化酵素です。

能動プライシング・リスクとは、営業防衛上あるいは攻略上、営業現場に弾みをつけるために"収益インセンティブ"を与えることから発生するリスクです。またALM運営セクションの金利観から、あるマチュリティ（特定の満期）の預金に関して、"インセンティブ"や"ディスインセンティブ"を

図表 4 − 1 "ベスト・フィット"のための金利リスク消化酵素の体系

与えることから発生するリスクです。現時点の適正な値建てを"経営調整"し、何かしらのインセンティブやディスインセンティブを現場部門に与える行動に対する経営管理の技法です。

この能動プライシング・リスクを消化するためのTP手法がインセンティブ手法なのです（図表 4 − 1）。

現在の「ゼロ金利」は、日本の長い金融史においては、まったくもって一時的なものです。今後、金利は勾配脈動をもって上昇していきます。そこでは、**預金金利の設定の幅が「期間×金額水準」で広がりをみせます。**

これは同時にネット銀行・プラットフォーマ銀行との激しい金利競争とITリテラシーの高い顧客による堰を切った選別活動を生起させるものとなります。お客様は大変賢いのです。いまの「ゼロ金利」という異常環境が"合理的な無関心"を装わせているだけなのです。以下、「新局面」を想定しながら、各種のTP手法に関して理解を深めていきます。

SECTION 3

市場金利手法
——「長短（期間）ミスマッチ金利リスク」の消化酵素

　いま簡略化のために、同額の５年物固定金利貸金3.5％と１年定期預金2.0％しかない銀行を想定します。財務会計においては、貸金受取利息3.5％、預金支払利息2.0％が収支計上され、その差額である＋1.5％が銀行収益となります。本支店レート管理においては、"期間属性のない単一レート"である本支店レートで仕切って、預金および貸金の収益性を評価するものです。この期間属性のない単一仕切りレートにおいては、預貸金の取組み時点において収益評価上のゆがみが生じるだけではなく、その後の金利変動により、さらにゆがみの矛盾が拡大する問題は、**CHAPTER 3**で詳述しました。

　SECTION 3では、市場金利手法が、いかに「長短（期間）ミスマッチ金利リスク」に対して消化酵素として働くかに関して理解を深めます。

　スプレッドバンキングの**市場金利手法**においては、貸金に対し、その期間属性と同じ５年物の市場資金、すなわち、イールドカーブ上の５年物の金利である3.0％をトランスファー・プライシング（TP）の基準値とします。

　これは、本部のALM部門が、営業店に対し、貸金の期間属性と同じ５年の市場調達コスト（市場５年物金利）にて、管理会計上（帳簿上）、貸し付けることを意味します。

　これにより、営業店の固定金利貸金の収益は＋0.5％（3.5％－3.0％）で、その後金利がいくら変動しようと、満期まで５年間確定することになります（図表４－２）。

　一方、預金は１年物ですから、１年物の市場金利2.5％で評価され、＋0.5％（2.5％－2.0％）で満期まで収益が確定されます。

　これは店舗網と営業スタッフの活動により得た、市場より安い（安くある

図表４－２　市場金利手法――「長短（期間）ミスマッチ金利リスク」の消化酵素

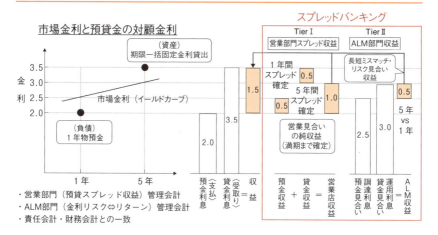

べき）資金である預金を、市場調達対比で収益を満期まで確定するものです。本部のALM部門は、この預金に対して、TP2.5％（市場１年物金利）で引き受け、管理会計上（帳簿上）、営業店より借り受けることを意味します。

　スプレッドバンキングの収益管理においては、本部のALM部門が、預貸それぞれの資金属性に応じたTP金利にて"因数分解"のうえ、資金を引き受ける、"収益勘定"の責任を引き受けることを意味します。

　すなわち、預貸という取引が市場金利という"卸値"で"洗い替え"られ、資金（責任）移転されることを意味します。この点が「行内移転価格〈トランスファー・プライシング〉」といわれるゆえんです。

　営業努力という"お肉"の部分を営業部門スプレッド収益として満期まで固定還元する一方、預貸の資金属性に応じた市場の卸値TPでALM部門へ資金移転される管理会計です。

　この"管理移転"により、**銀行が抱える「長短（期間）ミスマッチ構造」の"骨格"が、ALM部門のバランスシート上に投射投影される**こととなります。

　ALM部門のバランスシートの運用側には、貸金見合いの資金として3.0

％の運用が立ち、負債側には預金見合い資金の2.5％の調達が立ち、ネット利鞘＋0.5％の収益を計上することになります。

　この収益がまさに長短ミスマッチ・リスク、「5年物運用vs1年物調達」という期間のミスマッチポジションをとることによる、純粋な「金利リスク見合いの収益」なのです。

　ALM部門の責務は、この**"守るべき収益"**を合目的に管理することにあります。**図表4－2**の事例では、取組み時点ではたしかにALM収益は＋0.5％計上されますが、仮にその後、金利が上昇すれば運用サイドの5年固定に対し、調達は1年のみの固定ですから、1年後には収益が悪化することになります。

　この長短のミスマッチ・リスクを回避したいのであれば、預貸取組み時点で、「5年固定払いvs1年物変動受け」のスワップ取引をマーケットにて締結すればよいのです。こうすれば、ALM収益は"ゼロ"となる一方、リスクは完全にヘッジされます。これらの判断を将来の金利予測とリスク許容量をふまえ、合目的に実行することがALM部門の責務となります。

　また、重要なことは"ALM収益と預貸スプレッド収益を合算したものが財務会計収益と一致する"ということです。

　すなわち、この「スプレッドバンキング」の樹立により、各種リスクの源泉あるいは努力源泉という"軸"で、自行・自機関の経営パフォーマンスを評価でき、その合算が財務会計の全体収益と一致するということです。

　要は、預貸取引にベースレートを設定するのなら、必ずどこかのセクションにその"持ち値"で預貸資金をALM管理させる"資金移転"の仕組みを構築することが重要であり、資金移転をきちんと実施している限り、各部門収益の合計は財務会計上の全体収益と一致し、経営者は全体収益と各部門収益を整合的に管理・運営することができるのです。間接金融を生業として行うことにより、多種多様な預貸取引を受け入れるわけですが、その資金を"いかに消化"するかの"経営ルール"の表明が**行内移転価格制度**なのです。

　なお、この「市場金利手法」においては、TPレートおよび店頭掲示レー

トを1日の始まりに決定し、**顧客に対して一括適用する"一般型"**と、**超大口定期や大口市場連動貸金のようなホットマネーに対し、資金証券セクションが市場とリアルタイムでやりとりすることで確認し、指値を出す"個別型"**があります。TP構造は同じものであり、TPの運営方法が違うものです。

　メガバンクにおいては、この"個別型"のTP運営は欠かせません。金融機関と同等の情報をもとに判断する大企業顧客に対し、高度な顧客対応は欠かせないものとなっているからです。

　また、日中に金利が急激に変動する場合は、当然ながら"一般型"においても、店頭掲示レートやTPを日中変更することが必要となります。金利の急激な動きで顧客に"裁定取引"されては、プロとしておぼつかないものとなります。

SECTION 4

ベーシススプレッド手法
——「ベーシス金利リスク」の消化酵素

SECTION 3の「長短ミスマッチ」による金利リスクは、"期間構造的な金利リスク"ですが、間接金融を営む銀行・地域金融機関が抱える金利リスクはそれだけではありません。

間接金融は、"間接"ゆえに、市場金利そのものではなく、自行が設定する「交渉基準金利」があり、たとえば貸金は"短プラ"、預金は市場金利に準拠した"店頭掲示レート"を基準とした運営があげられます。このような運営により生じるリスクにベーシス金利リスクがあります。

● **"ベーシス金利リスク"とは、間接金融という業務特性から発生する、市場金利に準拠するも完全に連動しないことから発生する金利リスクです。**

● **しかし、このリスクは、リスクというよりは、間接金融機関だからこそもちうる"特別な消化酵素"なのです。**

特別な消化酵素ともなる理由は、短プラや預金店頭掲示レートを各種市場金利と一定の関係を保つように"能動変更"させることにより、あたかも車のサスペンションのように市場金利の変動影響を吸収することができるからです。

1 ベーシススプレッド手法（短プラ）

図表4-3のとおり、いま、ある銀行のプライム連動貸金は1カ月物と3カ月物の手形貸付しかなく、それぞれ同額であり「短プラ対比＋1.0％」の上乗せで対顧金利を3.4％にて設定していると想定します。また、この銀行は「短プラの基本運営ルール」として、"短プラ・ストレート水準の適用先

158　PART Ⅱ　●【基本設計】スプレッドバンキング

図表4−3 ベーシススプレッド手法（短プラ）――「ベーシス金利リスク」の消化酵素

- 営業店から短プラ変動リスクを除去するため、短プラ・ストレート水準に対し、一定のスプレッド（αスプレッド）を付与。
- ALMセクション①は、期間属性に応じた市場金利で引き直し、[長短ミスマッチ・リスク]に対してALM運営。
- ALMセクション②は、短プラのベーシススプレッド（αスプレッド）の変動を収益管理する[短プラベーシスリスク収益]にてALM運営を実行する。

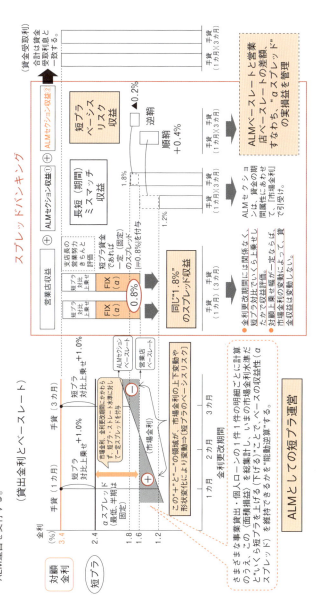

の信用コスト""審査営業経費""目標利鞘"の戦略思考から、短プラ・ストレート水準において、粗利スプレッドとして、「**市場金利対比＋0.8％**」を確保したいと考え、短プラを現在2.4％に設定している、という事例で以下考察します。

「**長短（期間）ミスマッチ金利リスク**」の担当ALM部門（**図表4－3の ALMセクション収益①**）は、**SECTION 3**の「市場金利手法」により、貸出期間に応じた市場金利、手貸1カ月1.2％、手貸3カ月1.8％、にてTPされた長短ポジションの収益リスク管理を担います。

一方、短プラの運営方針である「**市場金利対比＋0.8％の安定スプレッド**」が確保されているかですが、手形貸付1カ月では＋1.2％（短プラ2.4％－市場1カ月1.2％）で運営方針との対比では"＋0.4％の順鞘"となります。一方で、手形貸付3カ月では＋0.6％（短プラ2.4％－市場3カ月1.8％）で、運営方針との対比では"▲0.2％の逆鞘"となっていることがわかります。

これらを合計した平均では運営目標対比＋0.1％（(0.4％－0.2％)÷2）となります。これを表しているのが**図表4－3**の「**ALMセクション収益②**」であり、まさにこれが「**短プラベーシスリスク見合いの収益**」です。

営業店のスプレッド収益において、**SECTION 3**の「市場金利手法」をそのまま適用すると混乱を招く可能性があります。なぜならば、顧客と交渉する基準金利は短プラであり、2つの貸金とも"同じ上乗せ幅（＝1.0％）"を実現しており、"営業努力見合い"を適正に評価するのであれば、同等の評価でなければなりません。

ところが、「市場金利手法」を適用すると、手形貸付1カ月では＋2.2％（3.4％－1.2％）、手形貸付3カ月では＋1.6％（3.4％－1.8％）となり、スプレッド水準で1.4倍の収益差異が生じます。これはもちろん短期金利ゾーンのイールドが立っていることから生じる"事実"なのですが、顧客交渉を"短プラ"という「期間設定のない一括金利」を適用していることから生じる、プライシングと収益評価上のゆがみでもあるのです。

PART Ⅱ ●【基本設計】スプレッドバンキング

営業店にわかりやすく、営業成果が適正に評価されるスプレッド収益管理が望まれます。

したがって、**営業店には、「経営として考え設定した短プラ水準での目標スプレッド（短プラαスプレッド）」である＋0.8％を"固定スプレッド"として還元し、それに個別上乗せ努力──ここでは＋1.0％を足し上げ、それぞれ満期まで＋1.8％でスプレッド評価します。**

これを表しているのが、**図表4－3**の「営業店収益」です。

このようにTP化すると、「短プラベーシスリスク見合いの収益」を表す**図表4－3**「ALMセクション収益②」は、以下の式で表現されます。

〈短プラベーシスリスク見合いの収益〉

＝（短プラ金利の実際のスプレッド）－（短プラ・ストレートの目標スプレッド（α））

＝（営業店ベースレート（横軸に平行））－（「市場金利手法」のTP）

図表4－3の左図における横軸に平行な「**営業店ベースレート**」と市場金利である「**ALMセクション・ベースレート**」の"交点"より左サイドは順鞘（＋）となり、右サイドは逆鞘（－）となります。

この事例では平均で＋0.1％、経営目標である短プラスプレッド"α"＝0.8％対比順鞘となっています。ということは、**目標の"短プラαスプレッド＝0.8％"をちょうど維持するには、短プラを0.1％引き下げて2.3％にすればよい、ということが"逆算"される**ようになります。

一方、金利が今後上昇すれば、「営業店ベースレート」は不変で、「市場金利手法」のTPが上昇し、**短プラベーシスリスク見合い収益**の領域が"ドンドン赤字"となっていきます。市場金利の上昇、イールドカーブの変動に対し、"逆算"して、いくら短プラを具体的に引き上げないと目標のαスプレッドが達成できないかが、科学経営として明確に計算できるようになります。

CHAPTER 4 ● 金利リスク収益管理会計

実際の貸出ポートフォリオは、**図表4－3**のようなシンプルな構成や種類のものではなく、多種多様な満期と大小さまざまな明細により組成されています。しかしながら、計算上の仕組みはまったく変わりません。それぞれの貸出に対して、「ベーシススプレッド手法（短プラ）」を適用し、その損益額を総合計すればよいのです。短プラ貸出に対し、この「ベーシススプレッド手法（短プラ）」を適用することにより、以下の経営果実を得ることになります。

　メガバンク、地方銀行、地域金融機関の運用と調達の構造はもはや同質ではありません。メガバンクや上位地方銀行のプライム運営を鵜呑みにし、プライステイカーとして追随しても、自行・自機関に経営の安定をもたらすとは限らず、その保証もまったくもってありません。自行・自機関が"顧客約定"として自らが能動的に決定できる短プラに対し、"自律プライシングする能力を醸成する"ことが、すでに金利が完全自由化している環境下の経営には必須のことなのです。

- 現行短プラに対する"経営上の意味合い"が定義できるようになる。
- また、短プラの"実績収益性"を客観的に認知しうる。
- "短プラベーシスリスク見合いの収益勘定"を設置することにより、"短プラ変更"に関し、合理的な経営運行が可能となり、市場金利変動時に短プラを何％変更させるべきかの客観的な数値を得ることができ、短プラのベーシスリスクの消化メカニズムが駆動する。
- そして、「営業店収益」から、"短プラベーシスリスク"を除去でき、短プラ対比の"上乗せ幅"という営業成果に対し、きちんと業績評価ができるようになる。

---

2 ベーシススプレッド手法（定期性預金）

「市場金利手法」によるスプレッド評価を定期性預金へ導入しても、営業店から完全には金利リスクを取り除くことはできません。もちろん、定期性預金の満期まではスプレッドは確定されますが、その定期が継続される際、「市場金利手法」では前回のスプレッドが保証されないのです。

事例で考えてみましょう。いま、1カ月物の定期預入れがあったと想定します。市場金利は2.0％、店頭掲示レートが1.5％。顧客とは店頭掲示対比＋0.2％の上乗せ内容で合意し、1.7％の約定金利で「自動継続定期」として預入れされたものとします。

このときの定期預金スプレッドは、市場金利手法では＋0.3％（2.0％−1.7％）となります。その後、金利が変動し、定期預金の継続時には市場金利2.2％、店頭掲示レートが1.8％になったとします。約定金利は顧客と合意した「店頭掲示＋0.2％」の2.0％となり、市場金利手法では継続時のスプレッドは＋0.2％（2.2％−2.0％）となってしまいます。

顧客との契約内容、すなわち店頭掲示対比の上乗せ幅はまったく同じでも、定期預金のスプレッド収益は変動（この例では＋0.3％➡＋0.2％と低下）することになります。

これは、**「定期預金店頭掲示レート」**と**「市場金利」**との間の**"ベーシス金利リスク"**が顕在化したものです。

短プラ貸金とは違って、定期預金には"期間の概念"が存在し、その期間対応の市場金利をベースに店頭掲示レートが決定されますが、その関係は一定のものではありません。「定期預金店頭掲示レート」と「市場金利」との動向不一致から"ベーシス金利リスク"が生じるのであり、定期性預金にも"ベーシス金利リスク"が存在する点には注意が必要です。

ただし、この"定期預金店頭掲示ベーシスリスク"は、市場金利の水準がある程度の大きさであり、下にスプレッドが抜ける状態にあるのであれば、経営として重要な問題ではありません。スプレッドが"下に抜ける環境"で

あれば、店頭掲示レートの運営、すなわち市場金利との乖離幅が安定するからです。

　この安定環境下で、「(市場金利)−(定期預金店頭掲示レート)」の変動が意味するものは、競争環境や顧客折衝環境の変化を意味し、むしろその状況を現場営業が感知すべきものであり、やはり「市場金利手法」の適用が的確であると考えます。

　預金取引は、「期間と金額階層」により、プライシングされる商慣習が確立しています。その際、参照基準となる卸値は市場金利です。預金という"生鮮食品"が需給により価格変動するのは当たり前であり、キュウリやトマトのように種別がはっきりと区分けされている商品の"リテール販売"を銀行業は担っているのです。預金金利はすでに完全自由化されています。市場での卸値をベンチマークとしないスーパーマーケットは当然倒産することになります。短プラ取引と違い、ベンチマークの卸売市場が存在し、その商品規格も統一化されている商品、それが定期性預金です。やはり「市場金利手法」の適用が適切です。

> 　しかしながら、現下の「ゼロ金利」という異常事態ですと、この「市場金利手法」ではうまく対応できません。預金は市場金利の下へスプレッドを抜くので、"現在の金利水準では大赤字、あるいはきわめて低いスプレッド"となるからです。預金スプレッド収益には"市場金利に対して下方縮減性"という"金利リスク"が内在しているのです。
>
> 　現在の「準ゼロ金利」という状態は一時的な事態であり、金利が普通にある世界を想定して、"中長期視野"に立って預金営業をする必要があります。いまは低採算性だからといって顧客営業をおろそかにすると、金利が通常状態に復帰したときに収益基盤を大きく損なうことになりかねません。それよりもこの10年で"合理的な無関心"となっている待機預金の大流動化が懸念されます。"先手先手"の預金営業は生き残りのための必須条件と考えます。

図表4−4　ベーシススプレッド手法（定期性預金）
——「ゼロ金利」から普通への一時的な措置

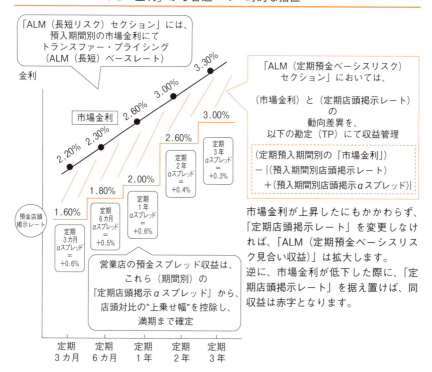

　その点をふまえたTP手法がSECTION 5で詳述する**インセンティブ手法**です。この手法は"中長期視野"に立ち、現在の収益性評価を戦略的にゆがめるインセンティブ（あるいはディスインセンティブ）を付与するものです。

　「準ゼロ金利」という現状に対して、中長期視野での収益性・ALM評価をするのであれば、インセンティブを与える土台として、「市場金利手法」をとらず、「ベーシススプレッド手法」をとればよい、そのほうがわかりやすいという経営判断もあるでしょう。異常から普通の環境に移行する間の"一時的な措置"として、定期性預金に対して「ベーシススプレッド手法」を適用する考えもありうるのです。本書では、それを「ベーシススプレッド

手法（定期性預金）」と呼称します（**図表4-4**）。

　この**ベーシススプレッド手法（定期性預金）**のTP構造は、短プラのそれと基本は同じです。各預入期間別の「店頭掲示レート」にて預入れされた場合、**一定スプレッドα**を付与し、店頭掲示に対して上乗せしての預入れの場合は、その上乗せ分を*α*から差し引き、スプレッド確定するものです。

> **〈定期性預金ベーシスリスク見合い収益〉**
> **＝（定期預入期間別の「市場金利」）－｛（預入期間別店頭掲示レート）**
> **＋（預入期間別店頭掲示αスプレッド）｝**

　一方、「ALM（長短リスク）セクション」においては、預入期間別の市場金利にてTPされた持ち値でALM収益勘定を形成します。したがって、「ALM（定期性預金ベーシスリスク）セクション」においては、この（市場金利）と（定期店頭掲示レート）の動向差異を、上記の「定期性預金ベーシスリスク見合い収益」の勘定にて収益管理を行います。

　"中長期視野"や"預金基盤防衛"の経営戦略から、定期性預金の収益水準を想像し、それを"定期性預金αスプレッド"として経営設定し、営業現場においては、その中長期の預金利鞘で顧客営業にあたらせるスプレッドバンキングの手法です。

　現在の定期性預金を「市場金利手法」でスプレッド評価すると、ほぼゼロの収益水準となります。この低収益性は"現時点"では正しい評価なのですが、"中長期視点"では最悪時点での収益性評価を意味するものです。

　預金スプレッドは市場金利に対して"下方縮減性"があり、現在の「準ゼロ金利」という環境は、預金ビジネスにおいて最悪の環境なのです。この最悪な一時点をもって、預金収益性を営業現場に認識させると、預金ビジネスへの取組み方に弊害が出て、将来の調達基盤・収益基盤の構造劣化を招く可能性があります。そこで、「定期性預金"αスプレッド"」を、たとえば

＋0.3％と設定する運営が、この「ベーシススプレッド手法（定期性預金）」なのです。

足もとの預金スプレッドはほぼゼロに近く、この「定期性預金ベーシスリスク見合い収益」は▲0.3％の逆鞘勘定となります。この逆鞘・赤字幅が意味するものは、「準ゼロ金利」が終わり「新局面」を迎えれば、それがあたかも "含み益" のように現実化できることを "経営として予期" しているということです。

この勘定を設置することは、"預金ビジネス" の将来を見据え、中長期視点から現時点経営を行うことの戦略計数化を意味します。現状の「準ゼロ金利」において、この α スプレッド勘定は大きな赤字を計上し、その赤字部分を "投資" として考え、経営として耐え忍ぶ科学経営の手法です。金利が上昇すれば、預金スプレッドは通常の収益性を発揮すると期待されるからです。

ただし、今後の「新局面」において、過去の預金スプレッドが実現されるかは確かなものではありません。ネット銀行やプラットフォーマ銀行との融合的な厳しい金利競争が予期されるからです。しかし、いずれにしても、将来の不確実性を十分斟酌し、いまの "通常ではない預金利鞘" に対し、打ち手を実行できるのは "経営" しかないのです。

3　ベーシススプレッド手法（流動性預金）

ベーシス金利リスクは、短プラ・定期性預金にかかわるものだけではなく、銀行の資産・負債の大宗にわたり存在しています。なかでもこの20年間で急増し、調達の主力勘定の地位を占めるに至った普通預金等の流動性預金にかかわるベーシスリスクはきわめて大きなものとなっています。流動性預金のベーシスリスクは短プラのそれと基本的に "逆相関" となり、相殺し合う関係にあります。

この流動性預金のベーシスリスクに関しては、後で詳述しますが、"理論

的"にも、"経営判断"を要する点においても、大変むずかしい性質が多々あります。流動性預金をテコとした総資産残高の拡張と積上げの現況を鑑み、しっかりとした理解と消化方法の案出はもはや欠かせない経営事項です。以下、「ベーシススプレッド手法（流動性預金）」に関して、詳しく考察していきます。

「普通預金」や「当座預金」に代表される流動性預金は、要求払いのため、「即時引出可能」という資金特性があります。この資金特性を"保守的"に評価すれば、翌日物または1カ月物でALM部門にTPされることになります。そのような==「市場金利手法」の適用では、日々あるいは毎月、流動性預金のスプレッド収益が変わるようになります。==

営業店においては、流動性預金の動向に変化がなくとも収益目標が達成されたり、あるいは営業努力でボリュームを積み上げても目標未達となったりするケースが出てきます。"営業努力見合いの収益"と"金利リスク見合いの収益"が混然となり、その責任と評価があいまいになってしまいます。

そこで、==「ベーシススプレッド手法」の適用となります。予算運営上、6カ月あるいは1年間は、流動性預金に対し「一定スプレッドα」を固定還元するものです==。前掲の短プラにおける「ベーシススプレッド手法」との相違は、流動性預金には店頭掲示レートからの上乗せ幅がないことです。それ以外は短プラにおける「ベーシススプレッド手法」とメカニズムは同じです。

通常の運営では、期初にこの「一定スプレッドa」を経営決定したうえで固定します。したがって、半期固定なら市場6カ月物と流動性金利の差額スプレッドを、1年固定なら市場1年物との差額スプレッドを算定のうえ、「一定スプレッドa」を決定します。

これにより営業部門は残高の増減のみが収益目標達成のカギとなり、彼らの営業努力と成果が安定的に評価されるようになります。

一方、**ALM部門（長短リスク）セクション**[1]においては、TP設定された資金期間の市場金利にてALM管理します。この事例では6カ月物あるいは1年物の市場金利にてTPされ、「長短ミスマッチ収益」の勘定に損益計上さ

れます。流動性預金は要求払いであることから、残高維持に確証がないという ALM 運営上の問題があります。6 カ月物あるいは 1 年物として認知しても、残高はその後一定ではないリスクを ALM 部門（長短リスク）セクションが負うことになります。

　もし、その残高が不確定となるリスクを避けるのであれば、"確実な滞留部分（コア預金）"に関し、6 カ月物あるいは 1 年物で TP し、残りを 1 カ月物あるいは翌日物で TP する複層構造の TP が有効です。このような ALM 部門（長短リスク）セクションがきめ細かい TP 運営をしても、「営業部門」はなんら影響を受けません。"流動性預金 α スプレッド"が固定還元されるからです。影響を受けるのは、「営業部門」と「ALM 部門（長短リスク）セクション」との間に入り TP される「ALM（流動性ベーシスリスク）セクション」です。

　ALM（流動性ベーシスリスク）セクションは、営業部門より、「流動性預金対顧金利＋流動性預金 α スプレッド」にて当該資金を TP 調達し、それを 6 カ月物あるいは 1 年物の市場金利や複層構造 TP にて ALM 部門（長短リスク）へと TP 運用するものです。

　したがって、以下が「ベーシススプレッド手法（流動性預金）」による「流動性預金ベーシスリスク見合いの収益」となります。

〈流動性預金ベーシスリスク見合いの収益〉
＝ **ALM 部門（長短リスク）セクションの流動性預金 TP（市場金利）**
　－{（**流動性預金対顧金利**）＋（**流動性預金 α スプレッド**）}

　この"流動性預金 α スプレッド"は今期のスプレッドを固定しただけであ

1　「ALM 部門（長短リスク）セクション」とは、ALM 部門の収益帰属ユニットの 1 つです。なお、「収益帰属ユニット」とは、金融機関の各種取引に伴うリスクとそのリスク見合いの収益を、どのユニット（部門・セクション（部署））が管理するかを定義したもので、各ユニットは指定されたリスクと収益に対して責任を負います。詳細は **CHAPTER 7 SECTION 2** で**図表 7 － 3** とあわせて解説します。

CHAPTER 4　●　金利リスク収益管理会計　　**169**

り、翌期以降は保証されていません。翌年の３月時点の「市場金利６カ月物あるいは１年物」と「流動性預金金利」の関係は、金利が変動すれば当然変わるからです。

仮に市場金利が＋0.5％上昇する一方、流動性預金金利が0.1％しか追随しなければ、流動性預金αスプレッドは＋0.4％拡大することになります。この変動が、まさに「流動性預金に関するベーシスリスク」です。

"経営が想定する流動性預金の収益性＝αスプレッド" の動向を実績値としてフォローし、その収益貢献額を管理会計として確認することができるようになります。

今後の金利上昇局面において、過去と同じベーシス動向ならば、当然ながら追随率は低く、流動性預金の収益性は大幅に改善します。流動性預金は、その約定において「要求払い」であるのに対し、資金としては「安定滞留」する性向をもちます。

この「約定と実態」の相違が流動性預金の特徴であり、銀行・地域金融機関の強みの源泉です。商取引・家計において欠かすことのできない金融機関の決済口座——その決済インフラ性から一定量が流動性預金として滞留します。これこそリテール銀行・商業銀行の強みであり、収益の源泉を形成するのは当然のことです。このとても大事な流動性預金の収益性に対し "数値" をもってフォローし、その金利リスクを "収益勘定" の動向でチェックする経営が「ベーシススプレッド手法（流動性預金）」によるスプレッドバンキングなのです（**図表４－５**）。

さて、ここまでは、スッキリする話で、なんらむずかしいところがないようにみえますが、経営としては意味深い問題が存在します。

営業部門に１年間、流動性預金のαスプレッドを固定還元しても、翌年には変動する可能性があると先に述べました。それでは、「翌年以降の変動も回避したいのであれば、市場金利２年物あるいは３年物でTPし、向こう２

図表4-5 ベーシススプレッド手法（流動性預金）

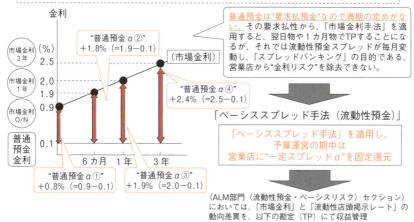

年あるいは3年間、流動性預金のαスプレッドを固定すればよいのでは？」「むしろ5年固定でもよいのでは？」という"考え"が生じます。

つまり「流動性預金の正しいTP期間の設定問題」です。実は、この問いに"正しい答え"は存在しません。

なぜならば、流動性預金は「『要求払い』であるが『安定滞留』」という調達商品であり、"合理的な一定のマチュリティ"は存在しないからです。要求払いという特性がありながら、短期のマチュリティではない。むしろ当該金融機関の信用が揺らがない限り、無期限に滞留する傾向が強い調達勘定です。このような特異な資金特性である流動性預金に対して"いかなるTP期

図表4－6　流動性預金に関するTP期間の設定問題

```
流動性預金は『要求払い』であるが『安定滞留』という調達商品、そもそも、
　　　　　　"合理的な一定のマチュリティは存在しない"

しかしながら、いかんせん短期マチュリティではない、むしろ当該金融機関
　の信用が揺らがない限り、無期限長期滞留の傾向が強い調達勘定

このような資金特性の調達商品をいかなる経営意思でALMするか、の問題。
　　　　　　従い、"正しい答え"は存在しない
```

ただし、対応フレームワークはある

| 各行・各金融機関の
（流動性預金の残高動向） | | 各行・各金融機関の
（中長期ALMの運営方針） |

の"二段構え"により決定されるべきもの

間"を設定するかは、きわめて重要なALM問題となり"経営の意思決定が必要な問題"なのです。その意思決定は、各行・各金融機関の「流動性預金の残高動向」と「中長期ALMの運営方針」によるべきものなのです（**図表4－6**）。その点を以下で考察します。

　資金特性上、客観的なマチュリティが設定しえない流動性預金のTP期間を決定するには、まず「これからどのような残高動向を呈するか」の残高推計が必要です。わからないのですから、"推計"でしか考えようがないということです。そして重要なことは、"過去の振る舞い"からの推計値では意味をなさない、ということです。

　金利上昇が見込まれるこれからの「流動性預金の残高動向」は、"過去の振る舞い"とはまったく違ったものとなるでしょう。「ゼロ金利」という預金者にとって考えてもなんら果実のない状況が、イールドカーブの上昇勾配化に伴い一変し、①定期性預金へのシフト、②株式等リスク商品へのシフト、③近隣競合他行商品へのシフト、④メガバンクやネット銀行等の広域無店舗業態による収益性の高い顧客に向けたチェリーピッキング商品へのシフ

ト、といった大規模な移動・流出が起こる可能性があります。

ここ20年間で急増した流動性預金の大規模な逆流が起こるリスクが潜在しています。そしてこの資金シフトの動向は、それぞれの金融機関の顧客特性や競争環境によって相違するでしょう。

したがって金利胎動の「新局面」においては、流動性預金の動向に関し、従来以上の十分な分析とモニタリング能力の形成がとても重要となります。

その点に関しては、**CHAPTER 2 SECTION 5「"預金者行動動態モニタリング"のシン設計」**にて詳述しました。

- 市場金利の上昇に伴う、**①流動性預金の自行内定期性預金への振替動向、②他行への資金流出動向を"実測"できるよう、「口座動態モニタリング」することが重要となります**。いかなる商品や競合金融機関へ資金シフトしているかは、自行の口座を動態モニタリングすれば簡単に追うことができます。
- この**「口座動態モニタリング」**による**"事実現象データ"**から、**「流動性預金の粘着性残高モデル」を組成**し、自行・自機関の置かれている競争環境や顧客動向を考慮した今後の流動性預金の動向を"推計"します。
- 設定された"金利シナリオ"において、**向こう10年、5年、3年のスパンでいかなる残高を最低限期待できるか、「コア預金」——長期に歩留まることが期待される流動性預金を"推計"し、ALM委員会にて"経営認識"**していく。

ゼロ金利時代の"過去データ"ではなく、いま現在起きている預金者行動を「口座動態モニタリング」にて常時掌握する。そして、自行内定期性預金へのシフト、他行への資金シフトを総合的にふまえた"一般均衡アプローチ[2]"で、今後の流動性預金の残高動向を"推計"することが肝要です（**図表4−7**）。

そうして得られた流動性預金の将来残高動向に対し、「中長期ALMの運

CHAPTER 4 ● 金利リスク収益管理会計　　173

図表 4 – 7　各行・各金融機関の【流動性預金動向】の構造把握

流動性預金の今後の残高動向（安定性とボリューム）が想定しえなければ、ALMとして、流動性預金がいかなる"資金特性"かが認識できず、結果、流動性預金の"金利リスク"を消化することができない。

- 「ゼロ金利」という、預金者にとって金利選好に関し考えても果実のない状況が、イールドカーブの上昇や勾配化に伴い、事態は一変、流動性預金の"流動化"が起こることを想定すべき。
- 大事なことは、その状況を"モニタリング"できるALM能力であり、決済口座の動向（他商品振替・他行流出）を科学構造的に【動態モニタリング】することで実現する。
- 「流動性預金の金利粘着性残高モデル」を部分均衡ではなく、"一般均衡"のアプローチにて構築することが重要。

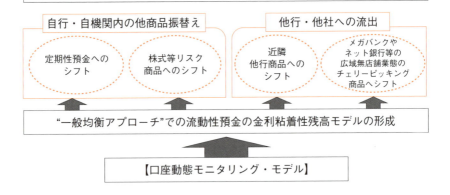

営方針」を適用し、「流動性預金のTP期間」を決定する"二段構え"の意思決定を行います。スプレッドバンキングをすでに実現している銀行・地域金融機関においても、流動性預金のTP期間設定に関しては、おそらく市場金利の1カ月か6カ月物を適用していると思われます。それは単年度予算運営における"α固定スプレッド"を営業部門へ還元するものとしては有効に機能しますが、ALMとしては一考を要します。

2　預金者が"合理的な選択行動"をとることを前提に金融機関は預金の口座動態を見極めたうえで、金利（スプレッド）を決定し、預金残高を最適化すること。本書では経済学の「一般均衡」になぞらえて、このように表現している。

市場金利1カ月か6カ月物にてTP適用すると、ALMポジション上、邪魔にならない、ニュートラルな短期ポジションとなります。したがって、「ALM（長短リスク）セクション」においては、流動性預金を長期ALM資金としてはとらえず、長期の運用ポジションを形成しないものとなります。

　一方で金利観から、"流動性預金αスプレッド"を現水準にて5年確定する、というALM上の意思決定は"経営の選択"としてありうるのです。その際は、5年物にて期間TPすれば、「ALM（長短リスク）セクション」は長期の資金調達としてトランスファーされ、ポジション運営上、長期資産の積上げを企画するようになります。

　"流動性預金αスプレッド"を、どの水準で、将来のいつまで確定するか、というALMイシューが"流動性預金のTP期間設定"に内在しているのです。市場金利1カ月か6カ月物でのTP適用は、実は無意識の"ALM意思決定"、すなわち"流動性預金αスプレッド"を短期インターバルで追認し、更改している、ということを理解しましょう。

　"毎年毎年、流動性預金のαスプレッドが変動することを容認する"ということを意図せずに"意思決定"を行っているのです。

　今後の金利動向や流動性預金の残高動向をにらみ、αスプレッドの経年見直しとするか。それとも"現時点"で3年間あるいは5年間のスパンで流動性預金のαを"中長期固定"するか。

重要なALM決定事項が"流動性預金のTP期間設定"に内在しているのです。

　流動性預金の収益性は金利の変動を受けて、そもそも変動するものであり、どれが正しい収益性かについて、合理的な答えは存在しない。"マチュリティがあいまいだが長期に安定して残存する"という特異な資金特性を有する、そしてもはや銀行・地域金融機関の収益基盤の根幹である流動性預金に対して、いかに金利観をふまえALM運営するか。

現在のきわめて高水準の流動性預金残高をいかにつなぎとめるか。

　他行他機関に先駆け、定期性預金に関し魅力的な優遇金利を提示し、流動

性シフトを能動的に起こし、自行自機関内に"ロックイン"させるマーケティング戦略や、そもそも流動性預金金利を魅力ある水準に改定する大胆な行動もありうるでしょう。要は"一般均衡のアプローチ"にて、最適な結果となるよう預金をロックインするALM戦略の樹立が大変重要となるのです。

SECTION 5

インセンティブ手法
── 「能動プライシング・リスク」
の消化酵素

1 「能動プライシング・リスク」の運営態勢と経営重要性

第三の消化酵素は、「能動プライシング・リスク」の消化酵素です。

> 能動プライシング・リスクとは、ALMセクションの"金利観"から特定マチュリティの預貸金に対し、「インセンティブ」や「ディスインセンティブ」を与えたり、営業戦略上の注力商品を販売促進するためにインセンティブを付与したり、営業基盤の防衛上、赤字でも預貸金取引を実行する際、現場がその行動を承諾あるいは生起させるよう一定の考えで"収益補填"のインセンティブを与えたりする等の"能動的なプライシング"がもたらすリスクです。

この"能動性"は"恣意性"を意味し、そこには当然ながら運営上のリスクが存在しますが、「経営行為」としては"能動性"こそが重要なのです。

能動的な経営による中長期的な対顧客プライシング、「市場のゆがみ」を喝破した戦略的なALM運営。これらが金融機関独自の多様性のある間接金融を生み出すのです。もし"能動性"が必要ないのであれば、金融機関の経営は"コンピュータ"で足りることになります。

ただし、十分に注意しなければならないのは、「その能動行為の裏側には当然ながら"リスク"が存在する」ということです。"経営も間違う"ということを念頭に、リスク管理を実行しうる態勢整備を図る必要があるのです。その能動経営がいかなる結果を招き、企図した目標は達成されているの

図表4-8 「能動プライシング・リスク」の運営態勢

か。これらを経営管理する技法が**インセンティブ手法**なのです。

インセンティブ手法を適用するにあたっては、**図表4-8**が示す「能動プライシング・リスクの運営態勢」の確立が重要です。"何の理由からインセンティブを付与"し、"どのような成果"を期待するのか、それらの「インセンティブ・ロジック」に関して明文化しALM会議へ付議のうえ、決議がなされなければなりません。

インセンティブ付与する経営行為は、いずれにしても"恣意性"があることから自由になれませんが、その恣意性が"属人恣意性"になることはなんとしても避けなければなりません。一部の経営者の思いつきや思い入れで経営がなされ、それが検証できない経営態勢では、「能動プライシング」のリスクを管理することはできず、またそのような銀行・地域金融機関では能動プライシングを実行できる環境にはないことを肝に銘じなければなりません。一部ではなく経営全体としてコンセンサスを得ている場合でも、この「インセンティブ・ロジック」に関して明文化しなければなりません。なぜなら、責任の所在があいまいとなるからです。

インセンティブ手法の運営に関する明文化とその決議は、**ロジック（理由と期待成果）**部分だけでは不十分です。いったい、いかなるスキームにてインセンティブあるいはディスインセンティブを付与するのか、「対象顧客」「対象商品」「対象期間」、そして「インセンティブ付与の方法」などの**インセンティブ・スキーム（方法）**に関して明文化し、合意決議する必要があり

ます。

　さらに、インセンティブ手法の運営状況を経過報告する「運営責任の部署」を定義し、フォローアップするためのスキームを事前に決定する**インセンティブ運営責任**の明文化も必要となります。

インセンティブ・ロジック、インセンティブ・スキーム、インセンティブ運営責任を明文化したものを科学的に経営実装するTP手法が「インセンティブ手法」なのです。

2 「ALM」におけるインセンティブ手法の運営

　インセンティブ手法の具体的な考察に関し、まずは「ALM」における"能動プライシング運営"から始めます。

　ALMにおいて"金利観"に基づくポジション運営を行う際、今後の金利上昇局面において、ある預貸金に関し「インセンティブ」あるいは「ディスインセンティブ」を付与するケースが想定されます。たとえば現在の金利水準であれば、市場金利より"高め"の預金ベースレート（TP）を設定し、長期資金の取入れを拡大したい──。これは、現在形成されている市場のイールドカーブ（インプライド・フォワード・レート）に対して、もっと将来金利が上昇するという"ALMにおける戦略的金利観"によるもので、逆もしかりです。この預金金利ではなるべく長期の預入れを抑えたい──。そのためにディスインセンティブを与えるTP設定とする。貸金においては、固定貸金をなるべく抑えたい、変動貸出へと誘導したい等のALM上の「インセンティブ・ロジック」があります。

　この能動ALMにおける「インセンティブ・スキーム」ですが、現場営業において大きな弊害がなく、一時的な運営であるならば、「市場金利手法」におけるTPをALM部門の"金利観"に基づいて設定すればよいのです。銀行・地域金融機関は"間接金融機関"であり、決して直接金融機関ではありません。市場動向を鏡のように反映させる必要も義務もありません。「預

図表4−9 【能動ALM】における「インセンティブ手法」

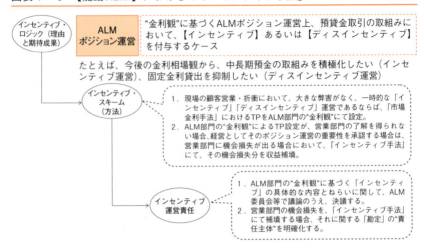

金者⇔借入人」の相いれない資金ニーズを"完全自由化"の環境下、うまく調整し資金循環を活発化させることが事業命題であり、"直接金融市場への従属義務"はありません。

　各行・各金融機関の"金利観"に基づき、預貸金の金利設定をする自由と権利があるのです。ただ問題は、それが資金ニーズの調整としてあまりに顧客ニーズから逸脱してはならない、ということです。この市場金利と対顧金利のうまい間合い運営が"間接金融機関の事業命題"なのです。したがって、ALM金利観による「市場金利手法」のベースレートの能動運営は、営業部門の理解が得られる範囲内であれば許諾される行為なのです。

　一方、ALM部門の"金利観"による能動的なTP設定が、営業部門の了解を得られない場合があります。その場合は、経営としてその"金利観"に基づくポジション運営の必要性を吟味する手続が必要となります。

　"ALM部門による能動的なTP運営"が行き過ぎと経営判断されたら、TP設定は認可されません。しかし、そのポジション方針は経営として賛成するが、営業部門においてインセンティブ方針について納得できないケース

が生じえます。その際は、"経営勘定"として両者の間に入り、営業部門が被るALM能動プライシングの影響によるマイナス分を収益補填することが必要となります。この具体的なTP手法が「インセンティブ手法」です。

能動的にALMを実行する際、どのような"金利観"に基づき、どのようなインセンティブTPとするのか、その具体的な内容に関して、ALM委員会で議論のうえ決議し、営業部門の機会損失を「インセンティブ手法」にて補填する場合、その「補填勘定」の責任主体を明確化する"インセンティブ運営責任"の設定が必要となります（**図表4−9**）。

3 「インセンティブ手法」のメカニズム

次に、**インセンティブ手法**のメカニズムに関して考察します。

図表4−10は、先述した「市場金利手法」の**図表4−2**をもとに、「インセンティブ手法」を解説したものです。"なんらかの理由"に基づき、預貸金それぞれにインセンティブを与えるものです。

図表4−10では、預金に関して＋0.35％、貸出に関しては＋0.30％のプラスのインセンティブを営業部門に付与するスキームとなっています。

「市場金利手法」では、預貸金のスプレッド収益を評価するTPベースレートは"1つ"だけでした。一方、この「インセンティブ手法」には複数のTPベースレートが存在することになります。

貸金に対してインセンティブを与えるのが「貸金インセンティブ・ベースレート」であり、預金に与えるそれが「預金インセンティブ・ベースレート」です。ディスインセンティブを与えるのなら、それぞれのベースレートが「市場金利手法のベースレート」を挟みロケーションが反対になります。また、一部の期間はインセンティブ、一部の期間にはディスインセンティブの場合は、「市場金利手法のベースレート」を挟み、ジグザグなベースレートの形状となります。

「預金スプレッド収益」は、＋0.85％（市場金利手法の＋0.5％とインセン

図表４－10　インセンティブ（市場金利）手法

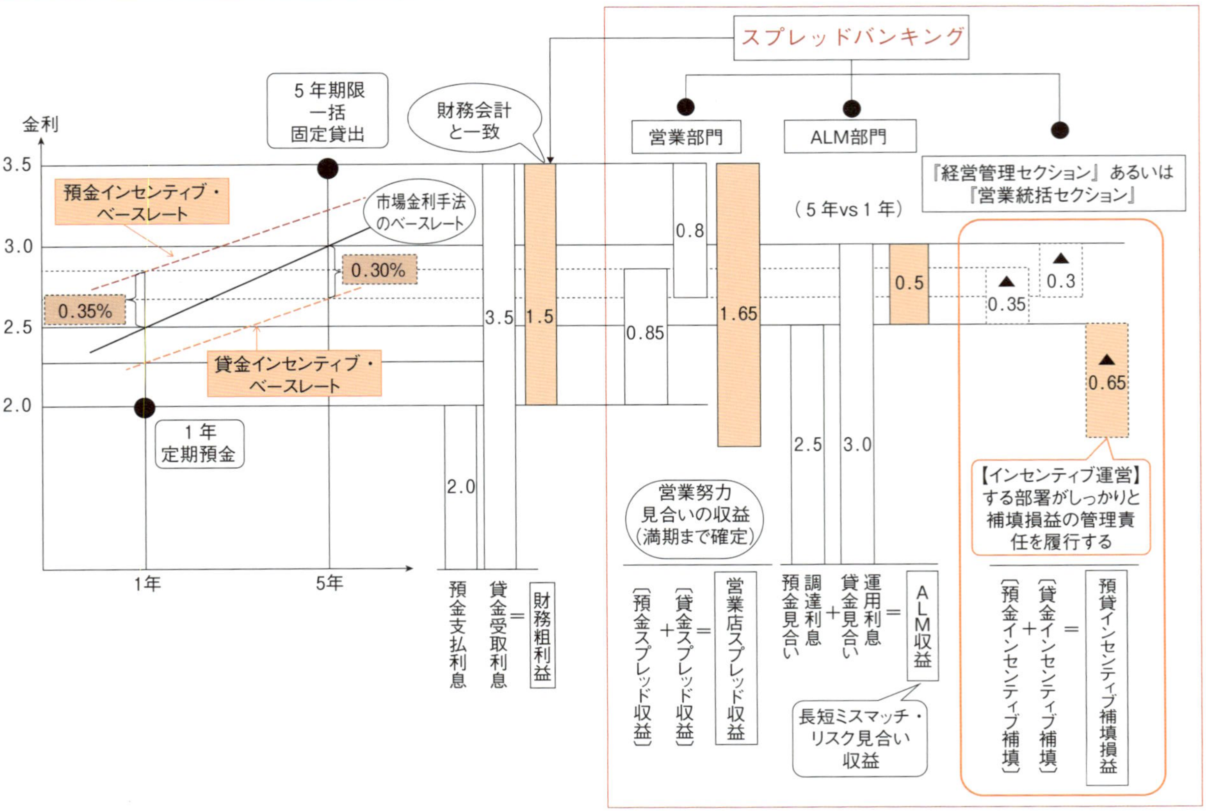

金利
3.5
3.0
2.5
2.0
1年
5年
5年期限
一括
固定貸出
1年
定期預金
預金インセンティブ・ベースレート
貸金インセンティブ・ベースレート
市場金利手法のベースレート
0.35%
0.30%
財務会計と一致
2.0
3.5
1.5
預金支払利息
貸金受取利息
＝
財務粗利益
スプレッドバンキング
営業部門
ALM部門
『経営管理セクション』あるいは『営業統括セクション』
0.8
0.85
1.65
営業努力見合いの収益（満期まで確定）
〔預金スプレッド収益〕＋〔貸金スプレッド収益〕＝営業店スプレッド収益
（5年vs 1年）
2.5
3.0
0.5
調達利息預金見合い＋運用利息貸金見合い＝ALM収益
長短ミスマッチ・リスク見合い収益
▲0.35
▲0.3
▲0.65
【インセンティブ運営】する部署がしっかりと補填損益の管理責任を履行する
〔預金インセンティブ補填〕＋〔貸金インセンティブ補填〕＝預貸インセンティブ補填損益

ティブの＋0.35％を加算）となり、「貸金スプレッド収益」は、＋0.8％（市場金利手法の＋0.5％とインセンティブの＋0.30％を加算）となり、「営業店スプレッド収益」は合計で＋1.65％となります。

一方、ALM部門のALM収益は「市場金利手法」によるTPがそのまま維持され、現時点では、「5年固定運用vs1年調達」による"長短ミスマッチ・リスク見合い収益"として＋0.5％の利益が計上されます。

このように、架空のインセンティブを付与したので、営業店スプレッド収益（＋1.65％）とALM収益（＋0.5％）の合算は"財務会計（＋1.5％）"と一致しません。

この差額である"架空の損益"を管理する勘定が「経営管理セクション」あるいは「営業統括セクション」です。預金で▲0.35％、貸金で▲0.30％であり、これらを足し上げると"財務会計"と一致します。

「インセンティブ（市場金利）手法」は、「市場金利手法」のTPにインセンティブ・スプレッドを設定し、その補填損益を管理するセクションへトランスファーするTP手法です。一方、インセンティブを与えるTP土台を「市場金利手法」とはせず、「ベーシススプレッド手法」の上に組み上げる「インセンティブ（ベーシススプレッド）手法」があり、その仕組みに関しては、**SECTION 4**（**図表4－3**）で説明しました。

4 「営業部門」におけるインセンティブ運営

次に、「営業部門」におけるインセンティブ運営に関して考察します。

ゼロ金利によりゼロ・プライシングであった金利運営をあらためて、完全金利自由化での金利上昇局面に即応した「通常のプライシング運営」へと経営態勢を整える必要があります。その際に有用な経営手法となるのが「インセンティブ手法」なのです。

預金の収益性は、「ゼロ金利」状態では、"マイナス金利"でも設定しない

CHAPTER 4 ● 金利リスク収益管理会計　183

限り、そもそも市場金利より低く預金を受け入れるのには限界があります。預金の収益性は、金利が下がるとゼロ化する"金利変動リスク"を内包しています。当然ながら、"預入期間別の金利設定"も不可能な異常状態にあり、足もとの金利で預金のスプレッド評価を行うと、大変厳しい収益性となるのは"事実"です。しかし、この"事実"は事実であって、真実ではありません。

無意識と意識を問わず、本支店レート管理を依然として採用していたり、預金のスプレッド収益評価において通常の「市場金利手法」から大きく乖離した運営となっていたりする銀行においては、「いまの収益性では異常な低採算になるが、本当はそうではない。それをそのまま営業現場や顧客に適用すると経営として誤った行動となる」ことを"直感的"に理解した行動の結果であると考えます。現在の赤字収益性は"一時の事実"でしかなく、預金ビジネスの"本来的な収益性"を表象するものではありません。

図表４－11は、いまから30年前の市場金利と店頭掲示レートの関係を示したものです。斜線の領域が預金の収益性を表しています。各期間において潤沢なスプレッドが抜けており、また対顧金利の期間別の水準もバラエティに富むものでした。

金利が上昇すれば、預金の収益性は大幅に改善します。特に流動性預金の高収益化は顕著なものとなります。そして、"流動性預金はこの10年で107兆円の激増"で、巨額の資産運用をまかなう必要不可欠な"調達基盤"となっています。いかにこの流動性預金の残高を維持するかが今後の銀行経営の帰趨を決定することは間違いありません。

<mark>"普通状態"を想定し、その際の収益性展望を行い、"守るべき顧客"を明確定義のうえ、その"普通への過渡期"においていかなるインセンティブ運営を実行するか―それが今後の重要課題であり、それを担保する経営技法が「インセンティブ手法」なのです。</mark>

「営業部門」におけるインセンティブ運営は、将来を見据えた"顧客基盤"の防衛・維持のため、インセンティブを付与するものです。

図表4-11 "底潰れした"金利環境から
　　　　　金利がある世界での「通常プライシング」へ

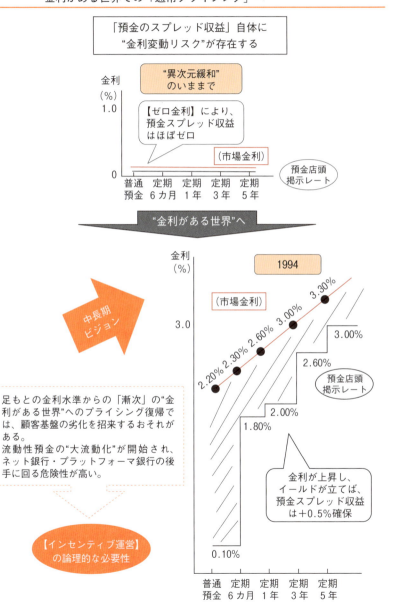

「中長期的な預金収益性」を見通し、異常なゼロ金利から普通状態に至る道程において、顧客対応を誤らないよう、そして顧客基盤の構造劣化を招かないように、"現時点の預金スプレッド"に対し、中長期予想による「預金インセンティブ・スプレッド」を付与する経営が必要です。

また他行との競争上、「顧客基盤維持のために対抗しなければならない」と"経営判断"した場合、たとえば、大口貸出先・大口預金先での獲得競争のための優遇など、短期視点でのインセンティブ運営もあるでしょう。

あるいは"地域社会"への貢献上、不採算でも取り組む必要がある預貸金取引や、今後の成長が見込まれる「将来有望顧客」「有望業種」への"投資"として、現時点が不採算でも取り組むべきと"経営判断"したものでインセンティブ補填するケースなどがあります。

また、与信ポートフォリオの健全性のために、"経営のマクロビジョン"から、積極的に取り組むべき顧客層、あるいは抑制すべきと判断した与信先に対して、インセンティブやディスインセンティブを与える場合などがあります。

その際、「インセンティブ・スキーム」の実効的な設計と明文化が重要です。インセンティブ、ディスインセンティブを与える「対象顧客」「対象商品」「実行期間」「制限事項」を明確化のうえ、「インセンティブ手法」によるTP処理を実行します。

そして、そのインセンティブを責任運営する本部セクションの明確化とその補填金額をトランスファーする"逆勘定"の設置が重要となります。

「"預金収益性の中長期見通し"によるインセンティブ補填が現状いくらに及んでいるか」「それは許容範囲内で銀行として耐えうるものか」「また、そのインセンティブ金額に見合う成果、たとえば顧客基盤維持に成功しているのか」「中長期の収益性見通しは当初のままで変更ないか」等を、責任をもって管理・運営する本部セクションの設置がとても重要となります。

"預金収益性の中長期見通し"によるインセンティブ運営は重要な経営戦略なので、「経営管理セクション」とするのが一般的です。一方、他行との

186　PART Ⅱ　●【基本設計】スプレッドバンキング

一時的な競争上、対抗措置にて発動するインセンティブ運営の場合は、「営業統括セクション」にてインセンティブの"逆勘定"を設定することが一般的です。

インセンティブを付与する実行主体において、その"逆勘定"をしっかりとつくり、インセンティブ運営の効能とコストに関して"責任運営"することがとても大事です。そして、これらを"経営メカニズム"として体現する技法が「インセンティブ手法」なのです（**図表4−12**）。

インセンティブ手法において"制限事項"の設定は有効であり、必要なものです。

制限事項とは、インセンティブを与えた際に、対顧金利の"緩み"を制御するため、"上限（下限）金利"を適用し、その制限を超えた場合はインセンティブ付与をゼロとしたり、減額調整したりするものです。有効なインセンティブ運営においては、"ボリューム増大に尽力するも、対顧プライシングは極力抑制する"といった構造性が当然必要となります。

制限事項をうまく構造的に組み上げ、きめ細かいインセンティブ運営を行う、それにより、統御された「顧客戦略」が実現できるのです。その細かさがなければ、ネット銀行・プラットフォーマ銀行からの狩猟的な金利競争にただただ飲み込まれるものとなってしまうのです。

図表4－12　営業部門におけるインセンティブ運営と「インセンティブ手法」

| 営業部門インセンティブ運営 | "顧客基盤"の防衛・維持あるいは全体経営視点の戦略遂行のため、【インセンティブ】あるいは【ディスインセンティブ】を付与するもの |

インセンティブ・ロジック（理由と期待成果）

たとえば、

中長期ビジョン
① 現下の"金利がある世界"への復帰過程での超低金利という状況に対し、単純に「市場金利手法TP」にて、「預金のスプレッド評価」を行うと、「中長期的な預金の収益性」を見誤り、顧客基盤の構造劣化を招来するおそれがあることへの対応。

短期ビジョン
② 競合他行他社との競争上、顧客基盤の維持のために対抗しなければならないと"経営判断"した場合の対抗的競争プライシング。

中長期ビジョン
③ "地域社会"への貢献上、不採算でも取り組む必要がある預貸金取引。

中長期ビジョン
④ 顧客採算・取引成長の"将来中長期的展望"から、"投資"として現時点が不採算でも取り組むべきと"経営判断"したもの。

中長期ビジョン
⑤ "経営のマクロビジョン"から、積極的に取り組むべき、あるいは抑制すべきと判断し、現場にそのインセンティブを与え実行する場合。

インセンティブ・スキーム（方法）

1．インセンティブ・ディスインセンティブの「対象顧客」「対象商品」「実行期間」「制限事項」を明確化のうえ、「インセンティブ手法」によるＴＰ処理を実行。
2．「制限事項」とは、インセンティブを与えた際に、対顧適用金利の"緩み"を制御するために、"上限（下限）金利"を適用し、その制限を超えた場合はインセンティブ付与を【ゼロ】とするなどの措置事項。
3．インセンティブ・ディスインセンティブの"補填スプレッド"の具体的なスキームを明確化。

インセンティブ運営責任

1．営業部門の"経営観"によるインセンティブ・ディスインセンティブ運営の妥当性・効果性に関して、経営レベルでよく議論を重ね、その「目的」「インセンティブ方法」「効果に関する事後検証スキーム」に関して明文化のうえ、その"責任主体"を明確化。
2．「インセンティブ損益勘定」の動向に関し、その"責任主体"が定例報告する態勢を整備。

CHAPTER 5

信用リスク収益管理会計
——信用スプレッドバンキング

SECTION 1

「信用リスク収益管理」の基本構造

貸金には預金とは異なり、「信用リスク」が存在します。

信用リスクとは、"貸金が回収できなくなる不確実性"であり、銀行が間接金融業を営む限り、"宿命"として存在するリスクです。また、**CHAPTER 1**で確認したとおり、"リターンの最大源泉となっているリスク"です。金利リスクに比べ、時にはもっと重要視されるものです。

貸金とは、貸し付けた資金が、将来にわたりきちんと元利金の返済がなされることによりはじめて完結する商品です。債務者の「将来の約束」に対し、金融機関が「信用」するからこそ成立するものです。したがって、不幸にして約束が果たされないこともままあり、このような債務不履行の事態が**デフォルト（default）**と呼ばれ、その際の"損失可能性"が信用リスクなのです。信用リスクは可能性の考え方により、期待値である**予想損失**と、その期待値から一定の信頼区間のなかで発生しうる最大損失までの変動部分としての**非予想損失**に整理されます[1]。

期待値である**予想損失**は、債務者の信用力が変化しデフォルトする確率を示す**想定デフォルト率（PD：Probability of Default）**と、デフォルトした場合に非回収となる確率である**デフォルト時損失率（LGD：Loss Given Default）**[2]、そしてデフォルト時点での債務者への"貸出金額"である**デフォルト時貸出残高（EAD：Exposure at Default）**に因数分解され、それらを掛け合わせたもので表現できます。

---

1 信用リスクに関する詳細は、大久保豊［監修］／尾藤剛［著］『【究解】信用リスク管理』（金融財政事情研究会、2018年11月）を参照。
2 （1－回収率）として表すこともできる。

190 PART Ⅱ ●【基本設計】スプレッドバンキング

デフォルト認定やそれに伴う会計処理（直接償却や引当金繰入れ）は、バブル崩壊までの金融行政においては、事前に監督当局に申請を行い、証明を受けた内容にて実行されるものでした。換言すれば、デフォルトは監督当局とのコミュニケーションにより"認定"されるものでした。そのような仕組みは、企業整理に関する産業政策との整合性確保、安易な節税への牽制、そして何よりも不良債権の発生が残高件数ともに小さく、その動態振りも安定していたことによるものと理解されます。

このような監督当局とのコミュニケーションによる認定方式は、1990年代のバブル崩壊にて大きな転機を迎えます。未曽有の不良債権危機は銀行・金融機関の単体危機にとどまらず、日本の金融システム全体に大きな動揺を与えました。危機と不安を増大させた後手後手の対応の根因は、**「不良債権の正確な状況は銀行をもってしても捕捉しきれていない」という信用リスク管理態勢の脆弱性・前時代性**にありました。決算到来時点にて監督当局と折衝するなかで生起するアナログ的で離散的信用リスク管理態勢では、もはや広汎で多岐にわたり発生する信用リスクという"暴れ竜"を総合的かつタイムリーに掌握することが、銀行自身をもってしても実行不可能な状態だったのです。

そこで、新たに導入されたのが自己査定制度です。銀行・地域金融機関は、客観的で事後検証可能な方法にて、自らが能動的に常時貸出債権を査定する信用リスク管理態勢の構築が義務づけられました。「償却事前証明制度」から「自己査定制度」へと、信用リスクに対する管理態勢が社会刷新されたのです。1998年には法令に従い計測される自己資本比率の状況に応じ、監督当局が適時経営介入し、経営改善計画や業務停止等を命令する早期是正措置の制度が導入されました。自己資本比率の算出においては、「自己査定」により算出される貸倒引当金繰入れや直接償却を反映させた財務諸表に基づくことから、「自己査定」は銀行・金融機関経営においていっそう重要な業務となりました。

この経営のあり方を大きく左右する自己資本比率規制ですが、国際的合

CHAPTER 5 ● 信用リスク収益管理会計　191

意、いわゆるBIS規制が出発点となっています。2007年、従来のBIS規制の内容を飛躍的に改良した（バーゼルⅡ）が適用され、信用リスクアセットの計算において、従来の各行一律から、内部格付手法を採用すれば、自行の内部管理態勢とリスク実情に整合する自己資本比率を計算することが可能となりました。

　大手行と先進地銀において、内部格付手法について当局の承認を得るべく、バーゼルⅡの国際合意をふまえ制定された平成18年金融庁告示第19号の要件に従い、信用リスク管理の態勢整備が図られています。内部格付手法の各種要件は、もともとは国際合意の産物ですが、各国金融当局が十分に時間をかけて練り上げていくなかで、信用リスク——なかでも予想損失の計測プロセスに関しては、最先端の手法や概念が盛り込まれ、信用リスク管理業務の「デファクト・スタンダード」となっています。内部格付手法の当局承認のためには、格付レイヤー別に推計したPD（想定デフォルト率）を自己資本比率計算におけるリスクパラメータとして使用できるためのさまざまな要件をクリアする必要があり、金融庁告示第19号205条1項にて "デフォルト定義" に関する要件が定められています。

　以上、信用TPによる信用コストを管理会計へ組み込むための法的環境や技術的な諸点においてはすでに解決しており、財務会計・決算業務の一部となっています。国際的合意にまで錬成されている "確固たる部品" として現に存在し、「自己査定制度」や「自己資本比率規制」のメカニズムとして機能しているのです。従い、"予想損失" としての信用コストをスプレッドバンキングにて経営管理に組み込まない理由はどこにもなく、むしろ組み込まなければならないものなのです。

　図表5－1は、日本リスク・データ・バンク（RDB）が毎月発表している企業デフォルト率の実績推移です。2000年代に入り、すでにピーク4回、谷を4回記録しています。最大ピークはリーマンショック後の2009年3月で3.34%、実に30社に1社が1年以内にデフォルトしていく、きわめて異常で厳しい信用リスクの顕在化でした。一方、ここもとの異次元緩和、コロナ災

図表 5 － 1　RDB企業デフォルト率の推移（図表 1 － 12再掲）

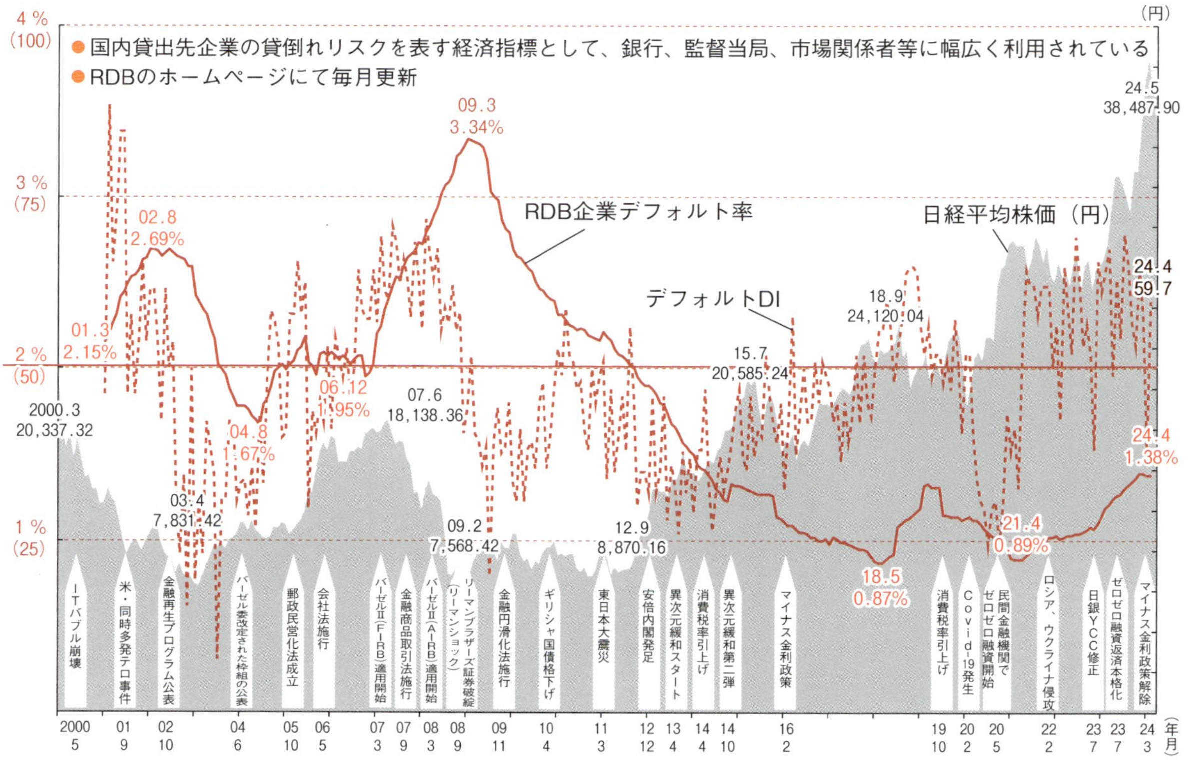

- 国内貸出先企業の貸倒れリスクを表す経済指標として、銀行、監督当局、市場関係者等に幅広く利用されている
- RDBのホームページにて毎月更新

日経平均株価（円）

RDB企業デフォルト率

デフォルトDI

すべての銀行数

デフォルトDI＝100×（前年同月よりも当月のデフォルトの件数が多い銀行数＋前年同月と当月のデフォルト数が同じ銀行数×0.5）／すべての銀行数

（資料）日本リスク・データ・バンク

厄下においては、政府の手厚い支援を頼りに過去最低を更新しながら「ゼロ信用リスク」の状態が長く続いていました。この10年間は、ゼロ金利でもあり、"ゼロゼロ異常環境"であったのです。しかし、これからの"金利がある世界"では違ってきます。**図表5-1**が示すとおり、現在は5回目のピークに向かっています。

デフォルトDIはRDB企業デフォルト率に対して1年～1年半ほど先行する傾向があり、今後、上昇する可能性が高いことを示しています。直近1年において10カ月で50を上回っており、そのような状況はリーマンショック時以来のものです。

信用保証協会の代位弁済率も2021年度をボトムとして直近2年間は上昇傾向にあり、2023年度の代位弁済率は1.39％とコロナ災厄前の2019年度に近しい水準となっています。

RDBの試算によれば、"借入金利の1％"の上昇はリーマンショック以上のインパクトを信用リスクに及ぼすと展望されています[3]。

そこに大幅な円安の悪影響が大規模に発生しています。金利がある世界における信用リスク管理の向上は、待ったなしの最重要経営事項となっています。

いまこそ、「信用スプレッドバンキング」の樹立が必要なのです。

1 「信用リスク計量」の基本構造

信用リスクとは、「貸金が回収できなくなる不確実性」により、金融機関が被る"損失額の可能性"を意味します。

それを債務者単位でみた場合、将来、その債務者の信用力が変化しデフォルトに至る確率、すなわち**想定デフォルト率（PD）**と、デフォルトが発生

---

3 詳細は、「企業財務にリーマン危機以上のインパクトを及ぼし得る金利上昇」週刊金融財政事情2023年12月12日号を参照。

PART Ⅱ ● 【基本設計】スプレッドバンキング

した時点で回収できない可能性である**デフォルト時損失率（LGD＝1−回収率）**、そしてその債務者への**デフォルト時貸出残高（EAD）**により構造的に算出されます。信用リスクの"期待値"は上記の3要素の掛け算にて構成され、信用コスト（EL：Expected Loss）と呼ばれ、平均的な貸出環境での、平均的な損失見込額であると解されます。

決算における償却・引当金繰入れ・開示債権額の算定や自己資本比率の計測においては、いずれも、この信用コスト（EL）の論理を基本として実施されています。

信用リスクは、この**信用コスト（EL）**のみで把握されるものではありません。**ELは平均的な信用リスクの発露に対する"予想損失"を算定**するものであり、"平時ではない"信用リスクの計量とはなっていません。

"平時ではない"という**"非予想損失"の信用リスク計量**として、UL（Unexpected Loss）と呼ばれるリスク計量の概念があり、これを狭義の意味で「信用リスク」といいます。本書は論述する内容により、広義の信用リスクと狭義の信用リスクのどちらかを指すことになりますが、**ULを特に意味する場合は**「信用リスク（狭）」と呼称します。

「信用リスク（狭）＝UL」は、極端なケースで発生しうる最大損失額を意味し、貸出ポートフォリオ全体に対し損失発生の合計を見積もるもので、解析的に算出することは通常困難とされ、乱数を用いたモンテカルロ・シミュレーションが広く用いられ、PD、LGD、EADといった信用リスクパラメータのほか、ρ（ロー：アセット相関）等をもとに算出されます。

たとえば、1万回のシミュレーションを行った場合、そのなかの最大損失が、いわゆる「ワーストシナリオ」（**図表5−2**の右下の「最大損失」）を表しますが、この"真の最大損失"の発生確率はきわめて小さいことから、実務では、「信頼水準x％における」最大損失とする、いわゆる信用VaRを用いて計量表現します。

この信用リスク（狭）が、銀行経営の場面で活用されているのが「自己資本比率規制」です。「早期是正措置」の"トリガー"となるきわめて重要な

図表 5−2 「信用リスク計量」の基本構造

- 信用リスクは、「返せなくなる可能性 (PD)」と「返せなくなった後に回収できなくなる可能性 (LGD)」と、「貸倒れ時点の残高の可能性 (EAD)」という、3つの可能性に分けて表すことができ、[EL] と [UL] にて、"構造把握"される。

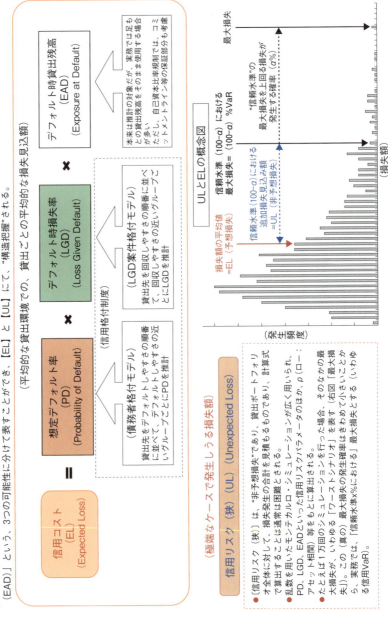

PART II ● 【基本設計】スプレッドバンキング

指標であることは先に述べました。

　金融機関の経営維持に“難がある”と算定される根拠は、その金融機関が抱える各種リスクに対する自己資本の“十分性”に対する疑義によるものです。ULは、極端なケースで発生しうる最大損失額を意味し、そのバッファーは自己資本にほかありません。ある一定水準の異常事態が発生しても、預金の元本保証の履行能力に支障がないかどうかを客観的にモニタリングするために、この「信用リスク（狭）」の観点から、信用リスクを計量します。

　次に、信用リスク計量の“コアエンジン”である**想定デフォルト率（PD）の推定方法**（**PDモデル**）に関して確認します。デフォルト率の推定方法には大きく分けて、①マートンモデルに代表される、企業資産価値が企業負債価値を下回る状態を“デフォルト状態”と定義し、その状態に陥る確率については企業価値の変動性（ボラティリティ）を想定し、オプション理論を用いて計測する方法と、②過去の実績デフォルト・データを用い、数理統計手法を用いてデフォルト率を推定する方法、とがあります。

　前者は、デフォルト事象に一定の構造を仮定して、解析的にデフォルト確率を算出する「確率過程モデル」であり、いうなれば「デフォルトはこうして発生する」という構造を思い浮かべて、方程式をつくりあげるものです。

　一方、後者は、デフォルト事象に関する事実データをもとに、特に予見をもってデフォルト事象の構造を仮定することなく直接的にデフォルト確率を推定する「数理統計モデル」です（**図表5－3**）。

　前者の方法では、“企業価値の変動性（ボラティリティ）の想定”に関し、課題が残ります。上場企業を対象としたデフォルト率推計においては、“株価変動ボラティリティ”を企業価値の変動として適用することが可能ですが、銀行・地域金融機関の大宗をなす非上場企業に対しては事後検証可能な有効性を確保できません。したがって、PDモデルにおいては、後者の数理統計モデルがほとんどの銀行・地域金融機関に採用されています。

　一口に数理統計モデルといっても、モデルを構築する際のデータの取扱方

図表5-3 すでに実務適用されている構造頑健な「債務者格付モデル」（PDモデル）

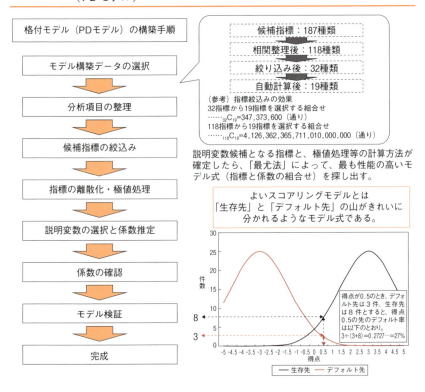

法や、できあがった式のかたちなどによって、複数のアプローチが存在します。なかでも、目下の銀行実務において最もポピュラーなものは**ロジスティック回帰モデル**でしょう。ほかに判別関数[4]、決定木[5]、ニューラルネットワーク[6]等がありますが、数理の詳細に付言するのが本書の目的ではないので数理説明は省略します。

---

[4] デフォルト先と非デフォルト先といったようにグループ分けを行い、決算書の数値などの観測された情報に基づき両者を明確に区別するための関数（判別関数）を求める方法。なお、判別関数から算出されるスコア（得点）はPDそのものを表現したものではない点に注意が必要である。

ここで強調したいことは、「PDモデル」は、数理的な枠組みに関しても、またモデル性能に関しても大変な進歩がみられ、すでに「自己査定」「自己資本比率規制」「償却・引当金等の決算処理」の重要モデル部品として機能しているということです。

　過去のデフォルト事例に着目し、観測可能な債務者の特徴（財務指標や各種定性情報）から、デフォルトと相関をもつ特徴をとらえ、類似した特徴をもつ集団に対するデフォルト率の実績あるいは理論値を、その特徴を有する債務者のデフォルト率として推定する"債務者格付モデル"がすでに確立しているのです。もちろん、その実務適合性や性能に関しては、当局検査にて事後検証がなされています。したがって、**SECTION 2**で述べる「信用スプレッドバンキング」のためのコア部品であるPD（想定デフォルト率）に関しては、すでに頑健な構造にて経営実装されており、またその性能や結果に関して事後検証する体制も整備されているのです。

　次に、信用リスク計量のもう1つの"コアエンジン"である**デフォルト時損失率（LGD）の推定方法**（LGDモデル）に関して理解を深めます。このLGDモデルの現状はまだまだ発展途上の段階にあり、実務適用が積極的に図られなければならないものです。LGDはPDと信用リスク計量の両輪をなすものです。いくらデフォルトする可能性を予見しても、デフォルト時に"いくら回収できるか"を見積もれない限り、信用リスクは依然視界不良のままです。特に1990年代のバブルは「デフォルト×回収不能」の相乗効果で

5　特定の変数の値に応じて集団を2つに分割し、それらの分割された集団を別の変数を使って分割するといった作業を繰り返すことで、最終的に残ったデフォルト先・非デフォルト先の比率をもってデフォルト率を推計する方法。細かい結果を得ようとすると、大量のデータが必要になり、貸出先ごとにPDを推計して信用力に応じた濃淡をつけるような用途には向かない。

6　人間の脳内の神経細胞の働きをヒントに入力層、中間層、出力層の3層構造で構成されたモデル。たとえば入力層で財務指標を入力すると、中間層で当該指標値が渡され、指標値に対して任意の重みづけがされる。最終的に出力層に達するときには0（非デフォルト）か1（デフォルト）かの値を得ることができる。データの特徴を過剰に取り込むと、新たなデータに対する精度を落とす「オーバーフィッティング（過学習）」の問題が生じることがある。

起きた危機ですから、なんといっても「LGDモデル」の形成と実務適用は欠かせないのです。

それではなぜLGDの計量はPDに比べ遅れているのでしょうか。それは銀行・金融機関の取組姿勢が根因だと考えます。PDの計量発展と経営実装は、監督当局による「自己査定制度」およびそれと対をなす「早期是正措置」等の監督改革により、PDにかかわるデータ収集と計量が、法令および当局対応として"必須業務"となったことによります。

経営にとって、それは最も重大な経営イシューですから、積極的な対応がなされ、先述のような信用リスク管理の高度化が達成されました。一方、LGDにおいては、自主的にデータを解析し、経営実装する必要性があるのは、"先進的内部格付手法"の採用行だけであり、"標準的手法"や"基礎的内部格付手法"の採用行、そして国内金融機関の大宗である「国内基準の自己資本規制」対象の銀行・金融機関では、LGDをPDの対として錬成し信用リスク管理態勢に組み込むインセンティブが働いていません。結果、信用リスク管理において、PDのみの偏った運行となっていると思慮します。これでは信用リスク管理態勢は完結しないどころかいびつなものとなってしまいます。「PD×LGD＝信用原価」が算定できず、結果、信用コストを「管理会計」に組み込むことができない。"信用原価運営の機能不全"から、相乗的に"限度なき貸出金利引下げ競争"に陥ってしまう。現在、薄利である貸出利率が一貫して低下する傾向は、"信用原価運営の機能不全"が生み出している銀行業界全体の問題です。

個社単位の金利交渉の場面で、「信用コスト＝信用原価」が現場提示されていないことから、"格付がある程度よければ貸してしまう、それも異常な低金利で"――という事態に陥っています。

LGDに関しては、伝統的な"保全率"というあいまいな指標しかないので、それと対をなす"精密"なPDと掛け合わせ「信用コスト」を算出することができないのです。"保全が実際にいくら達成できているのか"、そこを検証していないからです。

PART II ● 【基本設計】スプレッドバンキング

「信用コスト＝信用原価」を銀行・地域金融機関の管理会計、そしてプライシング原理として実装することが急務です。「信用原価」という採算原価なきままの貸出金利競争、その行く末はきわめて暗いものとなります。貸出業務のむずかしさは"原価を事前に確定しえない"ということです。それが「信用リスク」であり、その"暴れ竜"を私たちは何度も経験してきました。足もとの「信用コスト」が最小である、あたかも「ゼロ信用リスク」である状態——これは一時のことです。将来のPDとLGDを俯瞰し、"信用原価"の見積りをしっかりと行い、"原価表"に基づく貸出金利競争の枠組みを銀行・地域金融機関は早急に構築しなければなりません。

LGD（デフォルト時損失率）の具体的な算出ですが、「回収額（R）」の計測方法がポイントとなります。

将来の回収額の推計において、デフォルト以降の回収可能性に大きな影響を及ぼす保全要因（担保処分や保証人による弁済）による回収額については、それ以外の要因による回収（信用による回収）とに分けて算定することが大原則となります。

回収額を"回収源泉別"にとらえた場合のLGDの算式は次のようになります。

$$LGD = 1 - \frac{R}{EAD} \quad (R：回収額合計)$$

$$= 1 - \frac{R_c + R_u}{EAD} \quad \begin{pmatrix} R_c：保全要因による回収額 \\ R_u：非保全要因による回収額 \end{pmatrix}$$

このように、**保全要因**と**非保全要因**とで回収金を分けて捕捉する理由は、推計プロセスにおける回収実績データの使い道が異なるからです。

保全要因の回収実績に関しては、当該担保の事前評価額という比較対象があることから、その担保評価額を比較実証用データとして用いLGDを推計します。一方、非保全要因の回収実績については、回収額推計のための純粋なサンプルとして使用します。

図表 5 - 4　LGDデータの収集構造化と有効な計量化方法

- 【LGDデータ】の収集にあたり、「担保保全」されている部分からの回収と、「信用（無担保無保証）」からの回収を構造別し、ファイルクローズまで一貫した手法にて回収額を感知し、認定することが重要。
- その時系列構造データから、従来の「担保評価額」と「信用回収見込額」の推計値を組み合わせることで、回収可能性の順番で貸出を"序列化"する。
- 手形や優良保証、預金担保などに紐づく貸出は、額面どおりの回収となることを前提に、モデルによる推計対象外とする。

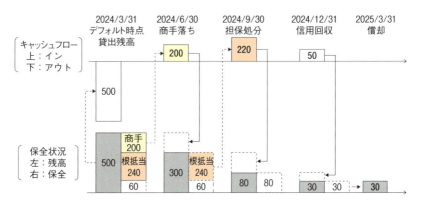

デフォルト時貸出残高（EAD）：500
保全率：（200+240）/500＝88％
総回収率：（200+220+50）/500＝94％⇒LGD＝100％－94％＝6％
担保回収率（商手）　：200/200＝100％
　　　　　　（不動産）：220/240＝91.7％
信用回収率1：50/500＝10％
　　　　　　（←分母をデフォルト時点の債権額合計（EAD）とする）
信用回収率2：50/（500－200－240）＝83.3％
　　　　　　（←分母をデフォルト時点の「非保全」部分の債権額とする）

なお、**保全要因**は、物品の価値評価で決まる「担保処分による回収」のほか、保証人の信用状態の評価で決まる「保証人による代位弁済」も源泉の1つに含まれます。保証人による代位弁済を保全要因による回収アプローチとする考えもありますが、実務上は当該保証人への直接与信と同様に扱い、保全要因の回収実績には含めない考え方が一般的です。

非保全要因は、現行の融資審査では回収額が見込まれておらず、"回収額

図表5－5　案件格付モデルによるLGD推計

- LGDの推計値・パラメータ自体は、管理部門のみが参照し、現場に展開する必要性は薄い（債務者格付別PDと同様）。
- 案件格付別のLGD推計値は、区分別の実績データをもとに計算する。

ゼロ"として取り扱われるケースが大半です。しかし、たとえば「要管理先」の場合、条件緩和の実施後も通常であれば少額ながら返済を継続しているケースが大半です。このため、非保全要因についても実際には回収金は発生しており、LGDに及ぼす影響は決して無視できるものではなく、RDBの全体計測においても40％程度と大きな回収率を示す場合もあります。

LGDのデータ収集、計量仕訳の実務事例を**図表5－4**に示します。

LGDデータに関しRDBは、本邦唯一のデータベースを2006年から組成し

ており、**図表 5 - 5**のとおり、「LGDモデル」も構築し、それらが銀行・金融機関にて実活用されています。現行の審査業務において、すでに駆動している"保全率"の概念を、**図表 5 - 5**が示すとおり、LGDランク分けの基礎データとして活用し、積極的なLGD計測の高度化を展開しましょう。

2 「信用リスク管理態勢」の基本構造

「PDモデル」と「LGDモデル」が両輪として駆動することにより、信用リスクであるELとULが計量されることを確認してきました。また、デフォルト、PD、LGD、EL、ULという計量概念は、机上の空論ではなく、バーゼル規制において明示されるにとどまらず、実務的な視点からも詳細な取決めがなされていることに関して理解を深めてきました。

本項では、信用リスク計量の基本構造である「PDモデル」と「LGDモデル」が、すでに金融機関の経営管理態勢に深く根づいていることを確認しながら、「信用リスク管理態勢」の基本構造に関して理解を深めていきます。

「自己査定制度」は銀行・地域金融機関において、最重要の「信用リスク管理態勢」であることはいうまでもありません。**図表 5 - 6**が示すとおり、「自己査定制度」において債務者区分判定は、「PDモデル」である内部格付モデルによって付与された行内格付を債務者区分へと"マッピング"することで実行され、そしてその結果を受けて行われる「債権分類判定」は、LGDモデルのコンセプトにより実行されているのです。

「PD × LGD × EAD ＝信用コスト」という計量フレームワークにて、所要の償却額、引当金繰入額、そして開示債権額が決定される仕組みが信用リスク管理態勢として、すでに各金融機関において内蔵駆動されているのです。

債務者区分判定において駆動する内部格付PDモデルにおいては、急速な高度化が数理的にも実務的にも達成されています。

与信残高に応じ、実態財務情報や定性評価を反映させる「本格付」か、表面財務だけで評価する「リテール格付」を適用分岐のうえ、全業種での単一

図表 5 - 6 「自己査定制度」に内蔵駆動する PD と LGD

想定デフォルト率 (PD) (Probability of Default) × デフォルト時損失率 (LGD) (Loss Given Default) × デフォルト時貸出残高 (EAD) (Exposure at Default) = 信用コスト (EL) (Expected Loss)

PD（デフォルト率　低い→高い）

信用状態	内部格付制度	債務者区分（概要）
良い ↑	A	正常先：業況が良好であり、かつ、財務内容にも特段の問題がないと認められる債務者
	B	
	C	
	D	
	E	要注意先（要管理）：貸出条件に問題のある債務者、返済・利払いの履行状況に問題がある債務者、業況が低調ないしは不安定な債務者、財務内容に問題がある債務者など今後の管理に注意を要する債務者
	F	
	G	
	H	
	I	破綻懸念先：現状、経営破綻の状況にはないが、今後、経営破綻に陥る可能性が大きいと認められる債務者
	J	
	X	実質破綻先：深刻な経営難の状態にあり、再建の見通しがないなど実質的に経営破綻に陥っている債務者
	Y	破綻先：法的・形式的な経営破綻の事実が発生している債務者
悪い ↓	Z	

（デフォルトずみ）

LGD（低い←→高い）／**EL**

債務者区分	（I分類）優良担保・保証分	（II分類）一般担保・保証分 清算配当回収分	（III分類）時価と処分可能額の差額	（IV分類）担保なし 保証なし
正常先	一般貸倒引当金（1年間の予想損失額or貸倒実績率or倒産確率）	（なし）	（なし）	（なし）
要注意先（除要管理先）	一般貸倒引当金（1年間の予想損失額）貸倒実績率or倒産確率	（なし）	（なし）	（なし）
要注意先（要管理先）	一般貸倒引当金（3年間の予想損失額）貸倒実績率or倒産確率orDCF法（大口先）	（なし）	（なし）	（なし）
破綻懸念先	（不要）	個別貸倒引当金（3年間の予想損失額）貸倒実績率or倒産確率orDCF法（大口先）	（なし）	
実質破綻先 破綻先	（不要）	個別貸倒引当金or直接償却　全額（100%）		

CHAPTER 5 ● 信用リスク収益管理会計　205

評価ではなく「業種別×規模別」を財務PDモデルにて一次財務格付を実行、算出された理論PDを尺度として、業種間の統合を行う「業種統合・規模調整モデル」にて総合組上するなどのさまざまな高度化が進んでいます。

「本格付」先においては、含み損益等の実態財務情報を用いる「実態財務モデル」や、決算数値には現れない貸出先固有の定性情報を付加評価する「定性評価モデル」をも組み上げ、債務者格付を行う等、顧客の実態をよりよく反映できるような「PDモデル」の複層多機能適用の先進事例が一般化してきています（**図表5－7**）。

また、格付付与の手順には客観透明性の確保が何よりも重要とされており、上記の一連の格付作業に使用する情報の収集・作成方法等の手順を具体的に文書に定め、客観性のある手続に落とし込むことが監督当局から求められており、「PDモデル」はすでに信用リスク管理態勢のコア・メカニズムとしての地位と機能を確固たるものとしています。

一方、「信用リスク（狭）」の概念であるULが、銀行・金融機関のリスク管理態勢のなかにビルトインされているのは、もちろん「自己資本比率規制」です。バーゼル規制適用行のみならず国内基準行も、監督当局におけるこのUL思想のもと諸規制の細則が決定されています。

以上のとおり、PDとLGDは、もはや金融機関の「信用リスク管理態勢」のなかで必要不可欠なメカニズムとなっているのです。

図表 5 – 7 「債務者区分判定」に複層有機にて内蔵される「PDモデル」

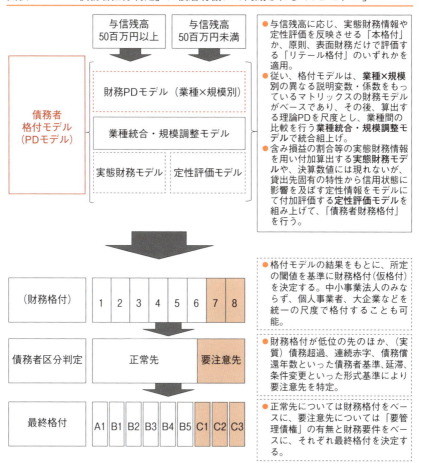

SECTION 2

信用スプレッドバンキング
──信用TPの展開

1 「信用コスト」を組み込んだ貸出プライシング

EL視点の経営がいまだ十分に機能していない証左として、"貸出ガイドライン金利の形骸化"があげられます。だれもが十分に感じている事実でしょう。"貸出ガイドライン金利"は、信用コストを反映させた"原価表"ともいえますが、競合他行との厳しい金利競争から、このガイドラインは有名無実化している状態が長く続いています。これは、まったくもって好ましい状態ではありません。

"信用原価表"である"貸出ガイドライン金利"の有名無実化は、たしかに厳しい競争環境が根底にありますが、この四半世紀の貸出スプレッドの縮減を止めるためには、組織運用と信用に耐えうる信用原価表の形成が必要です。この"ご本尊"がなければ、流れのままの金利競争をなぞるだけとなり、自らの首を絞める結果となるのは明白です。"原価表"が有名無実化して経営が成り立つ業態は存在しえません。信用リスクの特性は将来起こることですから、いまは成り立っているように"錯覚"してしまう怖さがあります。そして、リスクは潜在しており、過去のデフォルト率推移が示すとおり、将来において必ずや顕在化します。"貸出ガイドライン金利"に魂を入れて駆動させるEL視点の経営実装、それがとても重要なのです。

「信用コスト」は、貸出業務を行ううえでの必要コストであり、"信用原価"に相当するものです。この"信用原価"を貸出プライシングにて回収できない状態を放置すると、将来、自己資本を毀損しての処理となります。この"信用原価"が担保され、その原価計測値に大きな将来離齬がない限り、

208　PART Ⅱ ● 【基本設計】スプレッドバンキング

図表 5 - 8 「信用コスト」＝"信用原価"を組み込んだ貸出プライシング
（図表 2 - 7 再掲）

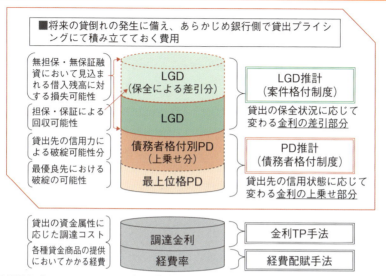

予想損失（EL：Expected Loss）は「プライシング」で、非予想損失（UL：Unexpected Loss）は「自己資本」での対応が、銀行・金融機関の信用リスク運営の基本

積極的に貸出の増強に努めてよいわけであり、当然ながら毎年所要の貸出償却や個別引当費用が発生しますが、それは決して悪いことではありません。

その発生は、「想定している貸倒費用＝信用コスト」であるからです。ただし、「信用コスト」の"信用原価"としてのむずかしさは、それはあくまでも"予想"であり確定したものではないということです。そのため、"できる限り予想の精度を上げる"ことが、貸出ビジネスの要諦となるのです（**図表 5 - 8**）。

そこで、「信用コスト」をPDとLGDに金融因数分解し、それぞれの実測値をもとに"信用原価"を設定します。したがって、PDとLGDの計測精度の向上がとても重要です。

2 信用トランスファー・プライシング

貸出ガイドライン金利に「信用コスト」を埋め込むこと——それが信用リスクの安定消化において必要なプライシング行動であることに関して述べてきました。一方、この"信用原価"である信用コストを「収益⇔リスク管理態勢」にいかに体現させるかですが、それは金利リスクの消化と同様に、トランスファー・プライシングにより、「収益⇔リスク会計」として、貸出スプレッド収益の内数とし、会計勘定として組み込むことにより実現します。すなわち、**信用トランスファー・プライシング（信用TP）**により実現される「信用スプレッドバンキング」です。

信用コストは基本的に、「PD×LGD」にて構成表記できますので、「債務者格付」により該当するPDと、「案件格付」により該当するLGDを掛け合わせて、貸出明細別に「信用コスト」を算定し、管理会計において「信用コスト」の勘定を設営する方法が信用TPなのです。

図表5−9は、「債務者格付R6×案件格付L1」の5年物貸金対顧レート3.2％と、「債務者格付R4×案件格付L2」の1年物貸金対顧レート2.0％の事例にて、信用TPを解説したものです。

貸金取引の収益性から「金利リスク見合い部分」を除去した貸金スプレッド収益は（5年貸）が＋1.2％、（1年貸）が＋1.0％です。表面金利が1.2％（＝3.2−2.0）も差がある貸金ですが、それぞれの貸金の期間特性にて調達原価を適用すると、収益性においては0.2％しか差がないことが理解でき、資金満期、金利満期の相違する貸出における統一の収益評価基準が形成できるのが**金利TP**でした。

一方、信用TPは、それぞれの貸出先の債務者格付と案件格付により、信用コストを算出、その部分を"信用原価"としてTPするものです。「債務者格付R6×案件格付L1」の信用コストは▲0.99％であり、「債務者格付R4×案件格付L2」は▲0.25％です。それら"信用コスト控除後の貸金スプレッド収益"は（5年貸）が＋0.21％、（1年貸）が＋0.75％となります。

210　PART Ⅱ　●【基本設計】スプレッドバンキング

図表5-9 「信用コスト」＝"信用原価" を組み込んだ貸出プライシング（図表2-8 再掲）

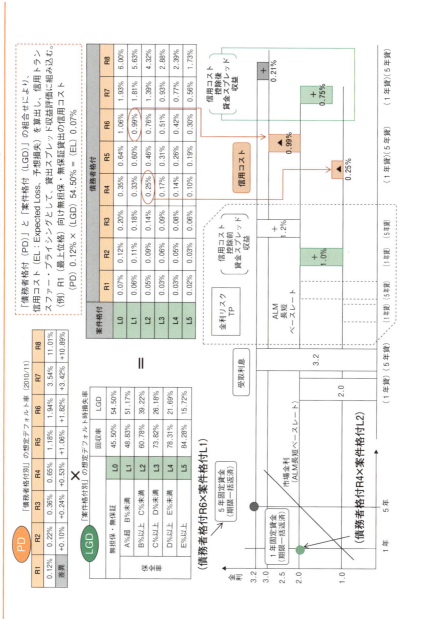

CHAPTER 5 ● 信用リスク収益管理会計

（5年貸）対顧レート3.2％は（1年貸）より1.2％も高レートですが、収益性は3分の1以下であることが理解できるようになります。

「貸出期間×信用リスク」を勘案した"適正な原価"に基づく収益性評価の樹立は、貸出ビジネスに対する経営戦略の着眼点をより合理的で抜け目のないものとするばかりか、低格付先に対し、その担保保全度合いと適用金利の組合せにおいて"融資可能なフロンティア"を拓くことも期待されます。

そして何よりも重要なのが、競争上、どこまで貸出金利を引き下げられるかの客観的な"ボトムライン"が形成されることです。一部の貸出においては、すでに"赤字採算"であることが想定されますが、その赤字先を網羅的に、それも貸出明細単位であぶり出すことができるのが信用TPなのです。

信用TPの実現により、個社別のみならず、貸出明細単位での「収益⇔信用リスク管理会計」が樹立できます。そして、「信用リスク（狭）」の計量においても基礎データとして機能します。具体的な将来の「信用リスク（狭）シナリオ」から、格付別PDの上振れ、保全区分別LGDの上振れをリスク設定し、信用リスク（狭）の計量を実行していきます。

さて、信用TPにおける"トランスファー先"はどこになるのでしょうか。その先は、「債務者格付」や「案件格付」の制度を設計し、運営している融資部門です。そして、融資部門での運営においては「信用コスト額」を管理会計勘定として新たに設置することが基本形となります。

このトランスファーされた信用コスト額はいわば"保険料収入"と解せます。その期に実際に発生した貸出金償却、個別貸倒引当金繰入れ、償却債権取立益等の実際の信用コスト額との収支バランスを管理することを"融資部門が担う"ということです。

PD（想定デフォルト率）やLGD（デフォルト時損失率）の具体的な区分評価とパラメータ設定を行う部署であるため、当然ながら"責任勘定"として管理していくことになります。このような信用トランスファー先として、"責任勘定"が設営されていないことが、「貸出ガイドライン金利」の形骸化を引き起こしている根因と解されます。

「信用コスト」を保険料として収入計上し、実際の保険金収支とのバランスを管理させる"責任勘定"が設営されれば、"保険料率"の設定に関し、"魂"と"軸"が入り、より正確で適正な「貸出ガイドライン金利」の運営が実現されます。さらに"会計勘定"として、収支が明らかになることから、現在の「貸出ガイドライン金利」の適正性に対する客観的な事後検証も可能となり、営業部門への"説明責任"もしっかりと果たせるようになります。

「貸出ガイドライン金利」を機能させることが、信用リスクを"消化"する最も有効な方法であり、それを有効に機能させるためには信用TPによる、「信用コスト収支勘定」の設置を行うことが肝要なのです。

次に、その「信用コスト収支勘定」に対し、いかに"責任運営"するかに関して考察を深めます。というのも、ことこの勘定においては基本、"収支は相違する"ものとなり、一致することはまずありえない特徴があるからです。"一致することがありえない"特性がある収支勘定を、いかにして"責任運営"するかのフレームワークに関し、事前によく設計する必要があります。そうでなければ、責任運営できず、結果、「貸出ガイドライン金利」に魂が入らないものとなってしまうからです。

何が、収支の一致を成り立たせないものとしているのでしょうか。

"収支の一致を成り立たせないもの"が、「想定値」と「実績値」の相違なら、それは想定の精度を上げていけばよい話であり、むしろ基本一致するものであると解されます。設定した想定PDと実績PDに関しては事後検証可能であり、これは収支不一致の構造要因とはなりません。

ただし、LGDに関しては、構造的な不一致要因となります。「信用TP」に用いる想定LGDは、これから向こう1年間に発生するデフォルト先に対するファイルクローズまでの全期間勘案後の貸倒時損失率です。

一方、当期の期間損益で計上される貸倒関連損失額は、"当期期間中"に回収／未回収された部分での損益計上であり、また過去のデフォルトに関する回収や取立益も混在して計上されるものです。期間内で認定されるLGD

案件は、いまだ回収途上のものが多く含まれ、その回収は将来の複数期にわたって、「償却債権取立益」として遅行して計上されることになります。

　想定LGDは、保険料設定のアプローチで計測されますから、たとえば直近1年に"ファイルクローズ"された回収事案を対象にLGDを算出することになります。したがって、LGDに関しては、保険料収入と保険金支出において、"期ズレ"が生じることになり、収支は1年期間内では構造的に一致しないのです。

　PDに関しては、デフォルト発生定義が客観構造化されており、それが「自己査定制度」を通じた資産査定によって決算に反映される仕組みとなっているので、構造不一致の要因とはなりません。

　一方、EADに関しては、"中間的な性格"を帯びています。各貸金先の残高にPDとLGDを掛け合わせて「信用コスト」を算出するということは、"平均貸出残高"をEADとして保険料収入することを意味します。しかし、同じ格付に属する貸出先においては、それぞれ貸出残高は当然相違します。

　したがって、仮に平均より大きな貸出先がデフォルトした場合は、保険料収入が足りなくなってしまいます。これも想定EADと実績EADにて予算実績管理（予実管理）できるので、構造不一致要因とはならないという見立てもありますが、そう簡単には結論づけられません。

　なぜなら、「貸出ガイドライン金利」は個社ごとに適用するアプローチですから、もし構造的に一致させるのであれば、"平均貸残より多い先には別途リスク・プレミアムを乗せる"という行為が必要となります。いくら想定EADを実績EADにあわせるよう精度を上げたとしても、それにて保険料計算できる仕組みがなければ、構造不一致要因となるのです。

　「貸出ガイドライン金利」に"与信集中度合い"を加味した"信用原価表"とすればこの構造不一致は軽減されますが、貸出慣行として顧客理解が得られる保証はありません。そもそもこれは、「信用リスク（狭)」のリスク態様であり、そのブレは「自己資本」で対応すべきという考えもあるでしょう。

214　PART Ⅱ　●　【基本設計】スプレッドバンキング

以上のとおり、信用コスト収支勘定には、"構造的な収支不一致要因"が存在します。したがって、その収支の赤字・黒字をもって、融資部門を評価したり、責任を果たさせたりすることは、経営上の問題が生じるのです。その点を斟酌すると以下のようなフレームワークが"信用コスト収支勘定の責任運営"であると考えます。

- 当然ながらその「収支の差額」に関して考察を加えることです。ここでいう"考察"とは、構造的な不一致要因を理解しながら、その収支差に関する評価を行い、経営に報告することです。その差額は、足もとの信用リスク運営において、経営として何を意味するのかを想像し、評価し、報告するということです。いわば、信用リスク運営の"定性チェック"の意味合いで、責任運営するものです。
- 「信用コスト」を構成する各コンポーネンツであるPD、LGD、EAD別に"予実評価"を行うことです。それぞれの精度はどれくらいであるのか、ということです。

　管理会計における「信用コスト収支勘定設置」の目的は、決算遂行ではなく、信用コストを"信用原価"として貸出プライシングに反映させる経営措置にあります。したがって、「貸出ガイドライン金利」の実効力ある組成と「信用コスト控除後の貸出収益性評価」として機能することが目的であり、そのためにはPD、LGD、EADの現実妥当性をモニタリングできれば、信用コスト収支勘定の"責任運営"となります。

　さて、貸出スプレッド収益において、この保険料部分である「信用コスト」を純粋に営業部門から融資部門へと"トランスファー"すべきなのでしょうか。

　米国金融機関のように営業店に融資決裁権限がない場合は、信用コスト部分に関し、純粋トランスファーするのは理屈に適ったことでしょう。

一方、日本では、支店長やエリア長に融資権限が存在し、現場重視の融資慣行から、信用リスクに対する責任は当然営業部門にも存在します。ということは、その責任を負う対価としてリターンの計上も必要であるということです。したがって、一般的な日本の銀行・地域金融機関を想定すると、信用コスト部分はトランスファーせず、貸出スプレッド収益の"内数"として現場認識させることが適切です。"信用コスト控除前と控除後"の貸出収益性を現場に情報還元するわけです。

　営業現場に"信用原価"を知らしめ、融資権限規程のなかでたとえば**最低基準の信用コスト控除後スプレッド**を設営する、そのような「信用スプレッドバンキング」が有効であると考えます。

　これは一般的な銀行・地域金融機関への考えであり、リテールに特化した新形態の銀行に対しては、信用コストを控除して営業部門を評価する信用TPも当然ありえます。また住宅ローン等の個人向け融資に関しては、一般金融機関においても、信用コストを控除することも一考でしょう。なぜならば、商業貸付においては、その後のフォローアップやパートナーシップバンキングによって、デフォルトの抑制を現場営業のコンサルテーションにより期待できますが、個人融資においては融資後の信用フォローアップ機能が事実上存在しないことから、「信用コスト控除後の住宅ローンスプレッド」の考えもありうるものと思います（**図表5−10**）。

図表 5 - 10　信用コスト収支勘定に関する"責任運営"のフレームワーク

〔信用コスト収支勘定〕は、基本、収支が"構造不一致"であることから、信用スプレッドバンキングにおいては、金利スプレッドバンキングとは相違する"責任運営"のフレームワークを構築する必要がある。

"構造不一致"　【想定LGD】と【実績LGD】の会計期ズレ
　　　　　　　【想定EAD】と【実績EAD】の構造相違

融資部門

1．収支差額の絶対値が、足もとの信用リスク運営において、経営として何を意味するのかを想像するという"定性チェック"の意味合いでの勘定管理。
2．「貸出ガイドライン金利」が、"信用原価"として適正機能するように、【PD】【LGD】【EAD】に関して、(予実評価)を行い、次期の"信用原価"に反映させること。

PD

【想定PD】と【実績PD】を内部格付ランク別に検証
● 各ランクPDの予実差評価
● モデルの序列整合性チェック等

LGD

【想定LGD】に関しては、【実績LGD】とは期ズレが生じることから、【想定LGD】を算出した同じ切り口で、足もと1年間の【LGD】と比較検証
● 各ランクLGDの予実差評価
● モデルの序列整合性チェック等

EAD

【想定EAD】に関しては、実際に当期発生した銘柄に対する【実績EAD】との差異分析
● 【実績EAD】の平均と分散分析等

営業部門

1．支店長やエリア長に融資権限が存在し、信用リスクに対する責任は当然営業部門にも存在する。従い、その責任の対価としてリターン計上が必要であることから、「信用コスト」部分はトランスファーせず、貸出スプレッド収益の内数として現場認識させる。
2．「信用コスト控除前と後」の貸出収益性を現場に情報還元する。営業現場に"信用原価"を知らしめ、融資権限規程のなかでたとえば(最低基準信用コスト控除後スプレッド)を設営する。
3．住宅ローン等の個人向け融資に関しては、信用コストを控除することは一考に値する。商業貸付では、その後の現場コンサルテーションによりデフォルトの抑制は可能だが、個人融資においてはその機能は存在しないことから、「信用コスト控除後のローンスプレッド」にて信用TPの対応もありうる。

CHAPTER 5 ● 信用リスク収益管理会計　217

SECTION 3

「信用TP」のための
パラメータ設定

　CHAPTER 5 の最後として、**信用TP**を実行する際のPD、LGDのパラメータ設定に関する"実務上のポイント"を論述します。

　"信用原価"を管理会計に組み込むことは、不採算あるいは非合理プライシング先の洗出しや行き過ぎた貸出プライシング競争の業界全体での抑止機能としても期待されます。

　貸出商品の特殊性は、"原価を事前に確定しえない"ところにあり、だからこそ、異次元緩和政策、コロナ支援政策によりかりそめの姿となっているゼロ信用リスクが"金利がある世界"において胎動するいま、経営管理の枠組みに組み込むことは現下の最重要の経営課題なのです。

　格付が改善したならば金利を下げ、格付が悪化したら金利を上げる、そのためにきちんと信用評価の結果を取引先企業に伝える、経営改善のガイドを行う——**Honest Banking**——これからの銀行・地域金融機関が求められている経営行動ではないでしょうか。

　不断の経営改善を誘う社会システムであり、素敵な貸出サービスであると考えます。

　そこで**SECTION 3**では、Honest Bankingをまっとうするために、銀行サイドに必要な"信用原価"を算定するための論理性・精密性に関して詳述します。製造業を見習い、徹底的に"原価"を考察していきましょう。

　しっかりと"原価"について考え、自行自機関において、いま始められる"原価像"をあぶり出してほしい。その真剣さがHonest Bankingの礎であると考えます。

218　PART Ⅱ　●【基本設計】スプレッドバンキング

1 PD（想定デフォルト率）に関するパラメータ設定

まずPDですが、当然ながら現行の「債務者格付制度」の信用ランク別に
パラメータ設定します。債務者格付モデルに関しては、前述したとおり**バー
ゼルⅡ**規制の導入もあり、この数年でデータ収集においても、モデル形成や
事後検証態勢においても飛躍的な進展がみられ、モデル精度は高く、すでに
一連の「自己査定制度」において基幹コンポーネントとして機能していま
す。したがって「信用TP」を実行する際は、PDに関しては、すでにある
PDパラメータを活用すればよいと思われがちですが、以下の"適切な補
整"の検討が必要です。

自己資本比率規制と早期是正措置を機能させるために導入された「債務者
格付制度」は、そもそもUL視点でパラメータが設定されていることに留意
する必要があります。個別金融機関の"持続可能性"に関する客観的なメル
クマールとして"リスクアセット"と自己資本の関係を評価するのが「自己
資本比率規制」です。したがって、PDのパラメータ設定においては、足も
との数値ではなく、"長期的な平均値"を用いることが要求されており、規
制上の目的から**保守的なPD設定**となっている銀行・地域金融機関が多い。

一方、信用TPにて適用する**PDパラメータ**の特性はいかなるものでしょ
うか。

信用TPの目的は、貸出ビジネスの「適時適正なる収益性評価」が第一
で、実効性のある「貸出ガイドライン金利」の組成を通し、信用コストを貸
出プライシングにビルトインさせ、ELをリスク消化することにあります。
したがって、足もとの"信用原価"の状況を反映したPD設定であることが
重要で、「保守性の原則」よりは、現環境を第一に、適時適正な収益性評価
と顧客折衝の基礎となるようPDを設定する必要があります。

「内部格付制度」と「収益管理」では、信用コストの"パラメータ設定"
において、算定基準が相違する、それは、両者に要求されているものが基本
的に異なるため当然のことなのです（図表5-11）。

CHAPTER 5 ● 信用リスク収益管理会計

図表5-11 信用TPのためのパラメータ設定

- 〔内部格付制度〕と〔収益管理〕では、「信用コスト」の"パラメータ設定"において、算定基準が相違する。
- 両者は要求されているものが基本的に異なるため、パラメータの設定基準が異なるのは当然のこと。

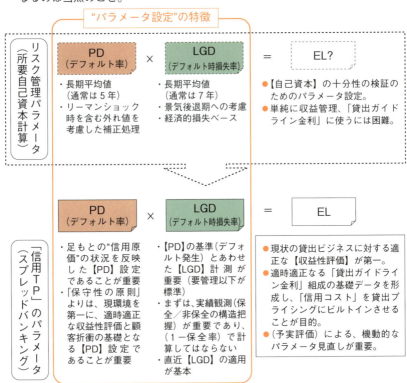

現行の「貸出ガイドライン金利」に適用されるPDパラメータをみてみると、無作為に「債務者格付制度」の信用ランク別PDとなっているのがほとんどです。このパラメータ設定では保守性の原則から、PDが足もとの経営実態とは違和感のある高めの数値となり、競争上も営業上も、適用することは困難です。実はこのことが、「信用TP」が収益管理にビルトインされない第一の要因となっています。「債務者格付制度」のPDで「信用TP」する

PART Ⅱ ● 【基本設計】スプレッドバンキング

と、軒並み"赤字採算先"あるいは"低採算先"となり、顧客折衝や営業判断において、そもそも入口として拒否せざるをえない。

ELに基づく"信用コスト"を収益管理態勢に組み込むためには、ULバイアスがかかったPDパラメータを、EL視点でのパラメータ設定へと補整する必要があるのです。

さて、そのEL視点の補整といっても、多大な作業を伴うわけではありません。「債務者格付制度」の信用ランク区分は、もちろんそのまま踏襲すればよいのです。

第一の方法は、過去のPDトレンドと現経済環境を織り込み、今後1年のPDを予想する"推計法"です。RDBにおいても、「RDB企業デフォルト率予測モデル」を作成しています。毎期、実績値との差異分析が実行できる環境にあり、今後はこの方法が主流になることが期待されます。

第二の方法は、"前年実績"を今年の推計値とするものです。実績値は、PDサイクルのベクトルを引き継ぐので、デフォルト率の下降時では、過去の平均値よりも保守的なPD（高め）となります。この点、第一の推計アプローチが方法論としては優れているのは間違いありません。PDサイクルの転換点において、過小あるいは過大と見積もる構造問題がこの"前年実績法"には存在します。

第三の方法は、"過去平均法"です。デフォルト実績値が、前年と互いに独立で、分布に正規性が認められれば、過去平均値は優れた推計値となります。しかし実績値はサイクルをもっているので、連続した「外れ」が生じる構造問題があります。

RDBにおける"前年実績法"と"過去平均法（3年・7年平均）"での実績デフォルト率との乖離分析においては、"前年実績法"が一番乖離の少ない結果となりました。デフォルト率はランダムウォークではないため、直近の実績値をそのまま来期の予測値としたほうが、過去平均値PDを使用するよりも、トータルでみた場合、乖離は小さくなる結果です。直近PDを使用

CHAPTER 5 ● 信用リスク収益管理会計　221

すると、PD上昇期には継続的な過小評価となりますが、過去平均値を用いるよりも保守的なPD設定となります。

> 　以上から、信用TP用の「PD補整」としては、"前年実績"を信用格付別に算定し、そのまま適用することが有効であると考えます。もちろん、"推計法"のほうが構造的に優れていますが、初めての「信用TP」においては、推計モデルの精度、現場説明力の観点から、まずは"前年実績法"にての実行が有効であると考えます。

2 LGD（デフォルト時損失率）に関するパラメータ設定

次にLGDに関する「信用TP」用のパラメータ設定について考察します。LGD計量においては、実務有効な回収データの時系列収集や実績値計測において現状課題があること、そしてその基本的なフレームワークに関して述べてきました。回収データの整備蓄積と実務有効なLGDの計量がなされた後で、いかにその値を「信用TP」用に設定するかが本項の論題です。

LGDのパラメータ設定においては、PD基準と同一の切り口にて算定することが大原則です。現行定義の標準は要管理先以下の「要管理先、破綻懸念先、実質破綻先、破綻先」です。LGDにおいても、このデフォルト基準にて、デフォルトが認定された日より、"保全有・保全無"等の保全属性区分に応じた回収額を時系列観測することが重要です。そうでなければ、「PD×LGD」の"掛け算"ができないことになってしまいます。

第二のポイントは、LGDを「債務者単位」にて計測することです。これはバーゼルⅡの導入時期にしばしば議論となったものです。LGDの推計対象が案件単位となるため、実績値の集計も債務者単位ではなく案件単位とすべきか、という問題です。現状では、回収データの蓄積作業自体は案件単位、すなわち債権明細単位にて実施しておいたほうが、推計に利用できる情

報量が多く、LGDの大小と関連深い情報にアクセスできる可能性が高まることから望ましいものと考えられています。

一方で、「実績LGD」を計算する単位としては、銀行取引約定書に基づく債務者単位の与信管理が基本であること、日本特有の根抵当等の融資慣行をふまえると、債務者ごとに観測した値であることが収益管理態勢において必須です。また、実際の回収において、回収金の保全に向けた充当方法が事実上金融機関の意思決定に委ねられているのが実情で、案件単位での実測では回収先の背景により同じ金融機関においても取扱いが異なることになります。回収充当方法の任意性が実績回収率に与える影響を排除するためにも、「債務者単位」で実績回収率を算出するのが望ましいのです。

第三のポイントは、「LGDの設定アプローチ」に関するものです。信用TPに用いるPDパラメータとしては、直近1年間の実績値が、「信用コスト」の安定消化上も、また現場および顧客説明上も優れていることを前述しました。「PD×LGD」にて"信用原価"が算定されることから、LGDにおいても平仄をあわせて、"前年実績法"にてパラメータを設定する必要があります。

ただし、LGDの場合は、PDのように直近1年に発生した回収案件を対象とすると、いまだファイルクローズされていないケースがほとんどとなり、LGDが高めに算出されてしまいます。したがって、LGDにおける"前年実績法"は、"前年1年間でファイルクローズした回収案件"にて算出することが基本となります。仮に前年1年間に特殊な回収事案が顕著な場合は"直近2年間の平均値"でもよいと考えます。LGDはPDとは違い、サイクリカルな動静とはならず、各銀行・各金融機関の回収スタンスと取引先の返済特性が色濃く反映されることから、このような対応はむしろ適正であると考えます。

CHAPTER 5 ● 信用リスク収益管理会計　　223

3 第三のパラメータ——信用リスク・プレミアム

以上、信用TPを実行する際のPD、LGDのパラメータ設定に関する"実務上のポイント"に関して述べてきました。これにより「PD×LGD」にて「信用コスト率」のマトリックスが完成します。後は、現在の貸出残高であるEAD（デフォルト時貸出残高）にこの信用コスト率を乗じて信用コストを算定します。しかし、この最後の掛け算において、もうワンクッション入れてパラメータ調整するアプローチがあります。信用リスク・プレミアムという"信用原価"の調整パラメータです（**図表5−12**）。

SECTION 2の信用コスト収支勘定の"構造的不一致要因"にて説明したとおり、PDとLGDを掛け合わせて信用コストを算出するということは、"平均的貸出残高をEADとして保険料収入する"ことを意味し、結果、現実に発生するデフォルト債権による保険金支出と構造差異が生じる問題がありました。平均より大きな貸出残高先がより多くデフォルトした場合は、保険料収入が足りなくなってしまうのです。

信用リスク・プレミアムとは、平均残高よりある一定水準乖離した大口与信先に対して、「信用コスト」上のプレミアムを上乗せするものです。

"粒度リスク・プレミアム"であり、大口与信先に対し、そのプレミアム分をコスト賦課する「信用TP」の方法です。

もう1つの信用リスク・プレミアムとして、"UL（Unexpected Loss）リスク・プレミアム"があります。「ELと通常考えられる最悪の貸倒損失との差額」である信用リスク（狭）は、基本的な考え方として、貸出プライシングではなく、自己資本でカバーされるべきものです。

しかしながら、その自己資本は決して無利息の資金調達ではなく、配当金支払等のコストがかかります。そこで、その"資本コスト"部分に関して、貸出の"信用原価"として織り込む追加的な「信用TP」の考えです。競争環境が許されるなら、ULリスクの一部でも"信用原価"として織り込みたいところです。

図表5-12　信用TPにおける第三の構成要素である「信用リスク・プレミアム」

　「信用リスク（狭）」が金利リスクと比較して厄介なのは、その消化手段が限られていることです。

　大企業向けの貸出債権においては、クレジットデリバティブやCLO（Collateralized Loan Obligation、ローン担保証券）、CDO（Collateralized Debt Obligation、債務担保証券）等の債権流動化により、ある程度消化することが可能ですが、中堅・中小企業向け貸出債権の「信用リスク（狭）」に対するリスク消化手段はきわめて限られているのが現状です。債権流動化市場の整備が進み、市場で貸出債権が自由に売買され、そこに市場参加者が認める貸出債権に対するプライシングがなされれば、「信用リスク（狭）」のヘッジ取引が可能となるにとどまらず、信用コストの明確化もなされることになるでしょう。

　しかし、そのような整備は「新局面」の少し先のことであると思われます。その点を斟酌すると「信用TP」にて、"ULリスク・プレミアム"を貸出プライシングに組み込むことも考えうるものとなります。

　次に、パラメータ設定における実務視点として、「ELベースでの案件格付」に関して説明します。

　図表5-13に示すようなPDとLGDの組合せの"グループパネル"を基本単位として「信用TP」を運用するアプローチもあります。

　個人事業主、小規模事業者、個人向け融資においては、構築する債務者格付モデルのレイヤー区分の実務有効性や受入れ担保の一様性をふまえると、「PD×LGD」という"マトリックス・メッシュ"での信用TP運営では

図表 5−13 「ELベースでの案件格付」による信用TPパラメータ設定

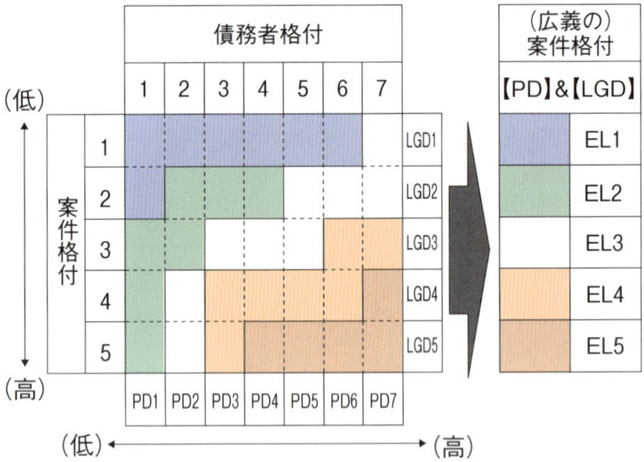

なく、PD&LGDにて、総合的にELを"パネル区分"して、信用TPを運用したほうが実務適合的な場合もあるでしょう。

4 "貸出期間"の長短に応じたパラメータ設定

次に、"貸出期間"の長短に応じたPDマトリックスの設定に関して検討します。5年物の長期法人貸出にてこの点を確認してみましょう。

まず固定金利建てで考えてみます。固定金利であることから、取組み時点で金利がFIXされ、その後、当該企業の「格付」や「担保保全」の状況が変化しても金利の更改ができないものとなります。そうすると、取組み時点でのプライシングがすべてということになります。この際の"信用原価"はもちろん「PD×LGD」にて組成されますが、"単年度"ではなく"5年間"の"信用原価"を見積もる必要があります。また細かいことをいえば、貸出の償還（内入）スキームにより、複数年限構成の貸出となることから、償還方法にあわせて「信用原価表」を用意する必要があります。

今後の金利上昇局面では「長期固定金利貸出」というキャンペーン商品が

226　PART Ⅱ　●【基本設計】スプレッドバンキング

発売されるでしょう。その際は、期間と償還方法にあわせた「信用原価表」が必要となるのです。通常のPDは"単年度基準"、すなわち1年以内のデフォルト確率ですから、それを複数年度に伸ばす必要があります。PDの期間構造の"実績値"をもとに、「信用原価表（PD×LGD）」を複数枚作成する、ということです。

　一方、この貸出が"変動金利建て"であったらどうでしょうか。

　貸出実行後において、当該銀行・地域金融機関設定の"短プラ"が更改となれば、この貸出は期間途中でリプライシングされます。ですから、取組み時点でプライシングが固定されるものではなく、"短プラ"の変更を通して、リスク消化が図れるものです。

　この場合ですと、「**単年度信用原価表**」の適用でよいものとなります。法人貸出のほとんどがこのような"短プラ"連動貸出であるならば、固定金利貸金を除き、「信用原価表」の設定は単年度でよいことになります。

　しかし、この問題はそうはいきません。なぜならば、現行の"短プラ"更改ルールには、「信用コスト」の概念が形成されておらず、市場金利に対する更改ルールしか搭載されていないからです。

　短プラに"信用原価"がビルトインされていない限り、「信用コスト」の消化において、固定金利貸出とまったく同じものとなります。したがって、現行の短プラ制度のもとでは、やはり「**複数年信用原価表**」を作成することが信用原価運営として"論理的に適切"なものとなります。

　そしてここ10年で急増したTIBOR連動に代表される"市場連動スプレッド貸出"においては、市場金利に対する固定スプレッド運営となり、やはり「**複数年信用原価表**」が必要です。

　設備投資に代表される長期貸金と運転資金のための短期貸金では、たとえ同じ企業債務者においても、PD水準は異なります。期間が長くなれば長くなるほど、債務者を取り巻く環境は変化しやすく、デフォルトに陥るリスクも高まります。したがって、貸出期間の長短に応じて「信用原価表」を複数用意しマトリックス適用することは、「信用コスト」のリスク消化のために

重要なものとなります。

複数年信用原価表の作成は、特に"住宅ローン"において重要な問題です。一般の商業貸付と比べ、きわめて長い貸出期間となるからです。固定金利建てにしろ、変動金利建てにしろ、取組みを行った時点で「信用コスト」の消化態様が決定されてしまうからです。現下の史上最低のPD水準で向こう30年も固定してしまうことにとても不安を覚えます。超長期における"信用原価"を算定する必要があります。貸付後に家計のモニタリングと指導がむずかしいことから、住宅ローンは商業貸付と大きく相違し、取組み時点の信用プライシングがすべてであるという特性があります。その後に家計が変動しても"信用原価"を更改するチャンスがないのです。

現下のようなゼロ信用リスクとゼロ金利の環境下では、個人のデフォルトリスクは深く潜行します。今後、金利が上昇すると利払負担が増加するうえ、地域経済の構造変化や企業デフォルト率の胎動を受け、住宅ローンのデフォルト率は上昇するリスクを多分に秘めています。住宅ローンに関しては、**長期間PD**による"信用原価"の設定がきわめて重要なものとなります。

5 "信用原価"の更改ルール

「信用TP」のパラメータ設定事項の最後として、その更改ルールに関して考察します。「信用コスト」の消化と現場説明力の観点から、"前年実績法"が有効であることを述べました。また通常、「債務者格付」は決算書受領後に更改されることから、"年1回"の「信用原価表」の更改インターバルが実効的です。更改のタイミングとしては、当該年度の「債務者格付制度」の詳細が決定された時点で同時に決定することが基本でしょう。

さて問題は、「信用原価表」は"毎年更改される"ということです。

PDやLGDは信用リスクの動向に応じて変動するので当たり前のことですが、昨年と今年では同じ貸出プライシングにおいても、収益性は変動することになります。金利リスクは「金利TP」により貸出満期まで除去され、貸

出スプレッドは固定確定するのですが、こと信用リスクにおいては除去しきれないものである、ということです。

　銀行・地域金融機関の信用リスクの大宗は非上場の中堅・中小企業によるものです。それらに対するヘッジ市場が存在していないため、「信用ALM」という運営ができないことによるものです。信用リスクを消化するには、やはり貸出プライシングにて顧客に働きかけるしか現状は方法がないのです。"変動する"信用コスト控除後の貸出スプレッドに対し、それをオフセットするよう金利の更改交渉を現場営業が担う、それが「信用コスト」の消化メカニズムなのです。

　したがって、「信用原価表」が改定される時点で、既存の貸出取引の収益性を再評価することになります。前年度の信用原価表にかえて、新しい本年度の信用原価表を用いて、「信用TP」処理を貸出全先に行うのです。それぞれの貸出明細の「PD格付、LGD格付、貸出期間」に応じて、新しい信用原価表をあてがうのです。

> 　この「信用原価表」の改定実行により、信用ポートフォリオの統合管理も画期的に発展します。前年対比の信用リスクの変容が、①取引先の格付変動、②格付各レイヤーのPD変動、③LGD格付各レイヤーのLGD変動、④貸出長短構造の変動、などに因数分解が可能となるのです。

CHAPTER

6

経費管理会計

2000年代の巨額不良債権処理とその後も連続して発生する金融危機に呼応し、他産業に比べ鷹揚といわれた銀行・地域金融機関の経費運営は大きな改革がなされました。大胆なシステム共同化、不要不急資産の売却、非正規雇用の拡大、そして賃金スキームの抜本見直し等、全面的な合理化が実施されました。

CHAPTER 1 で確認したとおり、**図表 6 - 1** の地銀における時系列分析（1999年➡2013年➡2023年）において、2023年収益は、1999年対比＋1,160億円とほぼ同等となっていますが、これはもっぱら経費の削減△3,640億円によるもので、経引き前の粗利益では△2,480億円の減益となっています（**図表 6 - 2**）。

<mark>"シン設計"スプレッドバンキングにて着目すべき点は、削減が進む経費が"高効率"と同義であるか、ということです。</mark>

構造的に劣化してきた資金粗利益を人件費の合理化で穴埋めしている状況は、現場営業力と営業ノウハウのさらなる劣化を招き、単線的な金利ダンピング競争への袋小路に自らを追い込む"悪循環"となっていないでしょうか。

もちろん、経費をできるだけ少なくし、より多くの利益をあげることは重要です。しかし、"適正合理な経費規模"から離れる縮小均衡では、より多くの利益どころか、毎年のトップラインの構造劣化を招く"根因"となってしまいます。どの業態、どの産業においても、新製品の開発、新サービスの展開、店舗の新改装の投資経費は、"顧客の選別行動に直接影響を与える"ものです。"経費をいかに戦略組成しビジネス発展につなげていくか"という能動的な経費戦略は、生き残りのために欠かすことのできない経営アクションです。

大宗のお客様にとって、不必要なサービス提供から生じる"贅肉的な経費部分"に関しては、抜本的な合理化が必要なことは論をまちません。一方、お客様が真に必要とし、価値を認め、いっそうのサービス向上を期待している部分、すなわち"骨格"であったり"筋肉"であったりする部分に関して

図表 6－1　時系列分析（1999年→2013年→2023年）スプレッドバンキング（図表 1－6 再掲）

① 経費比率 92%　（億円，%）

	1999年3月 (業務粗利益)	(営業経費)	2013年3月 (業務粗利益)	(営業経費)	経常利益	1999年比	2023年3月 (業務粗利益)	(営業経費)	経常利益	1999年比	▼業務粗利益 1999年対比	増減率
経引き後（経常利益）	16,370	▲25,374	34,388	▲23,985	9,004	+19,407	32,003	▲21,734	+13,579	+19,273	▲2,480	+104.5%
貸倒引当関連純損益			▲381		21,423	+21,042	▲3,310		+3,310	+18,113		55.5%
ALMその他損益			381			+1,635	3,310			+1,160		44.3%
上記控除後	+37,793	▲21,423	+34,769	▲23,985	+12,419		35,313	▲21,734				110.4%

（億円，当年全収益比）

バランスシート	1999年3月	2013年3月	比率	2023年3月	比率
総資産残高	2,003,000	2,637,000		2,094,000	
営業部門スプレッド利鞘	+0.9023%	+0.6386%		+0.5011%	
貸出スプレッド収益利鞘	+1.7208%	+1.4105%		+0.7628%	
預金スプレッド収益利鞘	+0.2448%	+0.0733%		+0.0254%	

【Tier I】営業部門スプレッド収益

	1999年3月 (業務粗利益)	(営業経費)	2011年3月 (業務粗利益)	(営業経費)	経常利益	当年全収益比 比率	2023年3月 (業務粗利益)	(営業経費)	経常利益	当年全収益比 比率	▼業務粗利益 1999年対比
貸倒引当関連純損益	+30,990	▲23,344	29,184	▲22,066	+7,118	66.0%	+28,317	▲19,995	+8,321	61.3%	+2,674
上記控除後	20,516	▲23,344	27,220	▲22,066	+5,154	49.5%	27,477	▲19,995	+7,481	72.9%	

【Tier II】ALM部門損益

	1999年3月 (業務粗利益)	(営業経費)	経常利益	2011年3月 (業務粗利益)	(営業経費)	経常利益	当年全収益比 比率	2023年3月 (業務粗利益)	(営業経費)	経常利益	当年全収益比 比率	▼業務粗利益 1999年対比
ALMその他損益（国債等債券売却損益・株式等売却損益等）	5,295	▲1,269	+4,027	7,018	▲1,199	+5,819	55.9%	4,523	▲1,087	+3,436	33.5%	+791
907	▲907			+1,583				▲2,470				
上記控除後	+6,202	▲1,269	+4,934	+5,435	▲1,199	+4,236	39.3%	+6,993	▲1,087	+5,906	43.5%	

【Tier III】経営部門収益

	1999年3月	2011年3月	経常利益	当年全収益比 比率	2023年3月	経常利益	当年全収益比 比率	▼業務粗利益 1999年対比
経営部門収益	600	761	149	+161	5.3%	652	3	649	4.8%	597

スプレッドバンキング

（資料）　全国銀行協会各種統計資料、日本銀行統計等を用いて筆者作成。

図表 6 − 2　地銀の営業経費推移（1999年➡2013年➡2023年）

（億円）

	1999年 3月	2013年 3月	2023年 3月	増減			（増減率）		
				1999➡2023年	1999➡2013年	2013➡2023年	1999➡2023年	1999➡2013年	2013➡2023年
営業経費	25,374	23,985	21,734	△ 3,640	△ 1,389	△ 2,251	△ 14.3%	△ 5.5%	△ 9.4%
人件費	13,609	12,337	10,738	△ 2,871	△ 1,272	△ 1,599	△ 21.1%	△ 9.3%	△ 13.0%
物件費	10,461	10,532	9,508	△ 953	＋ 71	△ 1,024	△ 9.1%	＋ 0.7%	△ 9.7%

は、一律の経費削減は、銀行経営上も、顧客満足上も得策ではありません。

　　"無駄な贅肉経費を削ぎ落とし、筋肉質の経営体質を能動機動的につ
くりあげるよう経費投入を行うこと"が、本来の経費管理の主題です。

　　CHAPTER 6 ではまず「経費の実測方法」について説明し、"金利がある
世界"において、点検すべき経費管理の視点に関して述べていきます。

SECTION

1 経費実測の方法

　経費は発生した時点で把握しようと試みれば、かなり正確に計測できます。だれ（人や機械）がどのくらい活動し、消費した物（伝票、電気等）は何でそれはどのくらいの量か。しかし実際には、業務ごとに詳細な"経費ログ（記録）"を取得するには、"経費面""実行可能性"において多くの制約があります。

　"経費を実測することにおいても経費がかかる"ことをまず念頭に置かないと、経費実測は本来の目的から外れ、"計量の精緻化"という行動に無機質に暴走するおそれがあります。実際に、多くの銀行・地域金融機関において、すでに経験をしてきたことです。したがって、「経費実測の経費効率」や「実測上の制約」を十分にふまえ、経費を適切に計測するためのアプローチを構築する必要があります。

　また、"正しい経費"の把握という面でも限界があります。なぜなら、他産業と比較して、銀行業は"装置サービス業"の色彩が濃く、大半の経費は固定費であり、これを業務やサービスごとに適切に配賦することはむずかしく、どの業務やサービスの経費であるかを正しく把握することは困難であるという特質があるからです。

　したがって、"正しい"というより、適切な管理会計を目指すことになります。費用対効果で経費データ収集を効率フロンティアに乗せ、経営判断に有用な切り口での情報提供を目指すものとなります。よって、どの側面・角度からみても"完全無比"な管理会計を目指すのではなく（そもそも困難）、経営判断・業務評価を適切に実行しうる「管理会計」を樹立することが重要です。

CHAPTER 6 ● 経費管理会計　235

SECTION 1 では、単純配賦手法 と ABC適用配賦手法 の 2 つの経費実測方法に関し説明します。

ここでいう「ABC適用配賦手法」とは、Activity Based Costing（活動原価）の概念を取り入れた発展的配賦手法を指し、アクティビティ原価を算出し積み上げていく ABC 原価計算とはコンセプトが異なります。それぞれのアプローチを考察する前に、経費を実測するための構造プロセスに関して整理します。

1 経費実測の構造プロセス

銀行業は "装置サービス業" という特性から、経費の大半は固定費であり、その固定費をいかに業務サービスごとの経費として適切に把握するかの計測手法の確立が重要となります。発生した "経費ログ" に対し、その固定費特性・経費権限と消費体の相違等といった銀行業特有の経費環境を十分にふまえ、月次等のタイミングにより、これらのデータをいったん分解してから管理対象に集計していくプロセスの構築となります。

この集計プロセスとして、以下のとおり、①直課、②配賦、③非配賦、の3種類があります。この一連の構造プロセスは、これまで詳述してきた金利リスク、信用リスクのトランスファー・プライシングと同じ思想のものであり、管理すべき主体に適切に管理経費をアサインするもので、いわば経費のスプレッドバンキングであると解せます。

❶ 直 課

経費と管理主体との因果関係が明確な場合、言い換えれば、だれ（何）のために消費した経費かが明確な場合は、その管理主体に該当経費を全額トランスファーする。たとえば営業店を管理主体とするとき、各営業店の端末リース費用は全額該当店に割り当てます。

❷ 配　賦

　間接費——たとえば本部による営業店へのサポート経費——のように、経費と管理主体との因果関係がなんらかの合理的な理由（技術上の捕捉限界あるいは捕捉経費上の問題）により、個別取引やサービスとして明確に紐づけられない場合は、按分基準値を用いて配賦処理を行うことになります。たとえば、広告宣伝費を営業店に割り当てる場合がこれに当たります。

　「間接費をいかに適切に配賦するか」——これを解決することが経費管理を実践するうえで欠かすことのできない重要なポイントです。これについては、以下、**単純配賦手法、ABC適用配賦手法**にて具体的に説明していきます。

❸ 非 配 賦

　管理主体に割り当てると納得感が得られず、経費管理の目的から乖離してしまうと判断される経費に関しては、管理主体に非配賦とするものです。たとえば、営業店の業績評価を目的とした経費管理をする場合、秘書室経費は営業店に対して割り当てないというものです。

　経費割当ての基本構造としては、最初に経費の費目や内容に照らし、それらの経費が、"経費管理主体"に対し**直課**されるべきものか、**配賦**されるべきものか、**非配賦**であるべきか、の吟味をする必要があります。以下、この構造プロセスを念頭に置き、具体的な経費実測法に関し考察を深めていきます。

2　単純配賦手法

　「単純配賦手法」は、1980年代の邦銀においてブームとなった伝統的原価計算の手法です。①"どの経費"を、②"どこを対象"として、③"どうい

う"ルール"にて配賦するかを定義し、経費を実測していくものです。

❶ どの経費……間接費部分の明確化

経費管理の目的に照らして「直課・配賦・非配賦」への分類を行います。その際には、各経費がプロフィットセンターに属する部署のものか、コストセンターに属する部署のものかの分類を行うことが重要です。この分類は「直課および配賦グループ」と「非配賦グループ」の2つのグループ分けを容易にします。

次に、直課なのか配賦なのかを分類します。この分類は取得できるデータ単位が直課できるものなのか否かによって必然的に決定されます。たとえば物件費の営繕費は、管理主体が営業店であれば各営業店に直課できますが、顧客の場合は直課できず、配賦とせざるをえません。非配賦と直課以外の経費、すなわち間接費が配賦のリソースとなります。

❷ どこを対象……管理主体の策定

次に、経費配賦の対象先を"管理主体"として定義します。管理主体は、経費管理の目的に照らして策定することがポイントです。営業店の業績評価が目的であれば各営業店が管理主体となり、目的が顧客別採算管理であれば各顧客が管理主体となります。また、管理主体を定義するにあたっては、経費管理は統合収益管理の一部であることを念頭に置き、収益管理や信用リスク管理の体系も勘案し、それらと整合性をとる必要があります。

❸ どういうルール……配賦ルールの策定

管理主体を営業店とした場合の営業統括セクションで計上された物件費・端末機器賃借料を配賦する事例を用いて、配賦ルールの定義方法について確認していきます。営業統括セクションの端末機器賃借料は、営業店をサポートする業務から発生した経費であり、その経費は営業店に配賦すべきものですが、端末機器を使用する業務は営業店サポートのみならず、部内資料や経

図表 6 − 3　単純配賦手法

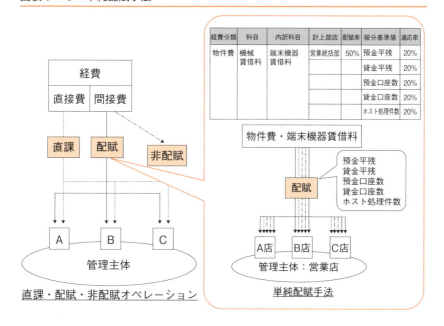

営報告などの業務にも利用されています。そこで、実際の活動を分析し、営業店へ配賦する割合、配賦率を決定します。

図表 6 − 3 の事例は配賦率"50％"の設定を示すものです。次のプロセスはこの「配賦率」によって決定された営業店への配賦総額を、いかに各営業店へと配賦するかです。上例は、端末機器賃借料の50％に当たる金額を5つの按分基準値、つまり預金平残、貸金平残、預金口座数、貸金口座数、ホスト処理件数で、各営業店の当該数値をもとに配賦する事例です。按分基準値を複数設定するのは、できる限り偏りを排除し、納得性のある経費配賦を実現するためです。

按分基準値を複数適応する場合には、重みづけ（適応率）の定義が必要となります。事例ではすべて同じ適応率の20％となっています。

近年、この「単純配賦手法」の説明力の低さが指摘されています。

その原因は、商品・サービス・チャネル等の多様化による間接費の増大です。配賦実施においては、多かれ少なかれ配賦ルール決定者の恣意性問題が発生します。

単純配賦手法では、間接費の占める割合が大きくなればなるほど、それが顕著に表れてしまい、単純配賦手法の限界が露呈するともいえるのです。そこで、単純配賦手法の限界を改善すべく、説明力の高い配賦手法の考え方として、**ABC適用配賦手法**というアプローチが考案されました。

3　ABC適用配賦手法

1980年代後半に**ABC原価計算（活動基準原価計算）**という実測法が米国の製造業で生まれ、発展しました。競争劣位の状況に陥った米国製造業に、市場ニーズの多様化が覆いかぶさり、"多品種少量生産"を余儀なくされた結果、製造間接費の急速な増加を招きました。どの商品がいったいいくらの利益をあげているかが不鮮明となり、さらなる価格競争力の劣化を招く悪循環に苦しんでいました。

製造間接費を適正に各製品コストへ賦課する必要が高まったのです。

「コストはなんらかの"活動"をするから発生する。そうであればその"活動"を基準にしてコストづけを行えばよい」——Activity Based Costingという原価算定の手法です。"活動"を経費実測の基盤とすることから、この方法は大変有効で、製造業においては主流の計算方法となっています。

しかし、このABC原価計算は変動費割合が高い製造業では有効ですが、"装置サービス業"であり、大宗が固定費である銀行・地域金融機関において単線適用は困難であるのが実情です。そこで、"活動基準"のスキームを取り入れ、その情報を用い、より"適正な配賦"を目指す**ABC適用配賦手法**が考案されました（**図表6-4**）。

間接費を"活動単位"にて配賦し、次いで商品や顧客等の管理主体にコストを割り当てるものです。経費（リソース）を"活動情報"をベースとした

図表6-4　単純配賦手法とABC適用配賦手法

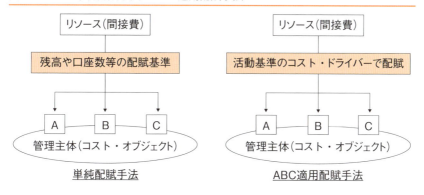

按分基準値（**コスト・ドライバー**）を使用し、管理主体（コスト・オブジェクト）に配賦するもので、配賦フローの構造は「単純配賦手法」と変わりません。「単純配賦手法」と「ABC適用配賦手法」の違いは配賦基準の相違でしかないのです。「ABC適用配賦手法」を用いた経費配賦のプロセスは次のとおりです。

❶　経費（リソース）を活動（アクティビティ）に配賦する

"リソース"とは、経費配賦処理のタイミングで計上された経費です。月次処理であれば月末時点の月間経費額となります。"アクティビティ"とは、金融機関における業務・事務プロセスで発生している活動です。

活動として何を定義するか、どこまで詳細に定義するかは経費管理の目的によって異なります。**リソース・ドライバー**は、間接費をアクティビティに配賦する基準です。活動するからコストが発生しているという観点に立てば、リソース・ドライバーとして適用すべき配賦基準値データが明確となります。

❷ 活動に割り当てられた経費を管理主体（コスト・オブジェクト）に配賦する

次のステップは、活動に割り当てられた経費を件数や対応時間等の按分基準値（コスト・ドライバー）を使用して、活動の消費量に応じた経費額を管理主体に割り当てます。単純配賦手法との相違は、活動を基準軸に、経費実測がなされることです。活動に紐づく経費はコスト・ドライバーを介して管理主体に配賦されるのです（**図表6-5**）。

活動の構成とその数については、銀行・金融機関の展開ビジネスの内容や規模によって異なってきます。ある銀行では数千に及ぶ活動を定義しています。また、別の銀行では数百の活動からスタートして運用しています。納得感があり、自行自機関の経費管理の目的に合致する的確な精度が実現できればよいと考えます。この活動数の多寡が、配賦結果の良しあし、経費管理の良しあしには単線的にはつながらないことに注意すべきです。さもなければ、大変細かく多岐にわたる"アクティビティ"を設定することが、経費管

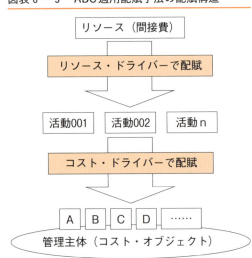

図表6-5　ABC適用配賦手法の配賦構造

理者の自然な行動原理となってしまい、そのための経費自体が膨大なものとなってしまいます。

「ABC適用配賦手法」に関して、理解を進めるため、管理主体を"顧客"とした場合に関し、以下考察します。

"顧客別の経費"は、銀行が顧客にサービスを提供する観点から、経費構造を紐とく必要があります。銀行現場の活動においては、直接的に顧客へのサービス提供を行うものもあれば、銀行組織の運営維持の活動もあります。

顧客にサービス提供を行う活動とは、営業店事務活動、渉外活動、ATMチャネル活動、審査活動等で、銀行組織の運営維持活動としては、経営企画活動、総務活動等があげられます。

前者の活動経費は顧客と因果関係があると判断できますが、後者の活動経費は明確な因果関係が論理的に組成しにくく、このようにいったん銀行の活動を大枠（カテゴリー）でとらえて、顧客に割り当てるべき経費、割り当てない経費の分類を行い、各活動カテゴリーに経費を割り当てることが基本となります。

活動カテゴリーの経費が固まったら、次に各活動カテゴリー内の活動への経費割当てルールを策定します。

経営企画や総務といった顧客と因果関係の薄い活動カテゴリーに関しては、顧客経費把握上、対象より外し、非配賦とする場合が一般的でしょう。顧客と因果関係があると判断される活動への経費割当ては、事務量データを活用し、按分基準値を導出し実行していきます。

2000年代に多くの銀行・地域金融機関において、経費管理運営の強化が図られ、経費配賦に必要な諸データの観測は充実しており、実務への適用も積極的になされている事例も多く確認されます。事務量システムではチャネル・商品・作業ごとに標準時間や処理件数のデータが保有されており、たとえば「営業店窓口チャネル・普通預金・店頭入金」「ATMチャネル・普通預金・出金」というかたちで標準時間、処理件数のデータや事務工程（活動）ごとに顧客の利用回数や件数も抽出できるものとなっています。

これらのデータを用いて、①標準時間・処理件数を按分基準値とした事務工程（活動）への経費の割当て、②その活動を顧客の回数データや件数データを按分基準値とし顧客経費へ割当て、のステップで"顧客別経費"を計算していきます。事務量システムにて捕捉される活動ごとの**標準時間**と**処理件数**を掛け合わせ、"活動の重み"とし、それを活動への按分基準値として使用します。

> 　銀行・地域金融機関における経費関連データの収集経費とその取得可能性をふまえると、「単純配賦手法」と「ABC適用配賦手法」の有機結合の経費管理会計の樹立が実効的であると考えます（図表6－6参照）。

　プロフィットセンター部門の経費には、"活動"を基準とした「ABC適用配賦手法」を適用することにより、納得感の高い配賦が可能となる一方、消費店番が明確な経費は各支店に直課します。

図表6－6　「単純配賦手法」と「ABC適用配賦手法」の有機結合

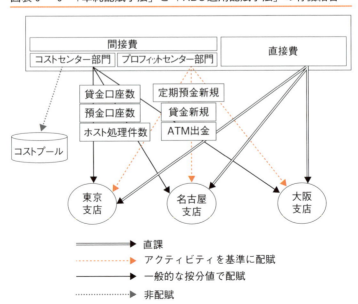

コストセンター部門の経費については、営業店への配賦が妥当であるが直接アクティビティに紐づかない経費は「単純配賦手法」の考え方のもと、口座数や処理件数等の按分基準値を採用して配賦します。他方、営業店の営業活動に直接関係ない経費については非配賦とし、コストプール額を別管理とします。

経費実測の目的や物理的限界を議論しないまま"実測議論"を行うと、理想論に突き進み、人的にもシステム的にも莫大な投資が必要となり、"経費管理のための経費管理が必要"という最悪の事態になりかねません。特に「ABC適用配賦手法」は経費割当てルール策定の際、恣意性を排除することを目的に考えられたことから、こと細かな活動を定義することに注力し、検討結果として必要なリソース・ドライバー、コスト・ドライバーがシステム的に取得できないというケースや、実行するにしても多大な運用コストが必要となる場合がみられます。"活動のテンプレート"はすべての業務を分析していけば用意することは可能ですが、「コスト・ドライバー」に関するデータは、既存のシステムから取得するか、もしくは手作業で集める必要が出てきます。一方、「単純配賦手法」はまずは入手できるデータからスタートすることができ、チャネル情報やCRM顧客情報を付加していけば有効な配賦処理も可能となります。

正確な原価の"答え"を求めて、すべての経費について「ABC適用配賦手法」を用いて緻密な検討を行うのは望ましくありません。いかに"経費効率の向上に寄与するか"を考え、それを実現する範囲内での精度実現でかまわないのです。だれもが納得できる経費計測上の"黄金率"の発見に労力を消費するのではなく、経費投入の方向性や妥当性を"展望できる指標"を導き出すために経費を実測することが何よりも重要です。

"無駄な贅肉経費を削ぎ落とし、筋肉質の経営体質を能動機動的につくりあげるよう経費投入を行うこと"——そのための経費実測法を実務的に樹立することが大切です。

SECTION 2

"金利がある世界" において点検すべき経費管理

　経費をいかに適正に計測しても、実際の経営向上に寄与しなければ、それは単なる数字の羅列でしかありません。算出された数値に対し、いかに評価し経営運行するかが重要なことはいうまでもありません。無駄な贅肉を削ぎ落とし、筋肉質な経営体質をつくりあげ、コストとリターンの効率フロンティアに乗せる工夫が経営として必要です。SECTION 2 では、"金利がある世界" において、点検すべき経費管理に関する重要視点を考察していきます。

1 ALM部門の経費差引後収益に対する評価

　CHAPTER 2 で述べたとおり、ゼロ金利にて "意思決定の中断" をしていた預金者が、金利がある世界の到来にて覚醒し、**流動性預金の大流動化**が始まります。これからどう全体最適のALMを運営していくか、経営として重大な局面にいるのは確かです。

　ALM部門収益（Tier II）はこの四半世紀、全体収益の2割を安定的に生み出しています。ALM部門の経費を全経費の5％であると想定すると、経費差引き後の全体収益のなんと "3分の1" を形成するに至っています。

　全経費の5％ということは、職員の20人に1人がALM部門であることを意味します。なお、預貸金取引の勘定系や情報系システム経費等をふまえれば、ALM部門の経費割合はもっと小さいものかもしれません。そこでALM部門の直課経費・配賦経費を経営陣が納得するスキームにて確定し、ALM部門の経費差引き後の利益水準、1人当りの利益計上額を早急に確認

246　PART II ● 【基本設計】スプレッドバンキング

すべきです。きっとどの部門より生産性が高いはずです。異次元緩和のゼロ金利でも利益貢献を果たしてきた部門です。

金利TPの適用により、**ALM（長短ミスマッチ）収益**が部門管理会計として設置されます。スプレッドバンキングの実行により明らかとなる金利リスク見合いの収益。もはや"収益の重要な柱"となっている「ALM（長短ミスマッチ）収益」をいかに守り維持できるのか。金利胎動を伴うこれからの「新局面」において、いかにALM収益を発展させるか。そのためのALM陣容は人員面でもシステム面でもはたして十分なものなのでしょうか。

これからの預金大流動化をにらんだ、ALM態勢の強化が必要です。戦略的な経費運営、資源投入計画の内実が問われています。

2 「流動性預金」に対する経費評価

銀行経営のなかで、大きな経費負担となっているのが預金勘定系システムです。普通預金・当座預金の決済口座のシステム障害費用は質的にも量的にも甚大で、そのため二重三重のシステム安全化策がなされています。

結果、多大なシステム運営コストが生じており、ゼロ金利下における"ゼロスプレッド"と預金保険コストを勘案すると「預金スプレッド収益」は経費差引き後で"大赤字"の状況にあるのが現状です。ところで、そもそも"決済口座"である「流動性預金」を"単体"で収益評価すべきものなのでしょうか。

もちろん、流動性預金の資金属性に応じた適正な収益性評価は欠かせません。しかし、その数値のみで評価されるべきでしょうか。

貸出業務は決済口座があるから成り立っており、さもなくばノンバンクと同じ競争力となってしまいます。各種入出金、自動引落し、振込み・被振込み、手形決済等の決済機能があるからこそ、貸出取引を組成できるはずです。これは定期預金や投資信託商品の販売においても同様であり、"預り資産"が組成できるのは、やはり決済口座の存在が重要なものと考えます。

そう考えると、普通預金・当座預金等の流動性預金の経費分あるいは純損失分を、「与信業務（貸金・保証等）」「預り資産業務（定期預金・投信等）」「手数料業務」にて費用負担されるべきもので、流動性預金はそれら業務の"共通プラットフォーム"として位置づけられるべきものではないか。

　この四半世紀における総資産210兆円もの増加分のうち、その半分（＋111兆円）は貸出金によって形成されています。加えて、この貸出金の増加分のうち82兆円（74％）は2013年以降わずか10年間でなされたものです。この資産増を支えたもの、それは流動性預金の激増＋178兆円です。流動性預金に対する経営思念を研ぎ澄まし、「新局面」を想定しながら、いかに効率的に残高を維持していくか。

　むしろ新たな経費や資源投入を行い、付帯機能や商品性を高めれば、大幅な預金増の達成、"100兆円の待機資金の取り合い"の勝者となるのではないか。

拡張的な経費戦略の樹立が求められているのです。

PART **III**

【詳細設計】
スプレッドバンキング

CHAPTER **7**

"詳細設計"
収益リスク管理会計制度
――ベスト・フィット・
スプレッドバンキング

SECTION 1

「収益リスク管理会計制度」の基本機能と設計コンポーネント

1 管理会計搭載の基本機能

「収益⇔リスク」マネジメントを"経営態勢"として体現させる最も効果的な方法は、「管理会計」として仕立てることにほかありません。

行内移転価格制度（TP：Transfer Pricing）は、各種預貸金等に内在するさまざまなリスクとそのリスク見合いの収益を"金融因数分解"のうえ、関係づけ、各部門・各部署の管理対象の「収益⇔リスク」として定義し、責任移転する収益リスク管理会計です。いわば、"経営管理・評価ルールの体現"にほかありません。

このルールが合目的にきちんと定義されれば、預貸金取引の強化も、ALMの高度化も、自然発露的にかつ草の根的に生じてくる環境が整います。

そこで実務において重要となるのが、**"いかに経営にベスト・フィットするようTP手法の適用体系を形成するか"**という「詳細設計」の方法です。

各銀行・各地域金融機関の重要戦略は、取り巻く環境に応じて相違します。その相違が"多様性"となって、柔軟でしなやかな社会金融インフラとなるのです。したがって、スプレッドバンキングの様相は各銀行・各地域金融機関において相違するものであり、むしろ相違すべきものです。

単一単様ではないスプレッドバンキングが、日本金融の力強さと成熟さを示すものなのです。経営に"ベスト・フィット"させるスプレッドバンキングは、決して市場主義の機械的な適用ではなく、むしろ真逆なものです。

金融自由化により、"市場が間接金融の経営に影響を与える"ことを経営環境として認識し、それらの悪い影響をなるべくうまく回避し、ヘッジ取引

図表 7 − 1 「収益リスク管理会計」搭載の基本機能

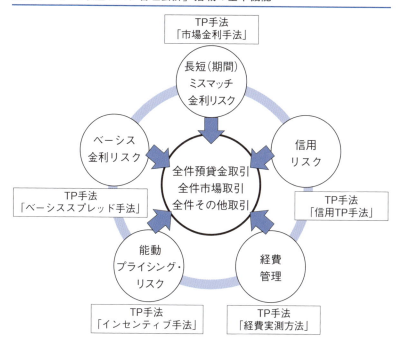

など利用できるところは積極的に利用する、柔軟でしたたかな科学経営の方法が「スプレッドバンキング」なのです。

CHAPTER 7 では、「詳細設計」により形成される一連一群の経営制度を、**収益リスク管理会計制度**と呼び、その設計方法を具体的に論述し、以下の5つの機能を会計制度のなかに組み上げていきます（**図表 7 − 1**）。

第一の機能 **「長短（期間）ミスマッチ金利リスク」の消化機能**

取り組む預貸金のさまざまな期間特性により、必然として発生する長短等の運調期間のミスマッチ。そこから生じる"金利リスク"を消化する機能を組み上げていきます。

第二の機能 **「ベーシス金利リスク」の消化機能**

銀行・地域金融機関が間接金融を"生業"としていることから得ている短プラなどの"交渉上の基準金利"と、市場金利の動向不一致によって発生する金利リスクを消化する機能を組み上げていきます。これにより、短プラ等の"基準金利プライシング"の合理的な運営スキームを科学経営として樹立できます。

第三の機能 **「能動プライシング・リスク」の消化機能**

　営業戦略上あるいは営業基盤の防衛上、能動実行される"インセンティブ運営"における経営リスクを消化する機能を組み上げていきます。異次元緩和の異常から金利がある世界の普通への過渡期に"能動経営"を発動する会計基盤を組み上げていきます。

第四の機能 **「信用リスク」の消化機能**

　各種貸金に内在している信用リスクに対し、"貸出プライシング"にてリスク消化するよう、「信用コスト」の勘定を貸金明細ごとに組み込んでいきます。もって、"信用原価"の基盤を形成します。

第五の機能 **「経費管理」の機能**

　ますます激化する預貸プライシング競争。合理的な経営を維持し、効果的な対抗プライシングを実行するためにも、"原価"として機能する経費管理が必要不可欠です。プライシングの"原価基準"として管理会計が機能するよう組み上げていきます。

2 設計コンポーネント

　収益リスク管理会計制度の実効設計において重要なことは、設計に必要な**設計コンポーネント**をしっかりと理解し、詳細設計に着手する前に、各コンポーネントの作成を事前にすませることです。そしてその内実を頑健なものとするため文書化等の"規定化"を行うことです。

- 第一の「設計コンポーネント」は、収益帰属（管理）先の部門・部署のリスティングです。本書では**収益帰属ユニット**と呼称します。
- 第二の「設計コンポーネント」は、法人・個人・個社などの顧客属性のリスティングです。本書では**顧客ユニット**と呼称します。
- 第三の「設計コンポーネント」は、管理会計における商品科目のリスティングです。本書では**管理商品ユニット**と呼称します。
- 第四の「設計コンポーネント」は、各種TP手法の具体的な移転価格となる各種ベースレートのリスティングとその運用規定です。本書では**TPレート運用規定**と呼称します。この規定のなかには、「ベーシススプレッド手法」における各商品別のαスプレッドや、「インセンティブ手法」における各種インセンティブあるいはディスインセンティブの設定内容や発動条件も含まれます。
- 第五の「設計コンポーネント」は、当然ながら各種TP手法の定義です。本書では**TP手法定義規定**と呼称します。このコンポーネントに関しては、PART IIで詳述しました。

これら「設計コンポーネント」に関し、設計フェーズの途上で、その内実が揺らがないよう、入念な事前準備が詳細設計成否の最も重要な要件となります（**図表7－2**）。

これらの「設計コンポーネント」がしっかりとしていれば、後は自行・自機関の経営環境や競争戦略に照らして、具体的に実務設計すればよいのです。また、「設計コンポーネント」のリスティングやその内容が頑健であれば、その後の経営環境の変化や新戦略の立案に即し、柔軟機敏に「収益リスク管理会計制度」を更改することができます。

図表7-2　ベスト・フィットに必要な
　　　　　「設計コンポーネント」の事前準備

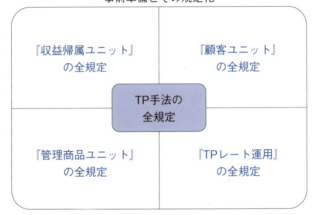

SECTION

2 「収益帰属ユニット」の全規定

1 「営業部門」および「本部間接部門」の収益帰属ユニット

収益リスク管理会計制度とは、預貸金取引の全件、市場取引の全件、その他取引の全件に対し、内在するさまざまなリスクとそのリスク見合いの収益を"金融因数分解"のうえ、関係づけ、各部門・各部署の管理対象の「収益⇔リスク」として定義し、責任移転するものです。したがって、その"責任移転先"となる「収益帰属ユニット」の事前設計が第一歩であるとともに、その設計次第で管理会計制度の実効性が大きく左右されることになります。

当然ながら、「収益帰属ユニット」の基礎基盤は「**営業店別**」となります。なお、各営業店において、「住所コード」や「担当コード」により、管理顧客の区分けがされているのも一般的です。よって、「**営業店内担当セクション別**」「**営業店内担当者別**」という収益帰属ユニットも一般的であり、収益帰属ユニットの中軸を担うものとなります。また営業店の数カ店を統括するエリア本部というのが組織設置されているのも一般的です。「**エリア営業別**」も重要な収益帰属ユニットとなります。

さらに金利がある世界を想定するとフォーカスすべきユニットがあります。それは、「**無店舗ユニット**」と「**店舗外ATMユニット**」です。

ネットバンキングを運営する営業部門が「無店舗ユニット」の代表でしょう。また、店舗外ATMを営業企画する部署が「店舗外ATMユニット」です。**金利がある世界で"これからの営業チャネル"をしっかりと見据えた枠組みづくりがとても重要です。**

CHAPTER 7 ● "詳細設計"収益リスク管理会計制度 **257**

一方、本部の営業関係の収益帰属ユニットとしては、「**営業統括セクション**」が存在します。さらに「**個人営業統括セクション**」「**中小企業統括セクション**」「**中堅企業統括セクション**」「**大企業統括セクション**」「**公的部門統括セクション**」「**金融法人統括セクション**」などの顧客セグメント別に組成されているのも一般的です。これらの帰属先へのTPを実行するためには預貸金取引に関して顧客セグメントのフラグ建てが必要となります。それは次項で述べます。

本部の営業セクションにおいては、直接には管理顧客基盤をもたない部署も存在します。代表的なものに、「**個人商品開発セクション**」「**法人商品開発セクション**」「**個人営業支援セクション**」「**法人営業支援セクション**」などです。これらのセクションのすべてあるいは一部に対して収益帰属ユニットとして定義するケースも経営方法としてありえます。

"商品企画"を担っているのであれば、"売れる商品"を考案すべきで、その"販売実績"から当該セクションを評価するのは、異業種の競争企業においてはまったくもって普通のことです。また相続対策やM&A等の"営業支援"を担う本部セクションにおいても、"営業支援による販売貢献実績"が重要です。成果のない支援サービスは、営業上意味がないからです。直接に管理する顧客がいない本部セクションにおいても、収益貢献に関する計数評価は重要なものです。

収益帰属ユニットは、"責任移転先"として設定されるのがその本旨ですが、それ以外の用途でも活用されます。それはCHAPTER 6で述べた経費配賦手法におけるコストセンターとしての"経費活動ユニット"です。したがって、前述の商品開発・営業支援セクションのみならず、「**事務統括セクション**」「**事務集中セクション**」「**システム運営セクション**」「**財務経理セクション**」「**総務セクション**」「**リスク統括セクション**」「**人事セクション**」「**法務関連セクション**」「**監査セクション**」「**経営企画セクション**」など、すべての本部セクションが収益帰属ユニットの設定対象となります。

2 「ALM部門」の収益帰属ユニット

「ALM部門」もすでに大変重要な収益部門です。長短金利ミスマッチの
リスクテイクにより、地方銀行・地域金融機関においては、経常利益の20〜
40%を稼ぎ出していると想定されます。しかしながら、スプレッドバンキン
グの未実施あるいは不完全実装により、アセット・マネジメントの片翼運営
となっており、**収益責任がある"全体"ALM部門は組織として存在しない**
のが現状です。

「資金証券セクション」という単体組織での存在は、規制金利時代の遺物
です。「経営企画セクション」が設定する"本支店レート的なもの"にて収
益管理をするアセット・マネジメントにすぎないのです。

本来のALM部門は、TPにより体現された預金調達期間構造と貸金運用
期間構造を骨格移転された市場金利で洗い替えた持ち値により、**「全資産ア
セット⇔全負債ライアビリティ」の全体最適のALM運営をする組織**です。
さもなければ、これからの金利上昇局面において、大黒柱となった「長短ミ
スマッチ収益」を今後も維持できる保証はどこにもないのです。すでに預貸
金利は"完全自由化"されており、日本は今後、自由化後初めての本格的な
金利胎動期を迎えるのです。

**金利がある世界における「スプレッドバンキングの実装」において、
ALM部門の「収益帰属ユニット」のシン設計がとても重要となるのです。**

第一のALM部門の「収益帰属ユニット」は、「**ALM（長短リスク）セク
ション**」です。さらに、この長短セクションを細分化するのも有効です。中
期から長期の預貸金や市場取引を責任所管する**ALM（長中期リスク）セク
ション**、1年内の短期の預貸金ポジション等を責任所管する**ALM（短期リス
ク）セクション**に構造建てします。

前者はより長期的な視野で金利ミスマッチ収益の安定計上を目指します。
現行組織の資金証券セクションと総合企画ALMセクションとが合体したイ
メージです。**ALMにおける収益責任**がある点、現行組織とは大きくミッ

CHAPTER 7 ● "詳細設計"収益リスク管理会計制度　　259

ションが異なります。

一方、後者の「**ALM（短期リスク）セクション**」は短期トレーディングの性向となることから、短期売買による利益計上を目指すセクションと融合した組織づくりが有効です。金利イールドが1年以内でも立ってくれば、そこには金融のプロとしての利益機会が発生します。

期間ミスマッチという"骨格構造的な金利リスク"のほかに、"ベーシス金利リスク"が間接金融という業務特性から発生します。短プラ等の"交渉基準金利"が市場金利に準拠するも、完全に連動しないことから発生する金利リスクです。しかし、このリスクはリスクというよりは、間接金融機関だからこそもちうる"特別な消化酵素"でもあり、以下の効用を発揮しています。

まず"短プラ"ですが、金利の完全自由化を受け、1980年代の銀行経営者が金利リスクの免疫化のため、新たな"基準金利"として創設しました。従来の公定歩合から短期市場金利連動へと自主決定するもので、短期貸金のみならず旧興長銀の長プラ長期貸金も"短プラ"連動に変更する基準金利運営の大改革でした。35年前に"発明"されたこの"短プラ"は、銀行の金利リスクに対して、あたかも"自動免疫化装置"のように駆動するものです。

しかし、この免疫機能がこれからの金利がある世界において担保されるものとは限りません。なぜなら、そのプライスメーカーであるメガバンクと現在の地方銀行・地域金融機関では資産・負債構造が大きく相違するからです。

地方銀行・地域金融機関がプライステイカーとして行動することで、金利リスクの安定消化を達成するかは、今後なんら保証されていないのです。したがって、「短プラベーシスリスク見合いの収益」を"収益勘定"として責任運営する収益帰属ユニットの組織設置がとても重要となります。市場金利の上昇に対し、短プラをいくら引き上げなければならないかを、その収益勘定から逆算する自主合理的なALMを実行しうるALMユニットを組成しなければなりません。本書では、そのユニットを**ALM（短プラベーシスリス**

ク）セクションと定義します。

　"特別な消化酵素"のもう１つの代表が「流動性預金」です。市場金利との連動率が低く、結果、固定金利調達と同様のALM資金特性を示すことから、国債等の固定金利運用の安定見合い調達として長年有効に機能しています。さらにこの四半世紀にて＋178兆円の大幅な残高増加を示し、貸出増加の基盤調達となっています。しかし、今後の金利胎動によって、流動性預金が"大流動化"するリスクが存在します。流動性預金という"砂上の楼閣"をどう基盤強化するかのALMが大変重要となっています。

　①定期預金へのシフト、②投資信託・株式等リスク商品へのシフト、③競合他行商品へのシフト、④メガバンクやネット銀行・プラットフォーマ銀行へのシフト、といった大規模な資金移動が起こる可能性があります。この状況はそれぞれの金融機関の顧客特性や競争環境によって相違するでしょう。

　したがって、「流動性預金に関するベーシスリスク見合いの収益」に関して考察と理解を深め、その運営に責任をもつ部署が必要となります。本書では、それを **ALM（流動性ベーシスリスク）セクション**と定義します。

　「ALM（短プラベーシスリスク）セクション」にしても、「ALM（流動性ベーシスリスク）セクション」においても、経営全体の視点と高度な意思決定が必要となる部署です。したがって、経営部門の色彩が強い部署に設置することが有効と考えます。

　一方、「ALM（長短リスク）セクション」は、「資金証券セクション」などの市場部門を強化拡充して設営されるべきです。なぜなら、もはや長短ミスマッチ収益は銀行・地域金融機関の大黒柱となっており、金利上昇局面において、いかにして収益力を安定維持するかがとても重要な経営事項だからです。市場のプロに、"片翼"のアセット・マネジメントから脱却させ、アセット＆ライアビリティを総合管理させ、**Tier II（ALM部門収益）**を守る経営を実現するために、有効かつ明確な組織対応が必要なのです。

CHAPTER 7　●　"詳細設計"収益リスク管理会計制度

3 「融資部門」の収益帰属ユニット

銀行・地域金融機関の主力業務である融資業務部門の収益帰属ユニットの設計も大変重要です。

信用格付制度や融資ポートフォリオを管理する**「融資企画セクション」**、そして実際に本部宛申請案件の審査を行う**「法人審査セクション」「個人ローン審査セクション」**があります。

これらの部署は、経費配賦におけるコストセンターとしての"経費活動ユニット"として定義づけされ、営業店別、商品別、顧客属性別、個社別などに分別される経費の配賦元として設定されます。

一方で、これら審査セクションを、経費活動ユニットのみではなく、"収益勘定"をもつ収益帰属ユニットとして、スプレッドバンキング上の設計をなすことも経営として有効です。**CHAPTER 5**で詳しくみてきたとおり、「信用TP」は、銀行・地域金融機関において最も効果的な信用リスクの消化方法として機能します。

この「信用TP＝信用原価」は、貸金先の「想定デフォルト率（PD）×デフォルト時損失率（LGD）」により算定される信用コストを**信用コストスプレッド**としてスプレッド認識するものです。いわば保険業界における保険料率表です。

この料率表が貸金先のデフォルト実相を的確に表現していれば、信用リスクはその（PD×LGD）マトリックスのスプレッドを確保していれば安定的にリスク消化されることになります。したがって、このマトリックスの数理算定は銀行・地域金融機関の重要な経営行為であり、きちんとしたPDCAサイクルを機能させる必要があります。

実際の与信ポートフォリオに、この原価表を適用し"保険料収入"を管理会計において収益認識し、"実際の信用コスト"と対比し、内容精査ができるようにすること、つまり「信用コスト見合いの収益勘定」の設置が必要です。

営業現場に対しては、信用コストを可視化できるよう「信用コストスプレッド」部分を明示するとともに、審査セクションにおいては、"信用原価表"の的確性を責任管理するダブルカウントの管理会計が有効と考えます。

この「信用コスト見合い収益」の運営評価に関しては、いちだんの経営上の工夫が必要であることをCHAPTER 5で述べました。

そもそも収支が構造的に不一致となるこの収益勘定を、通常のプロフィットセンターと同様のスタンスで業績評価すると、審査セクションは保守的に"保険料率表"を算定することになり、結果、「貸出ガイドライン金利」の形骸化と金利競争力の劣化を招来することになります。

銀行・地域金融機関の貸借・損益勘定においては、現場営業部門や本部業務部門での管理が適切ではない、そもそも管理できないものがあります。たとえば、自己資本勘定であったり、各種の経過勘定等があったりします。

加えて、現場営業や本部業務部門では取扱いが不向きな社会福祉としての銀行行為や特別な優遇措置などもあります。震災時の寄付や一般寄付金の手数料免除など、さまざまなケースがあります。そのようなコストや利益に対しても、勘定としてしっかりと把握して管理する必要があります。

本書では、そのような収益帰属ユニットを「**経営管理セクション**」として定義します（**図表 7 - 3**）。

CHAPTER 7 ● "詳細設計"収益リスク管理会計制度 **263**

図表7−3 「収益帰属ユニット」の構造リスティング

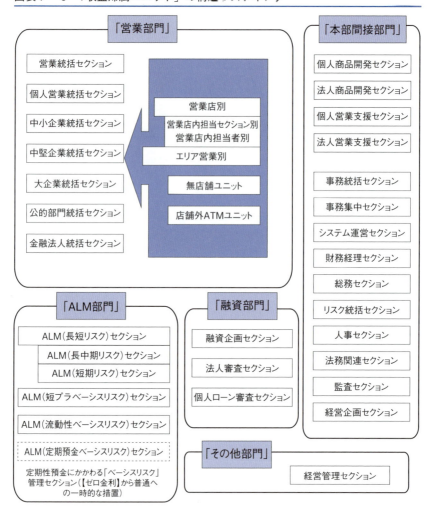

SECTION

3

「顧客ユニット」の全規定

　法人顧客においては、**個社別ユニット**がもちろん基本となります。

　その個社別ユニットを積み上げ、さらに序列化し、収益貢献の上位100社、300社、500社等の**上得意個社ユニット**を組成することも有効です。「20：80の法則（パレートの法則）」に象徴されるとおり、大口取引先が収益の主軸を形成することは、大小の金融機関を問わず一般的な事実だからです。それらコア企業群の収益貢献動向をモニターすることが、収益基盤を防衛する最も基本的かつ重要な経営手法となります。

　大口顧客の掌握がすめば、次は分厚い中間法人層の顧客管理です。**「業種別法人ユニット」「規模別法人ユニット」「信用格付別法人ユニット」**、またそれらの複合マトリックスで顧客ポートフォリオをユニット化し積み上げることは有効です。また、近年は起業率が低迷する一方、廃業率が増え、顧客ポートフォリオの老齢化が進んでいる金融機関も多いのが実態です。**業歴別法人ユニット**の組成も有効でしょう。

　顧客企業がいかに地場経済に経済連関しているか、他方、都市経済圏、アジア経済圏とどのような産業連関を呈しているかの切り口である**経済連関別顧客ユニット**の形成は、これからとても重要なものとなるでしょう。経済連関という"商流構造"を分析することにより、都市およびアジア経済圏といかに強度連結しているかあるいは連結を拡大している企業かを、彼らの決済口座の動向から**「口座動態モニタリング」**にてあぶり出し、顧客セグメント化することがとても大事であると考えます。

　"地縁"ではない"商縁"を掘り起こすことにより、地域という物理的な空間を超え、自行自機関の顧客ポートフォリオは一気に若返り、活力も増す

CHAPTER 7 ● "詳細設計"収益リスク管理会計制度　265

ことでしょう。地元企業の"商縁"を拡大させる顧客戦略は、東京支店や都市圏支店網の新たな活動地平を切り拓くものとなるでしょう。

個人顧客においては、超超大口先は別として、個人別ユニットはさすがに基本となりません。あまりに管理対象が多く管理不能であるからです。そこで個人顧客に対しては、具体的にいかなる顧客層が収益貢献しているか、その動向はいかなるものかを感知できるよう、効きのよいセグメントに分ける「顧客ユニット」の形成が必要です。**年齢層別個人ユニット**、**男女別ユニット**、**職種別個人ユニット**、**勤務形態別個人ユニット**やそれらの**マトリックス**にて、「個人顧客ユニット」の構造リスティングをするのが基本です。

また法人と同様、**口座動態モニタリング**の手法は有効です。決裁口座のメイン化先であれば、給与振込みを獲得しており、そこから**想定年収階層別ユニット**を形成できます。そして何よりも重要な**無店舗個人ユニット**をあぶり出せます。口座決済動向において、主たる取引がATMあるいはネットバンキングでなされているITリテラシーの高い顧客を抽出し、新たなユニットとしてくくり上げることができるのです。そして、この情報が経費配賦のリソース・ドライバーへと情報連携され、有人店舗の顧客価値と整合的に比較衡量することができるようになるのです。

以上の「顧客ユニット」の探索とそのリスティングは新たな「収益帰属ユニット」の組織形成も可能とします（図表7－4）。

従来の支店立地ベースでの顧客マネジメント（これは当然ながら基本ですが）から、「顧客ユニット」を軸とした営業推進セクションを立ち上げることが可能となります。

たとえば「無店舗個人ユニット」に特化した営業推進ユニットを戦略形成したり、「業歴の浅い法人」「都市圏との経済連関が伸張している法人」「特定ミドル（特定格付×業種×規模）法人」「20代個人」「30代世帯主」「50代社員」など、強化したい顧客セグメントを収益帰属先として自由にユニット化したりすることができ、今年はこのセグメントの深耕を行おう、という柔軟機敏な経営が実行可能となります。

図表 7 - 4 「顧客ユニット」の構造リスティング

法人部門全体	大中小	不動産業	大中小
コンシューマ電気製造業	大中小	ソフトウェアサービス業	大中小
自動車・関連製造業	大中小	ゲームソフトウェア業	大中小
重工業	大中小	医療福祉業	大中小
化学産業	大中小	農林・関連業	大中小
資源エネルギー・関連業	大中小	漁業・関連業	大中小
医薬品・関連製造業	大中小	旅行・関連業	大中小
卸売業	大中小	教育・関連事業	大中小
小売業	大中小	金融保険業	大中小
建設業	大中小	その他サービス業等	大中小
飲食業	大中小	公的部門	大中小

個社別ユニット

上得意個社ユニット

業種別法人ユニット

規模別法人ユニット

信用格付別法人ユニット

業歴別法人ユニット

都市圏との経済連関が伸張している法人ユニット

特定ミドル法人ユニット（特定格付×業種×規模）

業歴の浅い法人ユニット

経済連関別顧客ユニット

個人顧客ユニット

年齢層別個人ユニット

男女別ユニット

職種別個人ユニット

勤務形態別個人ユニット

想定年収階層別ユニット

無店舗個人ユニット

20代個人ユニット

30代世帯主ユニット

50代社員ユニット

- 「顧客ユニット」の探索とそのリスティングは、新たな「収益帰属ユニット」の組織形成を可能とする。従来の支店立地ベースでの顧客マネジメントを補完する、「顧客ユニット」を軸とした営業推進セクションを立ち上げることが可能となる。
- 強化したい顧客セグメントを自由にユニット化でき、今年はこのセグメントの深耕を行おう、という柔軟・機敏な経営が実行可能となる。
- すべてのユニット・カテゴリーで形成する必要がない。
- 単年度の組織運営としてアカウントが形成できる。

その新たな顧客くくりで、前年比でいかなる発展を具体的に達成しているかを"収益勘定"として確認でき、リソース投入の合理的評価が実現できます。

そして、このような「マトリックス・スプレッドバンキング」は、①すべてのユニット・カテゴリーで形成する必要がないこと、②単年度の組織運営としてアカウント形成できること、を特徴とします。

SECTION

4 「管理商品ユニット」の全規定

　管理商品ユニットは、管理会計設計において基礎基盤となる設計コンポーネントであることはいうまでもありません。なぜなら、銀行・地域金融機関において、提供する "商品" こそが事業体としての存立基盤であり、その "商品" 提供を通じて、預金者と借入人の "相いれない" 資金ニーズをつなげ、資金循環を起こすものだからです。さまざまなリスクは当然ながら提供する商品のなかにこそ内在しています。そのリスクの消化にあたり、顧客と銀行との間で約定されるさまざまな商品の "一つひとつの性向" に即して、TP処理を行うことがスプレッドバンキング設計上の骨格となります。

　したがって、商品の特性にあわせて、管理商品のユニット化をする必要があります。商品とは約定にて販売されることから、財務会計科目が基本となります。しかしその切り口ではくくりが粗く、実際に提供している商品メニューを十分に表現できないことがほとんどです。

　たとえば証書貸付には、変動金利貸金と固定金利貸金があり、法人融資と個人ローンでは変動金利建ての証書貸付でも金利更改のタイミングやルールが相違します。一方、預金は定型化された商品形態が一般的で、財務会計の科目である大口定期、スーパー定期、普通預金等の財務会計科目で十分の場合がほとんどです。

　「管理商品ユニット」の設計では、貸金において、その資金特性に特段の注意を払うことが必要で、預金や市場取引等においては財務会計の科目が基本となります。貸金においては、それだけ顧客ニーズに柔軟に対応した商品開発の歴史と実績が金融機関にあるということです。

　「管理商品ユニット」の設計において、まずは着眼すべきポイントである

CHAPTER 7 ● "詳細設計" 収益リスク管理会計制度

「商品の資金特性」に関して考察を深めます。大きく分けて次の３つの視点が基本となります。

第一に、適用される金利が"変動金利"であるか"固定金利"であるか、という点です。

約定期間中に一定の固定金利が適用されるか、あるいは、その約定期間内に複数回の金利更改が行われるかの資金特性分けです。また住宅ローンのように「固定／変動の選択型」の商品もあります。固定金利特約型として当初の５年など、一定期間を固定金利とし、その後は変動金利建てにするか引き続き固定金利建てとするかの"選択"ができるローン商品です。適用金利の"選択の機会"を顧客に提供し、金利変動リスクへの嗜好や対処の幅を広げる高度化商品です。顧客に新機軸の利便性を提供することは、銀行・地域金融機関サイドにおいて新たなリスクが発生することを意味します。

「管理商品ユニット」としてしっかりと区分定義してALM管理する必要があります。

第二の資金特性は、変動金利建ての場合、その金利が"何を基準にリプライシング"されるかということです。

変動貸金の場合は、「短プラ連動」と「市場金利連動」の二本柱となっています。これらの連動ルールによる区分けは、連動基準金利にいくら"上乗せ"しているか、定期性預金においては店頭掲示レート対比いくら"優遇"しているかを、一本一本の明細単位で把握するためにも重要です。金利の胎動、異業種との競争激化において、いかなる優遇や上乗せでしのいでいるか、それがどのように変容しているかを客観・タイムリーに捕捉するためにも、連動基準金利を視点にした「管理商品ユニット」の設計はとても重要なのです。

第三は、変動金利建ての場合の"更改サイクル"です。

法人向けの証書貸付においては、次回の利払日が金利満期の場合が大宗です。したがって、１カ月あるいは３カ月のリプライシングが一般的でしょう。約定記載の金利満期に即し、基準金利が変更されれば自動的に更改適用

270　PART Ⅲ　●【詳細設計】スプレッドバンキング

され、現場営業において新たなアクションや事務手続を必要としない「自動連動型」の変動貸金が一般的ですが、協同組織金融機関や一部の地銀・第二地銀においては、更改ルールを"非自動連動"としているケースが見受けられます。

　一方、個人ローンの主力である住宅ローンにおいては、変動金利建ての場合、6カ月ごとのリプライシングが一般的です。この商品に関しては、件数がきわめて多いこともあり、更改ルールの"自動連動化"がなされています。また前述したとおり、「固定金利特約型」においては、一定期間後に金利更改のタイミングを迎えます。更改サイクルの視点も入れた「管理商品ユニット」の設計定義が重要なのです。

　なお固定金利建ての長期貸金の場合、将来のキャッシュフローが長く続くため、「元金均等」と「元利均等」では適用されるTPが相違することになります。**"償還ルール"による「管理商品ユニット」の設計定義も重要**です。

　以上の観点から、「管理商品ユニット」の設計定義をした事例が**図表7－5および図表7－6**です。

CHAPTER 7 ● "詳細設計"収益リスク管理会計制度　271

図表 7 - 5 「管理商品ユニット」── "預貸金"

大分類	管理商品			連動金利	金額階層
流動性預金	当座預金 普通預金 通知預金 別段預金			店頭掲示レート	
定期性預金	大口定期	一般		店頭掲示レート	10億円以上 3億〜10億円未満 1億〜3億円未満 5,000万〜1億円未満 3,000万〜5,000万円未満 1,000万〜3,000万円未満
		預託金		預託金	
	スーパー定期	一般		店頭掲示レート	300万円以上 300万円未満
		預託金		預託金	
	年金定期 福祉定期			店頭掲示レート	
	期日指定定期			店頭掲示レート	
	変動金利定期			約定3年	1,000万円以上 300万〜1,000万円未満 300万円未満
				約定2年	1,000万円以上 300万〜1,000万円未満 300万円未満
				約定1年	1,000万円以上 300万〜1,000万円未満 300万円未満
	積立定期	スーパー型 期日指定型		店頭掲示レート	
	財形預金	スーパー型	一般 年金 住宅	店頭掲示レート	
		期日指定型	一般 年金 住宅	店頭掲示レート	
	定期積金			3年以上 3年未満	
期日後定期	大口定期・スーパー定期等			店頭掲示レート	

大分類	プロパー／保証協会	管理商品	固定／変動	連動金利および償還	
事業性貸出	プロパー (除く未収不計上)	商業手形	固定	短プラ	
		手形貸付	固定	短プラ 市場連動スプレッド貸出 預金担保	
			変動	短プラ 市場連動スプレッド貸出	
		一般当貸		短プラ 市場連動スプレッド貸出 預金担保	
		専用当貸	固定	短プラ 市場連動スプレッド貸出 預金担保	
			変動	短プラ 市場連動スプレッド貸出	
		証書貸付	固定	固定金利	期日一括 元金均等 元利均等
				スワップ付 貸出	期日一括 元金均等 元利均等
			変動	短プラ 市場連動スプレッド貸出	
	保証協会付 (除く未収不計上)	手形貸付	固定	短プラ 市場連動スプレッド貸出 預託金付制度融資	
			変動	短プラ 市場連動スプレッド貸出 預託金付制度融資	
		証書貸付	固定	固定金利	期日一括 元金均等 元利均等
				スワップ付 貸出	期日一括 元金均等 元利均等
				預託金付 制度融資	期日一括 元金均等 元利均等

CHAPTER 7 ● "詳細設計"収益リスク管理会計制度

大分類	ソロバー／保証協会	管理商品	固定／変動	連動金利および償還	
			変動	短プラ 市場連動スプレッド貸出 預託金付制度融資	
消費者ローン	住宅ローン （除く未収不計上）	証書貸付	固定	固定金利	期日一括 元金均等 元利均等
				固定変動 選択型	3年 5年 7年 10年
			変動	住宅基準金利 短プラ	
	住宅ローン以外 （除く未収不計上）	当座貸越	固定	カードローン	
			変動	短プラ 預金担保	
		普通当貸	固定	総合口座	
		証書貸付	固定	固定金利	期日一括 元金均等 元利均等
			変動	短プラ 市場連動スプレッド貸出	
本部貸出	行員融資 共同債権買取機構				
未収不計上貸金					

図表 7 - 6 　「管理商品ユニット」── "有価証券・市場調達・その他資産・負債"

【有価証券およびその他資産】

大分類	管理商品	中区分	小区分
保有現金			
預け金	日銀預け金	基礎残高 マクロ加算残高 政策金利残高 その他	
	郵便為替預け金 他金融機関預け金 譲渡性預け金		
コールローン			
買入手形			
買入金銭債権	CP		
	その他の買入金銭債権		
商品有価証券			
金銭の信託			
時価会計と同様に ・売買目的 ・満期保有目的 ・その他保有目的 ・子会社、関連会社 に分類する 有価証券	国債	利付国債 変動利付国債 その他	
	地方債	地方債 政府保証債ほか	
	社債	金融債	利付金融債 割引金融債
		公社公団債	政府保証債 非政府保証債
		事業債	公募債 私募債 転換社債 ワラント債
	株式	上場株式 非上場株式	
	その他の証券		
その他の資産	仮払金 その他の資産		
動産・不動産			

【市場調達およびその他負債】

大分類	管理商品	中区分
譲渡性預金	10億円以上 3億～10億円未満 1億～3億円未満 5,000万～1億円未満 3,000万～5,000万円未満 1,000万～3,000万円未満	
コールマネー		
売渡手形		
借用金	日銀借入金 その他借入金 劣後ローン	
社債 転換社債		
その他負債	従業員預り金 仮受金 その他の負債	
自己資本等		

【オフバランス】

大分類	管理商品	中区分
金利スワップ（払）	個別ヘッジ	固定 変動
	マクロヘッジ	固定 変動
	経営勘定	固定 変動
金利スワップ（受）	個別ヘッジ	固定 変動
	マクロヘッジ	固定 変動
	経営勘定	固定 変動

SECTION

5 「TPレート運用」の全規定

　各種TP手法の具体的な移転価格となる各種ベースレートのリスティング
とその運用規定です。この規定のなかには、「ベーシススプレッド手法」に
おける各商品別の"αスプレッド"や「インセンティブ手法」における各種
インセンティブあるいはディスインセンティブの設定内容や発動条件等も含
まれます。これらTPレートにより、「収益帰属ユニット」へ"責任移転"
する管理会計であることから、TPレートの運用規定化は肝心かなめのもの
です。恣意性やあいまい性が生じていると、いくら設計構造がよいもので
あったとしても、算出される管理会計は信頼のおけないものとなってしまい
ます。

　「TPレート運用規定」の策定手順は**図表7-7**のとおりです。この規定
を主管する部署はもちろん「経営管理セクション」となります。策定にあた
り、

　「各種TP手法」「収益帰属ユニット」「管理商品ユニット」「顧客ユニッ
ト」といったコンポーネントの設計を事前にすませ、総合的に俯瞰したうえ
で実行する必要があります。

　「長短ミスマッチ・リスク」の消化TPである「市場金利手法」において
採用されるTPは、通常は**ALM（長短）ベースレート**と定義されます。

	ターム							
1カ月以内	O/N	1W	2W	3W	—	—	—	—
1年以内	1M	2M	3M	4M	5M	6M	9M	12M
1年超	2Y	3Y	4Y	5Y	7Y	10Y	10Y超	—

　市場取引においては、運用・調達でオファー・ビッドがあることから、貸

CHAPTER 7 ● "詳細設計"収益リスク管理会計制度　277

図表 7-7 「TPレート運用規定」の策定手順

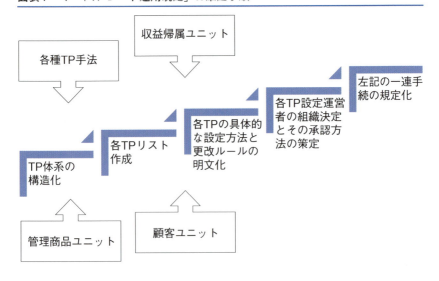

出などの運用商品にはオファーレートで、預金などの調達商品にはビッドレートにて運営する「ALM（長短）オファー・ベースレート」と「ALM（長短）ビッド・ベースレート」の二層構造とする場合もあります。ALMセクションが"プロフィットセンター"として"収益責任"をしっかりと担うメガバンクにおいては一般的なものと思います。収益責任を果たすためには、市場での機敏なヘッジ取引などを前提としたTPレートを設定する必要があるからです。

一方、地銀・地域金融機関においては、これから資金証券セクションと総合企画セクションを有機合体した「ALM（長短リスク）セクション」の立ち上げとなるので、新組織が、すぐさま"プロフィットセンター"として"収益責任"を担うことはむずかしいのが現実かもしれません。まずは「ALM勘定」を創設し、収益管理をしていくことから始まるのでしょう。とすれば、"オファー・ビッドの二層運営"とはせず、その"ミッドレート"で単一化するのが現実的であると考えます。

また、ALMベースレートにおいては、「ALM（長短）ベースレート」のほかに、長期固定金利貸出で償還ルールがあるものに対し別途の設定が必要です。なぜなら、キャッシュフローが償還によって大きく特徴づけられるからです。

　具体的には「**ALM（固定住宅ローン元利均等）ベースレート**」「**ALM（固定住宅ローン元金均等）ベースレート**」「**ALM（固変選択住宅ローン元利均等）ベースレート**」などがあります。また商業貸付においては、元金返済の"据置期間"がある固定金利貸出に対する「**ALM（据置期間）ベースレート**」などがあります。また、「市場金利手法」においては、TPレートを一日の始まりに決定し、顧客に対し一括適用する**一般型**と、超大口定期や大口市場連動貸のようなホットマネーに対し、トレジャリーセクションが市場とのリアルタイムのやりとりにて確認し、指値を出す**個別型**があります。この個別型では、その時点時点での市場とのクォーティングとなるので、別途TPを明細ごとに設定する「**ALMマイグレートTP**」となります。

　「ベーシスリスク」の消化TPである「ベーシススプレッド手法」においては、上記のALMベースレートに加えて、「ALMベーシスレート」による二層構造となります。具体的には、貸金においては、「**ALM（短プラ）ベーシスレート**」「**ALM（住宅短プラ）ベーシスレート**」「**ALM（カードローン）ベーシスレート**」「**ALM（総合口座）ベーシスレート**」「**ALM（未収不計上）ベーシスレート**」等があります。

　短プラ連動といっても、一般商業貸付と住宅ローンやカードローンでは金利更改のタイミングが大きく相違するので、別建ての「ALMベーシスレート」が必要となります。それぞれの金利更改タイミングの「短プラ基準レート」から「短プラαスプレッド」を差し引き、それぞれの「ALMベーシスレート」を算出します。総合口座貸越は、担保となる定期預金によって対顧金利が相違することから、総合的な収益性を勘案し、αスプレッドを設定します。また未収不計上貸出は期限の利益が損なわれたことから、期間設定を経営として考え、αスプレッドを設定します。

CHAPTER 7 ● "詳細設計"収益リスク管理会計制度　　279

一方、預金においては、「ALM（当座預金）ベーシスレート」「ALM（普通預金）ベーシスレート」「ALM（通知預金）ベーシスレート」「ALM（貯蓄預金金額階層別）ベーシスレート」「ALM（納税準備預金）ベーシスレート」「ALM（別段預金）ベーシスレート」等があります。

さて、CHAPTER 2で考察を深めた"流動性預金TP期間の設定問題"を思い出してください。この問いの"正しい答え"は存在しないことを述べました。流動性預金は「『要求払い』であるが『安定滞留』」という調達商品であり、そもそも"合理的な一定のマチュリティ"は存在しません。流動性預金のTP期間設定に関しては、おそらく市場金利の6カ月物か1年物を適用している銀行・金融機関が多いと思われます。それは単年度予算における"αスプレッド"の営業部門への固定還元としては機能しますが、ALMとしては十分に機能していません。ポジション上邪魔にならない、ニュートラルなTP期間を採用しているのです。"ニュートラル"なTP期間の設定自体が、実は無意識の"意思決定"を行っているのです。

今後の金利動向や流動性預金の残高動向をにらみ、現行αスプレッドの経年見直しとするか、それとも現時点で3年あるいは5年スパンで"中長期固定"するか、まさに経営としてのALM事項です。

各行・各地域金融機関の流動性預金の残高動向と中長期のALM運営方針により、流動性預金のマチュリティを"経営として能動設定"し、"そういう期間の資金である"として、「ALM（長短リスク）セクション」にTPにて受け渡し、実効的なALMを"生起させる"ということが、流動性預金にかかわるTPレートの本質的な決定問題です。

流動性預金の収益性を向こう3年間固めたいALM方針であれば、その資金を3年物としてTP処理のうえ、「ALM（長短リスク）セクション」へと受け渡す、そのTP設定が「ALM（流動性預金）ベースレート」なのです。

流動性預金は日々残高が変動します。変動する残高全体を長期金利でALMセクションに引き受けさせるのは合理的ではありません。また、すべての流動性預金残高を長期資金としてALMセクションに認識させたくない

ALM方針も一般的でしょう。したがって、流動性預金残高のコア預金部分の何割かを長期TPにてトランスファーし、残りを1カ月物TPとするのも実効的です。

能動プライシング・リスクにおける消化TPとして「インセンティブ手法」があります。インセンティブを与えるベースレートを、「**貸金インセンティブ・ベースレート**」「**預金インセンティブ・ベースレート**」にて設定します。ただし、これでは対象商品のすべての顧客に対してインセンティブの付与となります。発動条件を構造化し、インセンティブを付与する顧客を選別適用するよう、「管理商品ユニット×顧客ユニット」の条件にてインセンティブ措置することも必要です。また個別にてのインセンティブ認定であれば、ホットマネーに対する「ALMマイグレートTP」と同様に「**インセンティブスプレッド・マイグレートTP**」とします。

信用リスクの消化のための「信用コストTP手法」は、「PD×LGD」のマトリックスにて「信用コストスプレッドTP」の計算処理をするものです。具体的には、「**法人信用コストスプレッドTP**」「**個人信用コストスプレッドTP**」に大別されます。

TPレートのリスティングが終了したら、後は具体的な設定方法と更改ルールの明文化を行います。ALM関連ベースレートに関しては、日次での更改運営が基本となります。そして何の市場金利を参照して決定するかを明文化します。一方、各種αスプレッドは期次での運営が一般的です。インセンティブTPに関しては、その対象商品、対象顧客、インセンティブ・スキームや発動条件等の明文化はとても重要です。そして、それらの明文ルールに則して、だれが具体的にそのTPレートを設定し、いかなる会議体で組織決定するかについて策定する必要があります。TP設定運営者の組織決定とその承認方法の策定により、TPレート全規定のコンポーネントがそろうのです（TP体系の構造例については**図表7−8**）。

図表 7 - 8　TP体系の構造例

『長短ミスマッチリスク』

（市場金利手法）

「ALM（長短）ベースレート」

「ALM（長短）オファー・ベースレート」
「ALM（長短）ビッド・ベースレート」

「ALM（償還）ベースレート」償還ルールに則して複数
「ALM（据置期間）ベースレート」償還ルールに則して複数
「ALM（固定住宅ローン元利均等）ベースレート」
「ALM（固定住宅ローン元金均等）ベースレート」
「ALM（固変選択住宅ローン元利均等）ベースレート」

「ALMマイグレートTP」"個別対応指値方式"
「ALM（流動性預金）ベースレート」

『能動プライシング・リスク』

（インセンティブ手法）

「インセンティブ・ベースレート」

「貸金インセンティブ・ベースレート」
「預金インセンティブ・ベースレート」
「インセンティブスプレッド・マイグレートTP」

『ベーシスリスク』

（ベーシススプレッド手法）

「ALMベーシスレート」

「ALM（短プラ）ベーシスレート」
「ALM（住宅短プラ）ベーシスレート」
「ALM（カードローン）ベーシスレート」
「ALM（総合口座）ベーシスレート」
「ALM（未収不計上）ベーシスレート」

「ALM（当座預金）ベーシスレート」
「ALM（普通預金）ベーシスレート」
「ALM（通知預金）ベーシスレート」
「ALM（貯蓄預金金額階層別）ベーシスレート」
「ALM（納税準備預金）ベーシスレート」
「ALM（別段預金）ベーシスレート」

（定期性預金にかかわる「ベーシススプレッド手法」。【ゼロ金利】から普通への一時的な措置）

「ALM（大口預金）ベーシスレート」
「ALM（スーパー定期300）ベーシスレート」
「ALM（スーパー定期）ベーシスレート」

『信用リスク』

（信用コストTP手法）

「信用コストスプレッドTP」

「法人信用コストスプレッドTP」
「個人信用コストスプレッドTP」
（"信用原価表"＝【PD】×【LGD】適用としてのTP処理）

CHAPTER 7 ● "詳細設計"収益リスク管理会計制度 283

SECTION

6 設計上のポイント

　以上、詳細組立ての事前準備として、構成コンポーネントである「収益帰属ユニット」「顧客ユニット」「管理商品ユニット」「TPレート運用規定」の設計に関して詳しくみてきました。

　構築部品となるこれらのコンポーネントが、頑健であり、機能レパートリーが多いほど、思慮深く、そして環境変化に柔軟機敏な銀行・地域金融機関経営を招来できるのです。

　スプレッドバンキングは、1つの固定的な経営管理手法ではなく、それらのコンポーネントをさまざまに有機結合し、環境の変化に即応した経営による新しい戦略を反映できるよう、柔軟な構造組替えを前提とした「収益リスク管理会計制度」です。

　したがって、経年の柔軟な構造組替えの実行のために、これら「設計コンポーネント」の入念で幅広の錬成はとても重要なのです。さて、**SECTION 6** においては、**SECTION 7**「**詳細組立て**」の解説の前に、設計上のポイントに関して整理を行います。

1　総点検と "もれのない" 責任会計

　長らく続いたゼロ金利とデフレにより、特に預金サイドにおいては、市場金利対比で利鞘を抜くのが物理的に不可能であったことから、1990年代のスプレッドバンキングによる「市場金利手法」から外れ、前時代の遺物である本支店レート管理が復活していたり、一部定期のみスプレッド収益管理を行っていたりする "混在状況" になっているケースが見受けられます。

284　PART Ⅲ　●【詳細設計】スプレッドバンキング

またゼロ金利というあまりの異常事態に、預金には一定のスプレッドを付与する**一定スプレッド手法**の採用も多く見受けられます。私はこれを間違った経営対応であるとは考えていません。"市場金利より下にスプレッドを抜く"預金取引の収益性が、異常環境により大きく毀損したことによる、緊急対応であったと考えます。

ゼロ金利が引き起こす問題に対し、経営が直感的にそれを理解し、収益評価の基準を恣意的にゆがめているのだと考えます。そういう観点で考察すると、現行の「本支店レート管理」の復活や「一定スプレッド手法」の採用は理解できるものです。

ただし問題は、"あえて現行の収益評価をゆがめる意思決定をしている"ことを経営として認識し、その"責任会計"を経営管理の枠組みとして設営できていないことにあります。

> スプレッドバンキングの再設計、新設計を行うにあたり、ゼロ金利という異常事態によって、さまざまな恣意的な取扱いやゆがみが出ている箇所を"総点検"し、これからの収益リスク評価基準として的確に機能するよう再組立てを図ることが、第一の重要な設計ポイントとなります。

現行収益評価の"ゆがみ"を総ざらいで認識し、現経営としてやはり必要なものであると確認されるのであれば、新たに構築されるスプレッドバンキングにおいても、同様な評価基準となるよう移植します。その際、**ゆがみの責任を負う部署を定義して、そのゆがみの勘定設置をすることが重要**です。これからの「新局面」が進むにつれて、どこかでそのゆがみを解除する、あるいは一時的に強化する場面も出てきます。スプレッドバンキングはそのような事態においても、柔軟機敏に評価スキームを変更できる**"可変性"**が特徴であり、また勘定設置によって、そのゆがみの意味合いを常に経営に投げ掛ける**"発信性"**を発揮します。

CHAPTER 7 ● "詳細設計"収益リスク管理会計制度

> 金利がない異常から金利がある普通への道程で、環境にあわせ経営管理態勢を変化させ、「新局面」に巧みに"軟着陸"するよう、スプレッドバンキングの設計を行うことが重要なのです。

　これは商品別という「管理商品ユニット」に対する評価基準の組上げに限りません。「収益帰属ユニット」に対しても、いかに"責任移転"させるかの責任構造の"総点検"も、これからの「新局面」を展望して行うことが肝要です。銀行・地域金融機関の経営運行として自然と抱えることになっているさまざまなリスクとリターンを総合的に俯瞰して、経営として"もれなく責任会計を設定"しているか、総ざらいで点検することが必要です。

　スプレッドバンキングは、単に収益を"仕切る"のではなく、預貸取引や各種取引に潜在するリスクと収益を結びつけ、「金融因数分解」を施し、管理する部署へと"責任移転"させる体系です。

　したがって、「預貸スプレッド収益」「ALM長短ミスマッチ収益」「ALMベーシスリスク収益」といった"収益リスクの状況捕捉"のみならず、具体的に"どこの部署"が"何の収益とリスク"を守り、運営し、評価されるかを「もれなくすべて規定」することが重要です。各種収益とリスクに関し完全無比に定義しても、それを運営する"主役"を決定しない限り、単なる数値計測でしか管理会計は機能しません。管理責任者の設定がスプレッドバンキング実効力の"肝"となるのです。

　インセンティブ運営を営業統括セクションが担うのであれば、"インセンティブ補填損益"を逆勘定として設置する必要があります。「インセンティブ手法」を採用することにより、「勘定数値」としてそのインセンティブ運営の必要性を継続的に"経営に問いかける"とともに、「新局面」への移行過程で、インセンティブ運営のさらなる強化の必要性や解除時期に関して、経営議論が形成されるようにスプレッドバンキングを設計することがポイントとなります。

2 「マトリックス経営」の新たな創造

“責任経営”において、“重複管理態勢”は問題ではありません。

　大事な守備門は1つの部隊ではなく、複合部隊にて防衛するのは当然です。攻めにおいても同様です。現に銀行・地域金融機関組織をみると、「個人営業支援セクション」「法人営業支援セクション」「個人商品開発セクション」「法人商品開発セクション」など、営業店を支援する専門セクションが多数存在します。これらのセクションに対して“総点検”を実施し、新たに「収益帰属ユニット」として定義することが有効です。

　スプレッドバンキングにより、預貸金一本一本の明細にて、「収益⇔リスク」の紐づけがなされるので、後はその明細を「顧客ユニット」別にてさまざまにくくることにより、“顧客視点”での「収益帰属ユニット」が自由自在に組成できます。従来の支店立地ベースでの顧客マネジメントから、「顧客ユニット」を軸としたさまざまな営業推進セクションを立ち上げることが可能です。

　たとえば「無店舗個人ユニット」に特化した本部の営業推進ユニットを戦略的に形成したり、「業歴の浅い法人」「都市圏との経済連関が伸張している法人」「特定ミドル（特定格付×業種×規模）法人」「20代個人」「30代世帯主」「50代社員」など、強化したい顧客セグメントを自由にユニット化したりして、今年はこのセグメントの深耕を行おう、という柔軟機敏な経営が実行可能となります。

　その新たな顧客でくくった**Tier I（営業部門スプレッド収益）**が計測されることから、前年比でいかなる発展を実現できたかを“収益勘定”として具体的に確認でき、リソース投入の合理的な判断基準として機能します。そして、このような「**マトリックス・スプレッドバンキング**」は、①**すべてのユニット・カテゴリーで形成する必要がないこと（メッシュの歯抜けは当然）、**②**単年度の組織運営としてアカウントを形成することができること、**を大きな特徴としています。

CHAPTER 7 ● “詳細設計”収益リスク管理会計制度　　287

図表7－9　マトリックス経営

①すべてのユニット・カテゴリーで形成する必要がないこと（メッシュの歯抜けは当然）
②単年度の組織運営として収益アカウントが形成できること

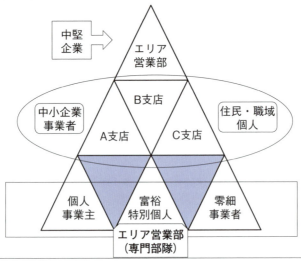

『スプレッドバンキング』により、"預貸金一本一本"の明細において、（収益⇔リスク）の紐づけがなされているので、後はその明細を「顧客ユニット」別にてさまざまにくくることにより、"顧客視点"での『収益帰属ユニット』が自由自在に組成できる。支店ベースでの顧客マネジメントから、「顧客ユニット」を軸とした『マトリックス経営』が可能となる。

　複数の支店を統括する「エリア営業部」を機動的に立ち上げ、特に中堅法人においては集中管理させ、一定規模以下の法人先は現場支店の責任管理とする**マトリックス経営**は有効であるばかりでなく、顧客にとっても効果的なサービスを享受できるものとなるでしょう。

　さらに、支店体制では十分に対応できないさらなる小規模企業・個人事業主に対しては、「エリア営業部」に"スモール第一"の専門セクションを設け、新しい人材、新しい商品で顧客営業を実行することも期待されます（**図表7－9**）。

　重要なことは、それらをきちんと"収益勘定"として採算認識することです。「戦略機動的な営業部隊の組成により、具体的にいくらの収益力を去年

対比で増強できたか」「この顧客セグメントの営業効率はどうで、来年も部隊を維持するか」「新しい切り口で成長セグメントを組成し営業部隊を投入しよう」──そのようなことが、"収益勘定"の客観結果を確認しながら、積極的に実行できるようになるのです。

「ALM部門収益」と「ALM収益帰属ユニット」の新規創設

ALM部門収益（Tier II）の形成とALM組織のシン設計の必要性と重要性に関しては、CHAPTER 2 で詳述しました。

　スプレッドバンキングの組上げにより、金利リスクはALMセクションに"集中移転"されるので、その運営次第によっては、預貸業務がうまくいっても、銀行全体として収益水準が悪化する可能性があります。その運営状況をきちんと評価できるように、**ALM部門収益**を新規に創設することが何よりも重要です。"守るべき収益"が定義されなければ、適切な部署を立ち上げても、経営としてのミッションを付与することができないからです。

　そして、そのALM部門収益に対して、「だれが守るか」の収益帰属ユニットの新規創設、組織改正がさらに重要なものとなります（**図表7−10**）。

　これを成し遂げなければ、スプレッドバンキングは「形つくれども魂入らず」と形骸化するでしょう。

4 "金利がある世界"を想定した戦略的な「インセンティブ運営」

　預金の収益性は、市場での資金調達対比、いかに低廉に受け入れられるかで決まります。しかし、現下の異常なゼロ金利の状態では、"マイナス金利"でも設定しない限り、そもそも市場金利より低く預金を受け入れるのに限界があります。預金の収益性は、金利が下がるとゼロ化する"金利変動リス

図表 7 – 10 「ALM収益帰属ユニット」の新規創設

ALM（長短リスク）セクション

ALM（長中期リスク）セクション

ALM（短期リスク）セクション

ALM（短プラベーシスリスク）セクション

ALM（流動性ベーシスリスク）セクション

ALM（定期預金ベーシスリスク）セクション

定期預金にかかわる「ベーシスリスク」管理セクション
（【ゼロ金利】から普通への一時的な措置）

ク"を内包しています。現在の預金スプレッドは、店舗コスト、システムコスト、人件費を勘案すれば大赤字の状態です。支店を閉鎖し、市場調達でまかなえば全体の収益力は向上するでしょう。しかし、それは"短期的には"という条件つきです。

　ゼロ金利という異常事態が終わり、金利が上昇すれば、預金の収益性は改善していきます。特に流動性預金の"超収益化"は顕著なものとなるでしょう。

　したがって現下の異常状態での単純な収益性評価では、中長期的な顧客評価において、大きな誤りを生じさせる可能性があります。異常事態を終えた「新局面」にて想定される預金収益性で現場や顧客評価ができるよう、短期に流されず中長期視野で顧客価値を考え評価するよう、戦略的な「インセンティブ運営」の検討が、現下のスプレッドバンキングの設計においては重要です。

5 「信用原価表」としての信用TPの実行

　信用リスクの消化TPである「信用コストTP手法」は、各種貸金に潜在している信用リスクに対し、"貸出プライシング"にて、リスク⇔リターンの消化をするTP手法です。いうなれば「信用原価表」です。「PD×LGD」のマトリックスにて「信用コストスプレッドTP」の計算処理をするものです。

　現在のデフォルト発生はとても低位で安定していますが、これは一時的なものです。この20年間、連続して経験したデフォルト率のサイクル現象は、そのたびに銀行・地域金融機関の経営を大きく揺さぶりました。デフォルト率は今後も必ず変動します。厳しい長期デフレ過程で行き着いた現下の貸金薄鞘状況——。優良先への過当な金利競争によって、貸出期間を見渡し、適正な信用原価が確保されているかおぼつかない状況にあります。

　現在のきわめて低位なデフォルト率は今後必ず上昇するのです。その際、信用ポートフォリオの正味内容は自己資本や決算において維持可能な状態にあるのか、しっかりとした計測がとても重要です。同じ過ちや金融システムの機能障害を二度と起こしてはなりません。信用TPを"信用原価"として機能するよう実践適用することが、スプレッドバンキング"総点検"においてとても重要なポイントとなります。

　顕在化する信用リスクの状況を「信用原価表」の変動にて"感知"し、さらにその信用TP処理により、顧客プライシングへと適用する信用リスクの消化方法の確立は、"不断"の信用リスク消化を"自動安定化装置"のように銀行・金融機関内に駆動させることを意味します（**図表7 −11**）。

図表 7 - 11 「信用原価表」としての信用TP

スコア階層別の実績デフォルト率

	R1	R2	R3	R4	R5	R6	R7	R8
	0.12%	0.22%	0.36%	0.65%	1.18%	1.94%	3.54%	11.01%
差異		+0.10%	+0.24%	+0.53%	+1.06%	+1.82%	+3.42%	+10.89%

×

保全率（無担保・無保証）		回収率	LGD
	L0	45.50%	54.50%
A％超　B％未満	L1	48.83%	51.17%
B％以上　C％未満	L2	60.78%	39.22%
C％以上　D％未満	L3	73.82%	26.18%
D％以上　E％未満	L4	78.31%	21.69%
E％以上	L5	84.28%	15.72%

・債務者格付と案件格付の組合せにより、それぞれの格のPDとLGDを掛け合わせたものが信用コスト（EL）となる。
（例）R1（最上位格）向け無担保・無保証貸出の信用コスト
（PD）0.12%×（LGD）54.50%＝（EL）0.07%

	債務者格付							
案件格付	R1	R2	R3	R4	R5	R6	R7	R8
L0	0.07%	0.12%	0.20%	0.35%	0.64%	1.06%	1.93%	6.00%
L1	0.06%	0.11%	0.18%	0.33%	0.60%	0.99%	1.81%	5.63%
L2	0.05%	0.09%	0.14%	0.25%	0.46%	0.76%	1.39%	4.32%
L3	0.03%	0.06%	0.09%	0.17%	0.31%	0.51%	0.93%	2.88%
L4	0.03%	0.05%	0.08%	0.14%	0.26%	0.42%	0.77%	2.39%
L5	0.02%	0.03%	0.06%	0.10%	0.19%	0.30%	0.56%	1.73%

SECTION
7 詳細組立て

　銀行・地域金融機関においては、提供する "商品" こそが事業体としての存立基盤であり、その "商品" を通じて、預金者と借入人の "相いれない" 資金ニーズを調停します。したがって、"調停仲介物" である "商品" のなかにさまざまなリスクが内在し、そのリスクの消化にあたり、"一つひとつの性向" に即し、TP処理を行うことがスプレッドバンキング設計上の骨格となります。以下、「管理商品ユニット」に対する具体的なTP適用から、スプレッドバンキングの詳細組立てに関し考察を深めます。

1 定期性預金

　「大口定期」「スーパー定期」に関しては、すでに "スプレッド評価" を実施している銀行・地域金融機関は多数存在します。預入期間に対応した市場金利を「採算金利」とし、「採算金利－約定金利」を預金スプレッドとして収益確定するものです。しかしながら、ALMセクションがその「採算金利」にて定期預金資金をALM管理する "移転価格制度" まで発展していないケースや、「採算金利」を市場金利から大きくゆがめ規制時代の遺物である期間属性のない本支店レートにて運営しているケースが見受けられます。"総点検" にて、預金の収益評価の現状を理解し、しっかりとしたスプレッドバンキングの設計をしましょう。

　そしてゼロ金利という異常事態から普通金利へと向かう「新局面」において、**市場金利手法**を採択しながら、"中長期的な視点" に立ち、インセンティブを付与する**インセンティブ手法**の戦略適用がとても重要であることを

CHAPTER 7 ● "詳細設計" 収益リスク管理会計制度　293

述べてきました。

　"中長期視点"のインセンティブは、まさに経営事項であることから、この"インセンティブの補填損益勘定"は、「経営管理セクション」に設置するのがよいと考えます。なおインセンティブ発動において、「制限事項」の設定は大変有効です。インセンティブを与えた際、適用金利に"緩み"が生じます。競争対応のため必要なインセンティブを適用することが目的ですが、副作用として必ず"緩み"が生じます。その"緩み"を制御するため、"上限（下限）金利"を設定し、その制限を超えた場合はインセンティブ付与（収益帰属ユニットへの収益補填）をゼロとしたり、減額調整したりする制限事項の設営は効果的です。

　運用のプロでもある商社や大企業の財務部門が、彼らのホットマネーをより有利な運用へと預金先の選好を行う裁定取引があります。金利胎動が"普通"となった段階においては、日中において、彼らの獰猛な裁定行動を受けることになります（実際、1990年代はそうでした）。銀行・地域金融機関は、当然金融のプロであり、金融が本業ですから、それらが適切なビジネス取引となるよう対処することが必須です。

　市場金利手法においては、TPレートを1日の始まりに決定し、顧客に対し一括適用する一般型と、超大口定期や大口市場連動貸のようなホットマネーに対し、資金証券セクションが市場とのリアルタイムのやりとりにて確認し、指値を出す個別型があります。預金取引において、ある一定金額を超える預貸金取引においては、「ALM（長短リスク）セクション」による"個別指値方式"を採用する必要があります。特に期間の長い預金に関しては、ALM金利観に基づく積極調達、消極調達双方の観点から、その指値を戦略化することが重要です。

　定期預金の「中途解約補正利息」は、定期預金が満期前に解約されることにより生じる、それまでの"財務会計計上の支払利息（当初の定期預金金利）"と"解約金利での利息"との差額を補正するもので、当然、収益上"プラス"となります。

「中途解約」は、預金者のプット・オプションの行使にほかありません。

今後金利が上昇すれば、ペナルティ金利である解約利率で定期を解約し、再預入れしたほうが得となるケースが発生するでしょう。したがって、中途解約のオプション対価としての"解約利率"の設定がALM上重要となります。しかし、ほとんどの定期預金の解約において普通預金金利の適用であることから、銀行・地域金融機関が現状は損をしない設定になっています。

さて、この定期預金における中途解約補正利息の収益帰属先ですが、定期預金をその期間資金にてTP収益管理する「ALM（長短リスク）セクション」に帰属させることが一般的です。預金者のプット行使により経済影響を受けるのは、「ALM（長短リスク）セクション」だからです。預入期間に応じた市場金利TPでの資金調達が、中途解約により突如存在しなくなるからです。これからの金利上昇局面と厳しい預金金利競争に鑑みると、現行の中途解約金利を大幅に見直す必要が出てくるかもしれません。その際、どこまで預金者に対し有利な設定をするのかの具体的な計算は、オプション理論の実務適用であることから、やはり「ALM（長短リスク）セクション」に当該収益を帰属させることがよいのです。

金利がある世界においては、「中途解約補正利息」はある程度の額に達することになります。現状は営業部門収益に計上されている場合が多いことから、「営業店統括セクション」は、ALMセクションでの収益計上に難色を示すかもしれません。預金者のすべてが合理的に行動するとは想定できず、その"ペナルティ収益"においても、"営業見合い"があるはずだという主張です。オプション商品の顧客への売却であると考えれば、ALMセクションが計上すべき収益はその"卸値"であり、その"卸値"と顧客契約との差額は「オプション対顧業務収益」として、営業部門にて利益計上されるべきものであるという主張です。よって、「中途解約補正利息」のすべてをALMセクションへ計上することは経営管理の枠組み上、適正ではない、という意見です。

しかしながら、"営業見合い"といっても、そこには"能動努力"が介在

CHAPTER 7 ● "詳細設計"収益リスク管理会計制度　　295

していないこと、そして何よりも"中途解約ペナルティ"の設定が今後の大きな商品差別化のイシューになると想定されることから、やはり、**ALM（長短リスク）セクション**に収益帰属させることが有効であると考えます。なお、「預金スプレッド収益」においては、解約日まで、営業部門にスプレッド収益計上され、過去にさかのぼり取り消されることはありません。

以上、大変細かい議論ですが、顧客への利便性や魅力ある商品の提供から、結果として生じる損益尻で、その動向をよく観察することにより、はじめて商品改良の新たな設計ができるうえ、新商品開発の"発想の種"が生まれます。これからの金利上昇局面において、「中途解約補正利息」は増勢となるでしょう。そのことが銀行・地域金融機関の経営に何を意味するのか考える必要があるうえ、この現在のペナルティ金利（普通預金）の戦略妥当性に関しても思慮深い議論が必要なのです。

2 流動性預金

流動性預金のTP手法に関しては、すでに詳しく述べてきました。期日経過の定期預金に関しては、適用金利が普通預金であることから、普通預金と同様にすることが基本形です。

3 短プラ連動金利貸金

貸金に対し詳細設計を行う際、まず"金利連動特性"に応じた分類を行う必要があります。預金においては、必要な金利連動の特性は、「大口定期」「スーパー定期」「変動金利定期」等の"財務会計上の商品分類"から直接得られました。一方、貸金において、財務会計上の分類は、「手形貸付」「証書貸付」「当座貸越」などの"契約形態別"の分類であることから、これらをTP適用ができるよう金利連動特性別に再分類する必要があります。

ただし、大多数の銀行では、ALMマチュリティ・ラダーの作成や"自動

連動貸金（短プラ等の基準金利が変われば契約条項に即し金利が自動更改）”の浸透により、すでに必要な商品分類がなされているケースが一般的で、商品分類とその金利連動特性の確認を行う程度で、実務的に困難な作業ではありません。とはいえ、残高は小さいものの商品種類が多数ある公的制度融資に関しては、商品分類上の工夫が必要な場合があります。

　変動金利貸金のTP設計において重要になるのが、何の金利に連動するかの「連動金利区分別」の商品分類です。一般の銀行・地域金融機関においては、変動金利貸金において“短プラ連動”が主力商品です。**CHAPTER 4** で詳述したとおり、**ベーシススプレッド手法**の適用が基本です。

　ところで、短プラ連動において同一でも、商品内容に応じ、“α”水準を変えるべきでしょうか。たとえば、短プラ法人貸金と住宅ローンとでは、“更改変動ルール”が相違します。法人向け貸金においては、“次回の利払日”にて更改連動する金利満期である場合がほとんどであり、証書貸付の場合は毎月利払いが大宗で、後は3カ月ごとがほとんどでしょう。一方、住宅ローンにおいては年2回の基準月（4月・10月）時点の短プラを適用するもので、さらに「参照月」と「金利適用更改月」のズレが生じる場合もあります。

　厳密にいえば、同じ金利連動でも金利更改ルールの相違にて、“αスプレッド”の設定を変える必要があります。しかし、そのズレも単年度で収まること、「法人⇔個人」での裁定取引が存在しないことをふまえると、同じ短プラαでよいと考えます。そもそもそのような、さまざまな資金使途や金利更改に対し、一括して適用する基準金利が短プラです。さまざまなベーシスリスクを総合的に消化する、単一の消化酵素が短プラであることから、同じ“αスプレッド”の設定がむしろ理に適っています。

　次に**αスプレッド**の更改運営方法に関して考察します。

　この更改運営方法の策定は、まず現時点のαスプレッドの“水準”を決定するところから始まります。まず、“始まり”が決まらなければ更改しようがないからです。“αスプレッド”すなわち“短プラ・ストレート水準での

目標粗利益スプレッド"を、経営として"いくらに定めるか"です。

そのためにまず、**短プラベーシスリスク収益**を $a = 0$ として算出します。したがって、算出される収益は、「現行短プラ水準 −（短プラ貸金のALM（長短）ベースレートの残高加重平均値）」となりますので、ずばり"短プラ・ストレート水準での粗利益（実績）"となります。その収益総額を総残高で割って得られるのが、「（実績）短プラ a スプレッド」です。

その数値に鑑み、切りのよい数値に丸めて"a スプレッド"を設定することになります。大事なのは、「（実績）短プラ a スプレッド」をふまえ、"今後いくらに設定したいか＝短プラ・ストレート水準での目標粗利益スプレッド"にて、数値を決定することです。

たとえば、現在は ＋1.2％ であるが、これからの金利胎動期に ＋1.3％ まで高めたいといった"経営方針"の明確化です。そうすることにより、設定される a スプレッド水準に"経営の意思"が宿ることになります。もちろん、競争環境から単独での短プラ改定は簡単ではないことは理解します。しかし重要なのは、"経営方針"という"軸"が入った"a スプレッド"により、はじめて「短プラベーシスリスク収益」はその達成状況を表す"バロメータ"として機能するようになるのです。

いったん"a スプレッド"が決定されると、その後の市場金利と短プラの関係変化から、「短プラベーシスリスク収益」が変動することになります。

「実績」そのもので"a スプレッド"を決定すれば、最初は当然収益ゼロとなります。しかし翌月市場金利が上昇し、短プラが更改されなければ、当該収益勘定は赤字となります。今後、金利が上昇すれば、この赤字勘定が増加していくため、それを相殺するように短プラの引上げを行う必要があります。

一方で「赤字損益÷総残高」にて、短プラの引上げ幅を理論的に"逆算"できるようになります。現在の短プラと市場金利の関係なら、具体的にいくら短プラを引き上げるべきか客観的に経営認識できるようになるのです。

その際、「赤字損益」をどこまでの"範囲"とするかで引上げ幅は変わっ

てきます。赤字になってからの"累計値"とするのか、"過去1年間"とするのか等です。それらのいくつかのシナリオを設定し、それぞれのスコープでの引上げ幅を経営に報告し、採決を得る方法もあるでしょう。しかし、短プラ引上げ時の"説明責任"を考えると、事前に文書化された範囲設定が必要と考えます。借入人全員に影響を与えることをふまえると、短プラは"社会的なもの"であると考えるからです。運営の主観性で収益の積増しをねらう対象ではないと思います。

したがって、更改ルールの事前明文化は必要と考えます。①赤字（黒字）勘定が累積でいくらの規模になったら短プラ改定の"検討"に入るか（社会への検討開始のプレアナウンスと平仄があえばベスト）、そして、②赤字（黒字）の累積実績がいくらに到達したら短プラの引上げ（引下げ）を行うのか、③その際の刻み幅をいくらと設定するかなど、を事前に文書化し、短プラ更改の客観運営を実現していくのです。

競争環境により、独立独歩の短プラ運営は困難でしょう。しかし、運調構造がもはや大きく相違するメガバンクの短プラに"盲従"することが、自行・自機関の経営安定を招来するとは限りません。短プラの決定権限は約定上、個別銀行・個別地域金融機関に存在します。本来であれば、短プラをいくらに更改すべきかは、自行・自機関の短プラ・ポートフォリオに照らし内部計算にて策定すべきものです。もはや金利は完全自由化されています。これからの金利上昇においては、自分自身をしっかり守る、短プラ運営が重要となります。

4　市場金利連動貸金等

TIBOR等の市場金利に一定の上乗せスプレッドの約定をした変動金利貸金である「市場金利連動スプレッド貸金」に関しては、当然ながら**市場金利手法**の適用となります。1年の市場金利連動貸金で3カ月ごとの金利更改であれば、更改時点の3カ月物市場金利にてTPします。この市場連動貸金に

関しては、すでにスプレッド評価を実施している銀行がほとんどでしょう。その枠組みをそのまま利用すればよいのです。ただし留意すべき点は、そのベースレートにてALMセクションへきちんと"移転"させることです。

金利変動貸出におけるその他のタイプとして、「定期預金金利（担保預金）連動貸金」があります。個人のお客様の主力商品である総合口座による当座貸越、定期預金を担保した一般当座貸越等があります。このような、過去に預入れされた定期預金金利をベースに、スプレッドを乗せて貸し出す商品性はALMの観点からは非常に不合理で、適正な上乗せスプレッド算出には複雑なオプション・モデルの構築と過去データの整備が必要となります。

個人の総合口座貸越に関しては、残高が大きくなく、主力商品として拡販するものではないことから、担保預金金利の上乗せ幅を勘案した一定スプレッド a を設定する**ベーシススプレッド手法**の適用がよいと考えます。

一方、法人向けの定期預金担保による一般当座貸越に関しては、短プラ a での「ベーシススプレッド手法」がより好ましいと考えます。法人向けには、過去の金利を現在の貸出実行の際のベースとする不合理な適用とせず、"担保として"定期を押さえるものの、金利は短プラを採用する形態が望ましいからです。個人向けの総合口座貸越に関しては、不合理な特性を"商品として認めている"ことから、その責がない営業店へは一定スプレッドを還元すべきと考えます。

5 固定金利貸金

「固定金利貸金」に対しては、**市場金利手法**を適用します。

元金一括返済の固定貸金に関しては、定期預金と同様の**ALM（長短）ベースレート**の適用となります。すなわち、5年の期限一括返済の固定金利貸金のベースレートは5年物の市場金利を用い、貸出満了まで対顧約定金利との差額を確定スプレッドとして営業店に固定還元します。ALMセクションはそのベースレートで資産管理を行うものです。

一方、償還型の固定金利貸金の場合は、**ALM（償還）ベースレート**をTP適用します。貸金元本の内入れスケジュールにあわせ、当該貸出を複数の貸出と解釈し、各期間対応の市場金利の加重平均レートを営業店のベースレートとするものです。毎月元金均等返済、1年ごと均等返済など、償還の型に応じたTP設定を検討する必要があります。特に長期固定の住宅ローンに関しては別建ての償還TPレートの設定が必要です。

　ほとんどの住宅ローンが元利均等返済型であることから、そのような長期固定貸金には、**ALM（固定住宅ローン元利均等）ベースレート**を適用します。一部のお客様は早く返済をすませたいことから元金均等型を選択される場合があります。この場合は元利均等に対して大きくキャッシュフローが相違することから、**ALM（固定住宅ローン元金均等）ベースレート**の設定が必要です。また、近年、〔固定⇔変動〕選択型の商品も販売されています。この商品には、**ALM（固変選択住宅ローン元利均等）ベースレート**の設定が必要です。営業店にとっては、約定金利とベースレートの差額が確定スプレッド収益として、貸出満了まで固定還元され、ALMはそのベースレートにて資産管理を行います。

　大口の固定貸金に関しては、大口定期の議論と同様、TPは"個別対応"での指値方式となります。したがって、この場合は、**ALMマイグレートTP**の適用となります。

　今後の金利上昇局面を想定すると、固定金利借入れのニーズは増大することは必定です。現在のヘッジ市場の規模の十分性をふまえれば、当然ながら銀行・地域金融機関は固定金利借入れのニーズに応えられるはずです。

6　その他貸金等

　その他の貸金として、地方公共団体（地公体）の制度融資である「預託金付制度融資貸金」があります。地公体が政策融資実行の見合いとして預託金を積み、金融機関にて低利の融資を促すものです。この貸金には、"一定ス

プレッド"の**ベーシススプレッド手法**を適用します。

"わかりやすい収益管理"を実践するため、低利預託金のスプレッド収益を加味した貸出スプレッド収益を設定するものです。預託金の営業店スプレッドを"0"として、その収益分を営業統括セクションに移転させるとともに、貸出単体での実際の赤字スプレッドと一定付与する a スプレッドとの差額を営業統括セクションへ移転させ、本部での預託金付制度融資を集中的かつ総合的に損益管理を行うものです。

その他貸金に、**本部貸金**と呼ばれるものがあります。職員向けの低利貸出である「住宅社内貸付」「共済会貸付」等があります。これらの貸出は営業努力から生じるものではなく、別途の管理が必要です。営業店スプレッドが"0％"のベーシススプレッド手法の適用が妥当と考えます。

債権流動化に関しては、営業店の意思とは関係なく、本部の判断から実行されることから、営業店には流動化後も"貸出が残存しているものとした収益評価"が必要となります。営業店で計上した流動化分のスプレッド収益を営業統括セクションの本部収益として"マイナス計上"します。これにより財務会計収益と一致するとともに、本部での"流動化"に伴うコスト意識が確立することになります。売却を行うので、ALMでの資産管理は不要となり、ALMセクションへのTP処理はなくなります

固定金利貸出の売却にあたっては、ALMベースレートを持ち値とした売却時点の「正味価値」分をALMセクションの売買損益として計上する必要があります。営業統括セクションは、流動化時点の実際の売買損益から、このALMセクション計上の売買損益を控除した分を、管理損益として流動化時点で計上します。

仮にそれでも売買益を営業統括セクションが計上できれば、それがその後生じる、本部のマイナス・スプレッド収益の原資となるのです。この本部勘定をきちんとフォローすれば、債権流動化に伴う損益インパクトを継続的にモニタリングできるようになります。

金利がある世界の金利上昇は、必然的に預金の大流動化を引き起こし、こ

の10年で大幅に残高を増やしている貸出勘定の「債権流動化」が必要となる可能性があります。いま、しっかりと経営思考すべきです。

貸金の補正利息は営業店スプレッド収益に計上します。たとえば、起算日でのレート変更に伴う補正利息や両端利息徴求による補正利息は対顧折衝や商慣習から生じるもので、営業店での収益計上が妥当です。また、約定利率と決算計上利率の差額は、なんらかの理由により積数利息とキャッシュでの受取利息等が相違しているもので、この差額も営業店損益として計上すべきものです。ただし、固定金利貸金の中途返済に伴うペナルティ利息の徴求分は、定期預金の中途解約補正利息と同等の取扱いが基本です。固定期間に即して、ALM（長短）セクションが見合いのヘッジ取引を組み上げているからです。突然のヘッジ対象資産の消失は片側のヘッジ取引のみを残すことになるからです。したがって、固定金利貸出の中途返済に伴うペナルティ利息の徴求分は、ALMセクションへ収益移転します。またこれは合理的で競争優位のペナルティ条項の設計に資するものとなります。有効なペナルティ条項が設定できない場合は、やはり対顧金利にそのオプション・プレミアム分を内包させる商品設計が必要となります。住宅ローンの長期固定金利は最たる事例でしょう。

不良債権貸金のTP設計上のイシューとしては、大きく分けて２つあります。第一は不良債権の**キャリング・コスト負担先**、第二は**金利リスク帰属先**の議論です。

当然の意見として、営業部門が不良債権にかかわるキャリング・コストを負担すべきという意見があります。融資営業の結果生じたのですから、営業店がその痛みを感じ、早期回収を推進するという考えです。しかしながら、営業店にキャリング・コストを負担させることには、デメリットも存在します。“直接償却”を行った営業店収益は、その後大きく収益改善することになるからです。帳簿上、貸金をライトオフすることから、スプレッド収益はいっさい計上されなくなるからです。

反対に、“間接償却”においては、キャリング・コストが依然計上される

ことになり、償却形態での不公平が生じます。また、直接償却するたびに
「営業部門収益」が改善する一方、自己資本の運用益を計上する「経営勘定
収益」が突然悪化することになります。不良債権償却が、１つの管理主体に
よって継続的にモニターされないデメリットもあります。そして、"死んだ
貸出"の影響から、現在の営業店のコア・パフォーマンスが誤解され、マー
ケティング戦略上、ミスジャッジする危険性もあります。

　以上のデメリットをふまえると、「不良債権貸金に係るスプレッド収益は
一律"０％"とする一定スプレッド」の**ベーシススプレッド手法**の適用がよ
いと考えます。支店長のモラルハザードの観点から、二の足を踏む考えもあ
りますが、営業店のモラルを維持するには、収益評価上のペナルティ運営よ
り、業績評価のほうがより効果的と考えます。

　第二の議論は、不良貸金に関する「金利リスクの帰属先」です。ALMセ
クションにとってはいつ回収されるかが不明なため、スプレッドバンキング
の設計上は、まずは１カ月物の市場金利資産として収益・リスク管理を行う
のが妥当でしょう。１カ月物市場金利のキャリング・コストは、「経営管理
セクション」にて計上します。

7　預貸金以外の運調勘定

　**スプレッドバンキングは、預金・貸金のみならず、銀行・地域金融機関が
保有する"すべての"資産・負債に対してTP処理を実行し、ALM部門が各
取引の資金属性に応じ、市場金利に準拠して、全資産・全負債を洗い替え、
収益リスク管理を行うものです。**

　したがって、ALM部門が管理するバランス残高は銀行・地域金融機関全
体と同じ残高となります。

　投資有価証券やコールマネー等の市場での運用・調達は、ALM部門の
"プロパー資金"として位置づけ、約定財務レートそのものでの収益管理と
なります。預貸金以外の取引に関しては、「ALM部門のプロパー資産・負

債」かどうかを吟味することが重要です。ALM部門のプロパー資産・負債でないということは、なんらかの"スプレッド収益"が存在することを意味し、その帰属先をきちんと定義することが必要です。

ALM部門のプロパー資産・負債としては、コールローン、コールマネー、CD（譲渡性預金）、買入手形、売渡手形、CP（コマーシャルペーパー）、投資債券、市中借入金（除く劣後債務）、円転、円投、スワップ等のオフバランス取引があげられます。

商品有価証券等の「ディーリング・セクション」に関しては、資産・負債に対して能動かつ機動的な運営を行っていることから、「全体ALM」とは分別した管理が必要です。ディーリング・セクションは、その運調尻に対し、「ALM（長短リスク）セクション」に行内オーダーを発注できる体制を構築することが重要です。それにより、より効果的なディーリング業務を運営できるからです。

投資債券のなかで**私募債**をALM部門のプロパー資産と位置づけるかどうか、については議論があります。たとえば貸金の変形と考え、営業店へスプレッド収益を還元すべきだとする意見があります。間接金融と直接金融の狭間にある取引ですから、主張が分かれるところです。私論をいえば、貸金変形の色彩が依然強いことから、スプレッド収益を営業店へ還元すべきと考えます。

その際は、競合商品である固定金利貸金と収益性の評価基準をあわせる必要があります。債券発行に伴う各種手数料を期間按分し、私募債の最終利回りと見合市場金利の差を私募債のスプレッド収益として営業店へ固定還元します。

私募債発行という、顧客・銀行双方にとって労力がかかる金融取引が、手続が至って簡単な「固定金利貸金」と比べ、十分な利鞘が確保されていない場合が散見されます。

手前で一括計上される手数料収入に目が奪われ、総合収益性の低い取引を実行している可能性があります。

CHAPTER 7 ● "詳細設計"収益リスク管理会計制度　305

「ALM（長短リスク）セクション」の"組織内"でのTP設計も重要なポイントです。投資有価証券を中心に長期金利資産を管理する現行の資金証券セクションと預貸関連のALMをいかに融合させるかの設計です。

3年以上の長期預金部分と長期固定金利貸金部分といった預貸金の"長期ポジション"は、投資債券ポジションと同様の資金属性を呈します。長期預貸金と投資債券に関し、"総合的なポジション運営"ができるよう**ALM（長中期リスク）セクション**をALM内部にて構成するのが有効です。財務勘定科目の区分けを越えた、資金属性の観点からの「ALMセクション」の立ち上げが、これからの金利上昇局面において重要となります。

その他の資産・負債、すなわち"その他スプレッド収益"が存在するものに以下のようなものがあります。

保有現金、日銀準備預金に関しては、日々残高が変動することから、ALMセクションは1カ月物市場金利での資産管理とし、そのコストを営業店が支払う「市場金利手法」とします。

日銀借入金、転換社債に関し、ALMセクションがその金利で調達管理すれば、低利調達の利得を努力なしで享受することになります。厳密な取扱いとしては、市場金利1カ月物の移転価格で資金管理させ、スプレッド収益を「経営管理セクション」へ計上させる「市場金利手法」が妥当と考えられます。ただし、日々の資金繰り管理をALMセクションが行っていることから、それらのスプレッド収益をALMセクションへ付与する、すなわち「ALMのプロパー調達」としてもよいと考えます。

バーゼル規制対応のための**劣後債務**については、ALMセクションは、その高コスト負担の義務はないことから、金利サイクルにあわせた市場金利での引受け・管理が適切です。市場金利と劣後債務金利の差額コストは、「経営管理セクション」での計上が妥当です。バーゼル規制におけるリスクアセット運営の責務がある各営業部門にそのコストを按分負担させる考え方もありますが、毎期の利益計上に伴う自己資本勘定の蓄積改善の運用益を営業

部門に配賦していないことから、劣後債務コストに関しては、「経営管理セクション」での負担が適切であると考えます。

仮払金、仮受金、本店勘定に関しては、「市場金利手法」を適用し、スプレッドを「経営管理セクション」に計上します。

動産・不動産に関するキャリング・コストについても、「経営管理セクション」での計上が妥当と考えます。それは、①動産・不動産は営業活動維持のための資産であり、その分を自己資本でまかなうものと考えられること、②簿価ベースのキャリング・コストを各営業店に経費配賦すると、新店舗と旧店舗、賃貸店舗と買取店舗間での評価上のゆがみが生じるからです。営業店に対しては別途、"経費配賦"にて動産・不動産コストを賦課していきます。ALMセクションは1カ月物の市場金利で資産管理を行い、そのコストは「経営管理セクション」での負担とします。

保有株式に関しては、「純投資」「政策投資」の部分と「クロス取引による株式益出しによる簿加増」の部分を分別して、TP適用すべきでしょう。

純投資はもちろんALM部門のプロパー資産として、スプレッドバンキングを適用していきます。

政策投資部分に関しては、「市場金利手法」を適用し、キャリング・コストは営業店の負担とする考えが一般的です。その際、当然ながら政策投資の株式配当収入は営業店に帰属します。バーゼル規制の対応、市場規律向上の観点から、銀行・地域金融機関の政策投資は大きく減少しています。上場大手企業との株式持合いのための政策投資に関しては縮小となります。

一方、地場の非上場企業の事業承継や新たな起業の後押しのため、銀行・地域金融機関における政策投資機能の拡充は、これからの「新局面」においてとても重要なものです。地場の非上場企業への政策投資を銀行経営として今後どう位置づけるかをしっかりと議論したうえで、スプレッドバンキングの設計を行うことが重要です。デットの供給機能のみならず、エクイティの提供機能が、これからの事業の柱となるのではないでしょうか。

「クロス取引株式益出しによる簿加増」のキャリング・コストに関して

は、「経営管理セクション」での計上が適切です。不良債権の処理原資として、経営判断から益出しを行い、同量の買戻しを行うことによって生じる簿価アップは、まさに経営判断によるものだからです。益出し分は"実現益"として自己資本勘定の改善となりますが、40％程度の税流失が生じます。買戻しを行えば、その税流失分だけ"バランスシートを傷める"ことになります。

自己資本・損益勘定の運用益に関しては、「経営管理セクション」での計上が妥当でしょう。自己資本・損益資金、動産・不動産、保有株式、現金保有など、明確な資金満期が存在しないTP処理において、いかなるTP期間を設定するかのイシューは、流動性預金におけるTP期間設定とまったく同じ問題です。それら明確な資金満期のない資金ポジションを総合把握して、いかなるポジション運営をするかが、「ALM（ベーシスリスク）セクション」の最大のミッションとなるのです。

以上、「管理商品ユニット」に対する具体的なTP設計に関し考察を深め、スプレッドバンキングの組立てに関して理解を進めてきました。さまざまな営業活動、ALM運営に関し、思いをめぐらせ、経営の思念を念写するようスプレッドバンキングを設計していくことが重要です（スプレッドバンキングの組立てについては、**図表7－12、図表7－13**）。

図表 7－12　スプレッドバンキングの組立て①——預貸金（図表 2－3 再掲）

> 銀行の全資産・全負債＝有価証券＋貸金＋預貸金＋その他資産・負債すべてを、Transfer Pricing（TP処理）にて、市場金利で洗い替え、その"ALM収益"をビジネスユニットとして立ち上げる。利益を追求する「ALM部門」をビジネスユニットとして立ち上げる。

(1) 預金商品

管理商品ユニット	行内移転価格手法（TP手法）	能動プライシング（あり○）	スプレッド収益	長短ミスマッチ収益	ベーシスリスク収益	能動プライシング	信用コスト収益	中途解約補整	複利補整	延利他	ALM長短レート	ALMベーシスレート（αスプレッド）	水準	更改日	信用TPレート
流動性預金 当座預金	「ベーシススプレッド手法」	—	営業店	ALM（長短）	ALM（ベーシス）	—	—	—	—	—	市場金利 1カ月	α当座預金	0.15	不定期	—
普通預金	「ベーシススプレッド手法」	—	営業店	ALM（長短）	ALM（ベーシス）	—	—	—	—	—	市場金利 1カ月	α普通預金	0.13	不定期	—
通知預金	「ベーシススプレッド手法」	—	営業店	ALM（長短）	ALM（ベーシス）	—	—	—	—	—	市場金利 1カ月	α通知預金	0.13	不定期	—
別段預金	「ベーシススプレッド手法」	—	営業店	ALM（長短）	ALM（ベーシス）	—	—	—	—	—	市場金利 1カ月	α別段預金	0.15	不定期	—
定期性預金 大口定期預金 10億円以上	「市場金利手法」（個別）	—	営業店	ALM（長短）	ALM（ベーシス）	—	—	ALM（長短）	—	—	市場金利（ダイレクト）	—	—	—	—
〃 3億〜10億円未満	「市場金利手法」	○	営業店	ALM（長短）	ALM（ベーシス）	（営業統括）	—	ALM（長短）	—	—	市場金利（日中）	—	—	—	—
〃 3億円未満	「市場金利手法」	○	営業店	ALM（長短）	ALM（ベーシス）	（営業統括）	—	ALM（長短）	—	—	市場金利（日次）	—	—	—	—
〃 預託金	「ベーシススプレッド手法」	—	（営業統括）	ALM（長短）	（営業統括）	—	—	ALM（長短）	—	—	市場金利（日次）	α預託金	0	—	—
スーパー定期 300万円以上	「市場金利手法」	○	営業店	ALM（長短）	ALM（ベーシス）	（営業統括）	—	ALM（長短）	—	—	市場金利（日次）	—	—	—	—
〃 300万円未満	「市場金利手法」	○	営業店	ALM（長短）	ALM（ベーシス）	（営業統括）	—	ALM（長短）	—	—	市場金利（日次）	—	—	—	—
〃 預託金	「ベーシススプレッド手法」	—	（営業統括）	ALM（長短）	（営業統括）	—	—	ALM（長短）	—	—	市場金利（日次）	α預託金	0	—	—

CHAPTER 7 ●　"詳細設計"収益リスク管理会計制度　　309

(1)（続き）定期性預金

管理商品ユニット	行内移転価格手法 (TP手法)	能動プライシングスプレッド収益 (あり(○))	収益帰属先ユニット 長短ミスマッチ収益	ベーシスリスク収益	能動プライシング	信用コスト収益	その他収益 中途解約補整	複利補整	延利他	TPレート ALM長短レート	ALMベーシスレート (αスプレッド)	適用ルール 水準	更改日	信用TPレート
変動金利定期	「市場金利手法」	営業店 —	ALM (長短)	—	—	—	ALM (長短)	—	—	市場金利 (日次)	—	—	—	—
年金定期	「市場金利手法」	営業店 ○	ALM (長短)	—	(営業統括)	—	ALM (長短)	—	—	市場金利 (日次)	—	—	—	—
福祉定期	「市場金利手法」	営業店 ○	ALM (長短)	—	(営業統括)	—	ALM (長短)	—	—	市場金利 (日次)	—	—	—	—
積立定期（含む財形）	「市場金利手法」	営業店 —	ALM (長短)	—	—	—	ALM (長短)	—	—	市場金利 (日次)	—	—	—	—
期日指定定期（含む財形・積立）	「市場金利手法」	営業店 —	ALM (長短)	—	—	—	ALM (長短)	(経営管理)	—	市場金利 (日次)	—	—	—	—
期日後定期	「ベーシススプレッド手法」	—	ALM (ベーシス)	ALM (ベーシス)	—	—	—	—	—	市場金利 1カ月	α 普通預金	0.13	不定期	—

【信用コスト】は営業部門収益から控除せず、内数表示。ただし、当該"信用コスト収益"を（融資企画セクション）においても収益管理（保険料収入概念として）

(2) 貸金商品

管理商品ユニット	行内移転価格手法 (TP手法)	能動プライシングスプレッド収益 (あり(○))	収益帰属先ユニット 長短ミスマッチ収益	ベーシスリスク収益	能動プライシング	信用コスト収益	その他収益 中途解約補整	複利補整	延利他	TPレート ALM長短レート	ALMベーシスレート (αスプレッド)	適用ルール 水準	更改日	信用TPレート
事業性貸金 商業手形 短プラ連動	「ベーシススプレッド手法」	営業店 ○	ALM (長短)	ALM (ベーシス)	(営業統括)	(融資企画)	ALM (長短)	—	(融資企画)	市場金利 (日次)	α 短プラ	1.20	不定期	法人 (PD×LGD)
手形貸付 短プラ連動	「ベーシススプレッド手法」	営業店 ○	ALM (長短)	ALM (ベーシス)	(営業統括)	(融資企画)	ALM (長短)	—	(融資企画)	市場金利 (日次)	α 短プラ	1.20	不定期	法人 (PD×LGD)
〃 スプレッド貸出（一般）	「市場金利手法」	営業店 —	ALM (長短)	ALM (ベーシス)	—	(融資企画)	ALM (長短)	ALM	(融資企画)	市場金利 (日中)	—	—	—	法人 (PD×LGD)

管理商品ユニット		行内移転価格手法（TP手法）	能動プライシング（あり）↑○	収益帰属先ユニット								TPレート				
				スプレッド収益	長短ミスマッチ収益	ベーシスリスク収益	能動プライシング収益	信用コスト収益	その他収益			ALM長短レート	ALMベースレート（αスプレッド）	適用ルール		信用TPレート
									中途解約補整	規利補整	延利他			水準	更改日	
〃	スプレッド貸出（大口）	「市場金利手法」（個別）	—	営業店	ALM（長短）	—	—	（融資企画）	ALM（長短）	—	（融資企画）	市場金利（ダイレクト）	α短プラ	1.20	不定期	法人（PD×LGD）
〃	預金金利（預金担保）	「ベーシススプレッド手法」	—	営業店	ALM（長短）	ALM（ベーシス）	—	（融資企画）	—	—	（融資企画）	市場金利（日次）	α預託金融資	0.10	不定期	法人（PD×LGD）
〃	制度融資（預託金）	「ベーシススプレッド手法」	○	営業店	ALM（長短）	ALM（ベーシス）	（営業統括）	（融資企画）	—	—	（融資企画）	市場金利（日次）	α預託金融資			法人（PD×LGD）
短プラ連動 当座貸越（一般）		「ベーシススプレッド手法」	○	営業店	ALM（長短）	ALM（ベーシス）	（営業統括）	（融資企画）	ALM（長短）	—	（融資企画）	市場金利（日次）	α短プラ	1.20	不定期	法人（PD×LGD）
〃	預金金利（預金担保）	「ベーシススプレッド手法」	—	営業店	ALM（長短）	ALM（ベーシス）	—	（融資企画）	—	—	（融資企画）	市場金利 1ヶ月	α短プラ	1.20	不定期	法人（PD×LGD）
短プラ連動 当座貸越（特殊）		「ベーシススプレッド手法」	○	営業店	ALM（長短）	ALM（ベーシス）	（営業統括）	（融資企画）	ALM（長短）	—	（融資企画）	市場金利 1ヶ月	α短プラ	1.20	不定期	法人（PD×LGD）
〃	スプレッド貸出（一般）	「市場金利手法」	—	営業店	ALM（長短）	—	（営業統括）	（融資企画）	ALM（長短）	—	（融資企画）	市場金利（日次）	α短プラ	1.20	不定期	法人（PD×LGD）
〃	預金金利（預金担保）	「ベーシススプレッド手法」	—	営業店	ALM（長短）	—	—	（融資企画）	—	—	（融資企画）	市場金利（日中）	—	—	—	法人（PD×LGD）
短プラ連動 証書貸付（変動）		「ベーシススプレッド手法」	○	営業店	ALM（長短）	ALM（ベーシス）	（営業統括）	（融資企画）	ALM（長短）	—	（融資企画）	市場金利（ダイレクト）	α短プラ	1.20	不定期	法人（PD×LGD）
〃	スプレッド貸出（一般）	「ベーシススプレッド手法」	—	営業店	ALM（長短）	ALM（ベーシス）	—	（融資企画）	—	—	（融資企画）	市場金利（日次）	α短プラ	1.20	不定期	法人（PD×LGD）
〃	スプレッド貸出（大口）	「ベーシススプレッド手法」	—	営業店	ALM（長短）	ALM（ベーシス）	—	（融資企画）	—	—	（融資企画）	市場金利（日次）	α短プラ	1.20	不定期	法人（PD×LGD）
〃	預金金利（預金担保）	「ベーシススプレッド手法」	—	営業店	ALM（長短）	ALM（ベーシス）	—	（融資企画）	—	—	（融資企画）	市場金利（日次）	α預託金融資	0.10	不定期	法人（PD×LGD）
〃	制度融資（預託金） その他連動	「ベーシススプレッド手法」	○	営業店	ALM（長短）	ALM（ベーシス）	（営業統括）	（融資企画）	—	—	（融資企画）	市場金利（日次）	αその他変動	1.50	不定期	法人（PD×LGD）

事業性資金

資金区分	管理商品ユニット		行内移転価格手法（TP手法）	能動プライシング（あり○）	収益帰属先ユニット：スプレッド収益	長短ミスマッチ収益	ベーシスリスク収益	能動プライシング	信用コスト収益	その他収益：中途解約補塡	複利補塡	延利他	ALM長短TPレート	TPレート：ALMベーシスレート（αスプレッド）	適用ルール（水準）	適用ルール（更改日）	信用TPレート
事業性資金	証書貸付（固定）	期限一括返済	「市場金利法」	—	営業店	ALM（長短）	—	—	（融資企画）	ALM（長短）	—	（融資企画）	市場金利（日中）	—	—	—	法人（PD×LGD）
	〃	元金均等	「市場金利法」	—	営業店	ALM（長短）	—	—	（融資企画）	ALM（長短）	—	（融資企画）	市場金利（元金）	—	—	—	法人（PD×LGD）
	〃	元利均等	「市場金利法」	—	営業店	ALM（長短）	—	—	（融資企画）	ALM（長短）	—	（融資企画）	市場金利（元利）	—	—	—	法人（PD×LGD）
	〃	制度融資（預証金）	「ベーシススプレッド手法」	○	営業店	ALM（長短）	（営業統括）	（営業統括）	（融資企画）	ALM（長短）	—	（融資企画）	市場金利（元金）	α預証金融資	0.10	不定期	法人（PD×LGD）
消費性資金	手形貸付	短プラ連動	「ベーシススプレッド手法」	○	営業店	ALM（長短）	ALM（ベーシス）	（営業統括）	（融資企画）	—	—	（融資企画）	市場金利（日次）	α短プラ	1.20	不定期	個人（PD×LGD）
	〃	スプレッド貸出（一般）	「ベーシススプレッド手法」	—	営業店	ALM（長短）	—	—	（融資企画）	ALM（長短）	—	（融資企画）	市場金利（日次）	—	—	—	個人（PD×LGD）
	〃	預金金利	「ベーシススプレッド手法」	○	営業店	ALM（長短）	ALM（ベーシス）	（営業統括）	（融資企画）	ALM（長短）	—	（融資企画）	市場金利（1ヵ月）	α短プラ	1.20	不定期	個人（PD×LGD）
	〃	その他（預証担保）	「ベーシススプレッド手法」	—	営業店	ALM（長短）	ALM（ベーシス）	（営業統括）	（融資企画）	ALM（長短）	—	（融資企画）	市場金利（1ヵ月）	—	—	—	個人（PD×LGD）
	当座貸越（一般）	総合口座	「ベーシススプレッド手法」	○	営業店	ALM（長短）	（営業統括）	（営業統括）	（融資企画）	—	—	（融資企画）	市場金利（日次）	α総合口座	0.10	不定期	個人（PD×LGD）
	当座貸越 短プラ連動	（カードローン）	「市場金利法」	○	営業店	ALM（長短）	ALM（ベーシス）	（営業統括）	（融資企画）	—	—	（融資企画）	市場金利（日次）	α短プラ	1.20	不定期	個人（PD×LGD）
	証書貸付（変動）	スプレッド貸出（一般）	「ベーシススプレッド手法」	—	営業店	ALM（長短）	—	—	（融資企画）	ALM（長短）	—	（融資企画）	市場金利（日中）	—	—	—	個人（PD×LGD）
	〃	預金金利（預証担保）	「ベーシススプレッド手法」	○	営業店	ALM（長短）	ALM（ベーシス）	（営業統括）	（融資企画）	ALM（長短）	—	（融資企画）	市場金利（日次）	α短プラ	1.20	不定期	個人（PD×LGD）
	〃	その他連動	「ベーシススプレッド手法」	○	営業店	ALM（長短）	ALM（ベーシス）	（営業統括）	（融資企画）	ALM（長短）	—	（融資企画）	市場金利（日次）	αその他変動	1.50	不定期	個人（PD×LGD）
	証書貸付（固定）	元金均等等（住宅ローン）	「市場金利法」	—	営業店	ALM（長短）	ALM（ベーシス）	—	（融資企画）	ALM（長短）	—	（融資企画）	市場金利（住宅元金）	—	—	—	個人（PD×LGD）

管理商品ユニット	行内移転価格手法（TP手法）	能動プライシング（あり○）→	収益帰属先ユニット スプレッド収益	長短ミスマッチ収益	ベーシスリスク収益	能動プライシング	信用コスト収益	その他収益 中途解約補整	複利補整	延利他	ALM長短レート	ALMベーシスレート（αスプレッド）	TPレート 適用ルール 水準	更改日	信用TPレート
〃 元利均等（住宅ローン）	「市場金利手法」	—	営業店	ALM（長短）	—	—	（融資企画）	ALM（長短）	—	（融資企画）	市場金利（住宅元利）	—	—	—	個人（PD×LGD）
〃 固定変動選択型（住宅ローン）	「市場金利手法」	—	営業店	ALM（長短）	—	—	（融資企画）	ALM（長短）	—	（融資企画）	市場金利（固変選択）	—	—	—	個人（PD×LGD）
〃 その他固定（住宅ローン）	「市場金利手法」	—	営業店	ALM（長短）	—	—	（融資企画）	ALM（長短）	—	（融資企画）	市場金利（その他固定）	—	—	—	個人（PD×LGD）
手形貸付 短プラ連動（変動）	「ベーシススプレッド手法」	—	（経営管理）	ALM（長短）	ALM（ベーシス）	—	（融資企画）	—	—	（融資企画）	市場金利（日次）	α短プラ	1.20	不定期	本部（PD×LGD）
〃 スプレッド貸出（一般）	「市場金利手法」	—	（経営管理）	ALM（長短）	—	—	（融資企画）	ALM（長短）	—	（融資企画）	市場金利（日中）	—	—	—	本部（PD×LGD）
〃 預金金利（預金担保）	「市場金利手法」	—	（経営管理）	ALM（長短）	—	—	（融資企画）	—	—	（融資企画）	市場金利（日次）	—	—	—	本部（PD×LGD）
証書貸付 短プラ連動（変動）	「ベーシススプレッド手法」	—	（経営管理）	ALM（長短）	ALM（ベーシス）	—	（融資企画）	—	—	（融資企画）	市場金利（日次）	α短プラ	1.20	不定期	本部（PD×LGD）
〃 スプレッド貸出（一般）	「市場金利手法」	—	（経営管理）	ALM（長短）	—	—	（融資企画）	ALM（長短）	—	（融資企画）	市場金利（日中）	—	—	—	本部（PD×LGD）
〃 預金金利（預金担保）	「市場金利手法」	—	（経営管理）	ALM（長短）	—	—	（融資企画）	—	—	（融資企画）	市場金利（日次）	—	—	—	本部（PD×LGD）
〃 その他連動	「ベーシススプレッド手法」	—	（経営管理）	ALM（長短）	ALM（ベーシス）	—	（融資企画）	—	—	（融資企画）	市場金利（日次）	αその他変動	1.50	不定期	本部（PD×LGD）
証書貸付 期限一括返済（固定）	「市場金利手法」	—	（経営管理）	ALM（長短）	—	—	（融資企画）	ALM（長短）	—	（融資企画）	市場金利（日中）	—	—	—	本部（PD×LGD）
〃 元金均等	「市場金利手法」	—	（経営管理）	ALM（長短）	—	—	（融資企画）	ALM（長短）	—	（融資企画）	市場金利（元金）	—	—	—	本部（PD×LGD）
〃 元利均等	「市場金利手法」	—	（経営管理）	ALM（長短）	—	—	（融資企画）	ALM（長短）	—	（融資企画）	市場金利（元利）	—	—	—	本部（PD×LGD）
不良債権	「市場金利手法」	—	（経営管理）	ALM（長短）	—	—	（融資企画）	—	—	（融資企画）	市場金利（1ヵ月）	—	—	—	本部（PD×LGD）

消費性資金 ／ 本部管理資金他

CHAPTER 7 ● "詳細設計"収益リスク管理会計制度　313

図表 7-13 スプレッドバンキングの組立て②——その他資産・負債（図表 2-3 再掲）

管理商品ユニット		行内移転価格手法（TP手法）	能動プライシングスプレッド収益（あり○）	収益帰属先ユニット							ALM長短レート	TPレート			
				長短ミスマッチ収益	ベーシスリスク収益	能動プライシング収益	信用コスト収益	その他収益				ALMベーシスレート（αスプレッド）	適用ルール		信用TPレート
								中途解約補整	複利補整	延利他			水準	更改日	
保有現金		「市場金利手法」	営業店	ALM（長短）	—	—	—	—	—	—	市場金利1カ月	—	—	—	—
日銀預け金		ALM（長短）プロパー資金	—	ALM（長短）	—	—	—	—	—	—	ALM持ち値	—	—	—	—
定期預け金		ALM（長短）プロパー資金	—	ALM（長短）	—	—	—	—	—	—	ALM持ち値	—	—	—	—
流動性預け金		ALM（長短）プロパー資金	—	ALM（長短）	—	—	—	—	—	—	ALM持ち値	—	—	—	—
譲渡性預金預け金		ALM（長短）プロパー資金	—	ALM（長短）	—	—	—	—	—	—	ALM持ち値	—	—	—	—
その他資産	コールローン	ALM（長短）プロパー資金	—	ALM（長短）	—	—	—	—	—	—	ALM持ち値	—	—	—	—
	その他買入手形	ALM（長短）プロパー資金	—	ALM（長短）	—	—	—	—	—	—	ALM持ち値	—	—	—	—
	CP	ALM（長短）プロパー資金	—	ALM（長短）	—	—	—	—	—	—	ALM持ち値	—	—	—	—
	その他買入金銭債権	ALM（長短）プロパー資金	—	ALM（長短）	—	—	—	—	—	—	ALM持ち値	—	—	—	—
	商品有価証券	ALM（長短）プロパー資金	—	ALM（長短）	—	—	—	—	—	—	ALM持ち値	—	—	—	—
	金銭の信託	ALM（長短）プロパー資金	—	ALM（長短）	—	—	—	—	—	—	ALM持ち値	—	—	—	—
	国債	ALM（長短）プロパー資金	—	ALM（長短）	—	—	—	—	—	—	ALM持ち値	—	—	—	—
	地方債 公募地方債	ALM（長短）プロパー資金	—	ALM（長短）	—	—	—	—	—	—	ALM持ち値	—	—	—	—

管理商品ユニット		行内移転価格手法（TP手法）	能動プライシング（あり○）	収益帰属先ユニット								ALM長短レート	ALMベーシスレート（αスプレッド）	TPレート		信用TPレート
				スプレッド収益	長短ミスマッチ収益	ベーシスリスク収益	能動プライシング収益	信用コスト収益	中途解約補整	複利補整	延利他			適用ルール（水準）	適用ルール（更改日）	
地方債	縁故地方債	ALM（長短）フロパー資金	—	—	ALM（長短）	—	—	—	—	—	—	ALM持ち値	—	—	—	—
公社・公団債	政府保証債	ALM（長短）フロパー資金	—	—	ALM（長短）	—	—	—	—	—	—	ALM持ち値	—	—	—	—
〃	非政府保証債	ALM（長短）フロパー資金	—	—	ALM（長短）	—	—	—	—	—	—	ALM持ち値	—	—	—	—
金融債	利付債	ALM（長短）フロパー資金	—	—	ALM（長短）	—	—	—	—	—	—	ALM持ち値	—	—	—	—
〃	割引債	ALM（長短）フロパー資金	—	—	ALM（長短）	—	—	—	—	—	—	ALM持ち値	—	—	—	—
事業債	公募債	ALM（長短）フロパー資金	—	—	ALM（長短）	—	—	—	—	—	—	ALM持ち値	—	—	—	—
〃	私募債	「ベーシススプレッド手法」	営業店	営業店	ALM（長短）	（営業統括）	—	（融資企画）	ALM（長短）	—	（融資企画）	市場金利（日次）	α私募債	0.50	不定期	法人（PD×LGD）
〃	転換社債	ALM（長短）フロパー資金	—	—	ALM（長短）	—	—	—	—	—	—	ALM持ち値	—	—	—	—
〃	ワラント債	ALM（長短）フロパー資金	—	—	ALM（長短）	—	—	—	—	—	—	ALM持ち値	—	—	—	—
株式	上場	「市場金利手法」	営業店	営業店	ALM（長短）	—	—	—	—	—	—	市場金利 1カ月	—	—	—	—
〃	非上場	「市場金利手法」	営業店	営業店	ALM（長短）	—	—	—	—	—	—	市場金利 1カ月	—	—	—	—
その他資産	その他債券	ALM（長短）フロパー資金	—	—	ALM（長短）	—	—	—	—	—	—	ALM持ち値	—	—	—	—
その他資産	仮払金	「市場金利手法」	（経営管理）	（経営管理）	ALM（長短）	—	—	—	—	—	—	市場金利 1カ月	—	—	—	—
その他資産	動産・不動産	「市場金利手法」	（経営管理）	（経営管理）	ALM（長短）	—	—	—	—	—	—	市場金利 1カ月	—	—	—	—

管理商品ユニット		行内移転価格手法（TP手法）	能動 プライシング（あり○）	スプレッド収益	長短ミスマッチ収益	ベーシスリスク収益	流動プライシング	信用コスト収益	中途解約補整	複利補整	延利他	ALM長短レート	ALMベーシスレート（αスプレッド）	適用ルール 水準	適用ルール 更改日	信用TPレート
その他資産	その他資産	「市場金利手法」	（あり○）↑	（経営管理）	ALM（長短）	—	—	—	—	—	—	市場金利 1ヵ月	—	—	—	—
	円投	ALM（長短）プロパー資金	—	—	ALM（長短）	—	—	—	—	—	—	ALM 持ち値	—	—	—	—
	日銀借入	ALM（長短）プロパー資金	—	—	ALM（長短）	—	—	—	—	—	—	ALM 持ち値	—	—	—	—
	コールマネー	ALM（長短）プロパー資金	—	—	ALM（長短）	—	—	—	—	—	—	ALM 持ち値	—	—	—	—
	売渡手形	ALM（長短）プロパー資金	—	—	ALM（長短）	—	—	—	—	—	—	ALM 持ち値	—	—	—	—
	その他借入金	ALM（長短）プロパー資金	—	—	ALM（長短）	—	—	—	—	—	—	ALM 持ち値	—	—	—	—
その他負債	譲渡性預金 インターバンク	ALM（長短）プロパー資金	—	—	ALM（長短）	—	—	—	—	—	—	ALM 持ち値	—	—	—	—
	〃 対顧販売	「市場金利手法」	—	営業店	ALM（長短）	—	—	—	—	—	—	市場金利 （日次）	—	—	—	—
	社債	ALM（長短）プロパー資金	—	—	ALM（長短）	—	—	—	—	—	—	ALM 持ち値	—	—	—	—
	転換社債	「市場金利手法」	—	（経営管理）	ALM（長短）	—	—	—	—	—	—	市場金利 （日次）	—	—	—	—
	劣後ローン	「市場金利手法」	—	（経営管理）	ALM（長短）	—	—	—	—	—	—	市場金利 （日次）	—	—	—	—
	仮受金	「市場金利手法」	—	（経営管理）	ALM（長短）	—	—	—	—	—	—	市場金利 1ヵ月	—	—	—	—
	従業員預り金	「市場金利手法」	—	（経営管理）	ALM（長短）	—	—	—	—	—	—	市場金利 1ヵ月	—	—	—	—
	自己資本・損益資金	「市場金利手法」	—	（経営管理）	ALM（長短）	—	—	—	—	—	—	市場金利 1ヵ月	—	—	—	—

管理商品ユニット			行内移転価格手法 (TP手法)	変動プライシング (あり○)	収益帰属先ユニット									TPレート			
					スプレッド収益	長短ミスマッチ収益	ベーシスリスク収益	変動プライシング収益	信用コスト収益	その他収益			ALM長短レート	ALMベーシスレート (αスプレッド)	適用ルール		信用TPレート
										中途解約補整	複利補整	延利他			水準	更改日	
その他資債 円投			「市場金利手法」	(経営管理) ↑○	—	ALM (長短)	—	—	—	—	—	—	市場金利1カ月	—	—	—	—
オフバランス 金利スワップ (払い)	個別ヘッジ	変動	ALM (長短) プロパー資金	—	—	ALM (長短)	—	—	—	—	—	—	ALM 持ち値	—	—	—	—
		固定	ALM (長短) プロパー資金	—	—	ALM (長短)	—	—	—	—	—	—	ALM 持ち値	—	—	—	—
	包括ヘッジ	変動	ALM (長短) プロパー資金	—	—	ALM (長短)	—	—	—	—	—	—	ALM 持ち値	—	—	—	—
		固定	ALM (長短) プロパー資金	—	—	ALM (長短)	—	—	—	—	—	—	ALM 持ち値	—	—	—	—
	経営ALM	変動	ALM (長短) プロパー資金	—	—	ALM (長短)	—	—	—	—	—	—	ALM 持ち値	—	—	—	—
	(内部取引)	固定	ALM (長短) プロパー資金	—	—	ALM (長短)	—	—	—	—	—	—	ALM 持ち値	—	—	—	—
金利スワップ (受け)	個別ヘッジ	変動	ALM (長短) プロパー資金	—	—	ALM (長短)	—	—	—	—	—	—	ALM 持ち値	—	—	—	—
		固定	ALM (長短) プロパー資金	—	—	ALM (長短)	—	—	—	—	—	—	ALM 持ち値	—	—	—	—
	包括ヘッジ	変動	ALM (長短) プロパー資金	—	—	ALM (長短)	—	—	—	—	—	—	ALM 持ち値	—	—	—	—
		固定	ALM (長短) プロパー資金	—	—	ALM (長短)	—	—	—	—	—	—	ALM 持ち値	—	—	—	—
	経営ALM	変動	ALM (長短) プロパー資金	—	—	ALM (長短)	—	—	—	—	—	—	ALM 持ち値	—	—	—	—
	(内部取引)	固定	ALM (長短) プロパー資金	—	—	ALM (長短)	—	—	—	—	—	—	ALM 持ち値	—	—	—	—

SECTION 8

"実践" スプレッドバンキング

　CHAPTER 7 の締めくくりとして、前述してきた**収益リスク管理会計制度**であるスプレッドバンキングの基本機能、詳細設計のポイント、具体的な組立方法をふまえ、「収益⇔リスク」を関係づけ、金融因数分解と積分により、リスク源泉別・顧客源泉別の経営管理の枠組みを体現する**帳票事例**を提示し、自行・自機関にとっての"ベスト・フィット"の「実践設計」に資するよう、考察を深めていきます。

1 スプレッドバンキング組上げ管理帳票

　図表 7 - 14は、TP処理により実現される、「収益⇔リスク」の関係づけを集約総括する**スプレッドバンキング組上げ管理帳票**です。

　縦軸には、**SECTION 4** にて詳述した「管理商品ユニット」を順列します。次に、それを横方向に展開します。横軸の始めは"財務会計"です。財務会計の「平残」「利回り」「受取・支払利息」を表記し、それについてスプレッドバンキングによる金融因数分解を行います。したがって、横方向に財務会計を次のように金融因数分解するものです。

　財務会計＝〔営業部門スプレッド収益〕＋〔ALM（長短）部門収益〕＋〔ALM（ベーシス）部門スプレッド収益〕＋〔経営部門スプレッド収益〕

　また〔営業部門スプレッド収益〕は、与信商品に内在する"信用コスト（PD×LGD×信用リスク・プレミアム）"を因数分解のうえ、経費配賦を行

318　PART Ⅲ　●【詳細設計】スプレッドバンキング

い、「信用コスト控除後」「経費控除後」「信用コスト＋経費控除後」にて収益把握します。加えて、中期的な顧客戦略から、インセンティブ運営を実行する場合は、そのインセンティブ損益勘定を明確にします。

2 全体収益構造総括表

前記の**スプレッドバンキング組上げ管理帳票**は、「収益リスク管理会計制度」の"鳥瞰基盤図"です。この基盤図から、各種経営目的に応じた各種管理帳票を案出していきます。

第一の管理帳票は、**全体収益構造総括表**です（**図表7−15**）。

これは、全体収益を、①営業部門＝**Tier I**、②ALM部門＝**Tier II**、③経営部門＝**Tier III**にて構造総括するものです。もちろん、この3部門の合計は"財務会計"と一致します。**図表7−15**で計画値を策定することにより、新管理会計制度での"予算運営"が樹立されます。

「収益とリスク」を関係づけ、所管する部署をもれなくアサインするTP処理をミクロ原理とし、その集積実績と計画を対比することで、能動的で合目的な予算運営を実現するのです。

3 営業部門収益構造分析表

図表7−16は、**Tier I**を総括する**営業部門収益構造分析表**です。

まずは、法人大口貢献先のポートフォリオでしょう。収益貢献の第1位から順列し、100社、300社、500社のポートフォリオによる収益貢献額と比率を掌握します。個人取引では、預貸合計3億円以上での先数・収益貢献額を計測します。トップライン・トップの収益構造を認識するということです。これらのお客様の取引をいかにして守るのか、それは他行・他社との競争のみならず、お客様自体の"存続性"も重要です。お客様の未来があってこそ、間接金融機関の未来があります。そのための具体的なアクションとし

図表7-14 スプレッドバンキング組上げ管理帳票

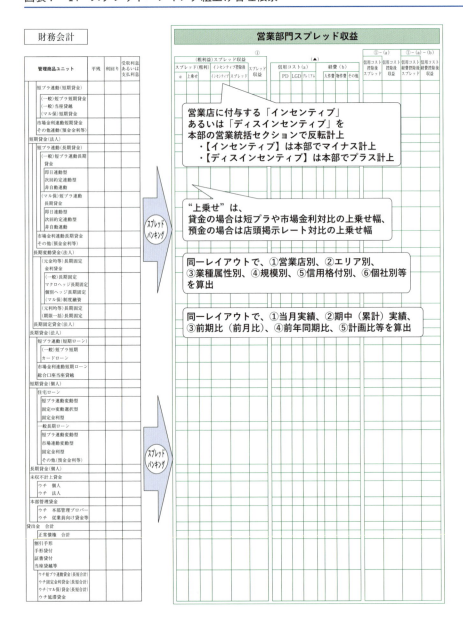

PART Ⅲ ●【詳細設計】スプレッドバンキング

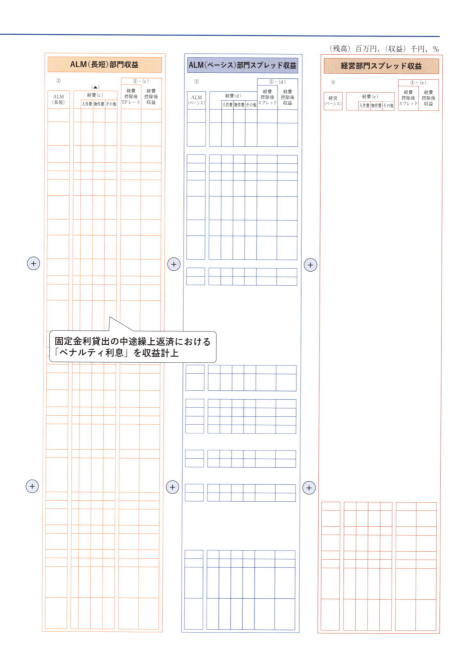

CHAPTER 7 ● "詳細設計"収益リスク管理会計制度 321

財務会計

管理商品ユニット	平残	利回り	受取利息あるいは支払利息
流動性預金(法人)			
当座預金(法人)			
普通預金(法人)			
その他流動性(法人)			
10億円以上			
3億円以上			
1億円以上			
5,000万円以上			
1,000万円以上			
300万円以上			
300万円未満			
定期性預金(法人)			
大口定期(法人)			
10億円以上			
3億円以上			
1億円以上			
5,000万円以上			
1,000万円以上			
小口定期(法人)			
スーパー定期300			
スーパー定期			
その他定期預金			
期日後定期預金			
流動性預金(個人)			
当座預金(個人)			
普通預金(個人)			
貯蓄預金(個人)			
その他流動性(個人)			
10億円以上			
3億円以上			
1億円以上			
5,000万円以上			
1,000万円以上			
300万円以上			
300万円未満			
定期性預金(個人)			
大口定期(個人)			
10億円以上			
3億円以上			
1億円以上			
5,000万円以上			
1,000万円以上			
小口定期(個人)			
スーパー定期300			
スーパー定期			
変動金利定期			
財形預金			
積立預金			
福祉定期			
その他定期預金			
期日後定期預金			
預託金			
預金　合計			
1カ月物			
3カ月物以下			
6カ月物以下			
1年物以下			
3年物以下			
5年物以下			
5年物超			
期日後定期預金			
ウチ　法人預金			
ウチ　個人預金			
ウチ　地公体預金			
ウチ　金融法人預金			

（スプレッドバンキング →）

営業部門スプレッド収益

①（粗利益）スプレッド収益					経費（b）（▲）		①−(b)	
スプレッド（粗利）α	上乗せ	インセンティブ	償却後スプレッド	スプレッド収益	人件費物件費	その他	経費控除後スプレッド	経費控除後収益

PART Ⅲ　●　【詳細設計】スプレッドバンキング

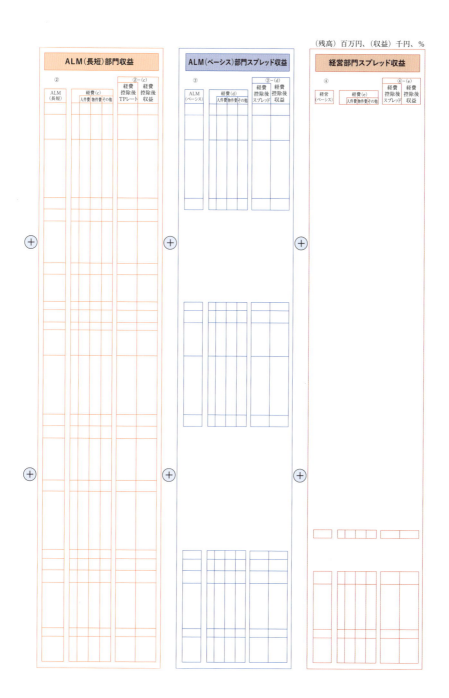

CHAPTER 7 ● "詳細設計"収益リスク管理会計制度 323

財務会計

管理商品ユニット	平残	利回り	受取利息あるいは支払利息
現金等			
預け金			
日銀預け金			
金融機関預け金			
譲渡性預け金			
円投等			
コールローン等			
コールローン			
買入手形			
CP・買入金銭債権等			
商品有価証券			
商品国債			
商品地方債等			
貸付商品債券			
金銭の信託			
投資有価証券			
国債			
地方債			
政府保証債等			
金融債			
事業債（公募）			
事業債（私募）			
転換社債			
ワラント債ほか			
投資有価証券（株式）			
上場株式			
非上場株式			
その他の資産			
動産不動産			
仮払金			
その他資産			
その他資産　合計			
市中借入金			
日銀借入れ			
コールマネー			
売渡手形			
譲渡性預金			
その他借入金			
譲渡性預金（営業）			
円転等			
特別借入れ			
劣後ローン等			
転換社債			
その他特別借入れ			
その他の負債			
自己資本・損益勘定			
仮受金			
従業員預り金等その他負債			
その他負債　合計			
スワップ受け			
変動受け			
（ウチ）経営管理ポジション			
固定受け			
（ウチ）経営管理ポジション			
スワップ払い			
変動払い			
（ウチ）経営管理ポジション			
固定払い			
（ウチ）経営管理ポジション			
オフバランス取引　合計			

スプレッドバンキング

営業部門スプレッド収益

スプレッド（粗利益）スプレッド収益			①	信用コスト（a）（▲）			経費（b）		①−（a）信用コスト控除後スプレッド	①−（a）信用コスト控除後収益	①−（a）−（b）信用コスト経費控除後スプレッド	①−（a）−（b）信用コスト経費控除後収益
スプレッド a	上乗せ	インセンティブ	控除後スプレッド	スプレッド収益	PD	LGD	プレミアム	人件費物件費その他				

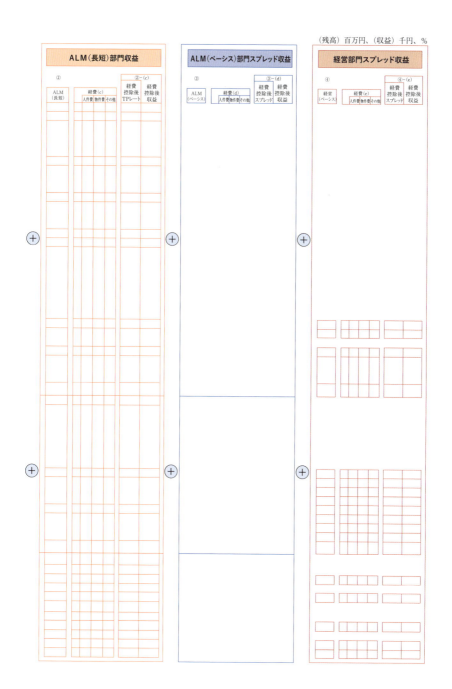

CHAPTER 7 ● "詳細設計"収益リスク管理会計制度 325

図表 7 - 15　全体収益構造総括表

（残高）百万円、（収益）千円、％

	（財務会計）			① （粗利益）スプレッド収益				② 手数料収益		③ 信用コスト率（▲）			④ 経費率			①＋②－③		①＋②－③－④	
	平残	利回り	受取利息あるいは支払利息	スプレッド／TP（a・上乗せ）	インセンティブ誘導金（インセンティブ・スプレッド）		スプレッド収益	手数料（受取り）	手数料（支払い）	PD	LGD	プレミアム	人件費	物件費	その他	信用コスト控除後スプレッド	信用コスト控除後収益	信用コスト経費控除後スプレッド	信用コスト経費控除後収益
法人営業収益																			
個人営業収益																			
営業部門収益																			
法人貸金																			
個人ローン																			
貸金等　計																			
短期貸金(法人)																			
長期変動貸金(法人)																			
長期固定貸金(法人)																			
長期貸金(法人)																			
カードローン																			
短期貸金(個人)																			
短プラ連動変動型																			
固定⇔変動選択型																			
固定金利型																			
長期貸金(個人)																			
不計上貸金																			
その他商品・サービス																			
法人預金																			
個人預金																			
預金等　計																			
法人流動性																			
個人流動性																			
流動性預金																			
法人大口定期																			
個人大口定期																			
大口定期																			
法人小口定期等																			
個人小口定期等																			
小口定期																			
期日後定期																			
その他商品・サービス																			
ALM部門収益																			
貸金TP運用																			
ALMプロパー運用																			
その他TP運用																			
ALM運用資産																			
預金TP調達																			
ALMプロパー調達																			
その他TP調達																			
ALM調達負債																			
スワップ受け																			
スワップ払い																			
その他オフバランス等																			
ALMオフバランス																			
短プラ・ベーシス収益																			
流動性ベーシス収益																			
ALM(ベーシス)収益																			
経営部門収益																			
未収不計上																			
経営管理貸金																			
本部管理株式																			
動産不動産																			
その他経営管理資産																			
経営管理資産																			
経営管理預金																			
劣後ローン																			
経営管理特別調達																			
自己資本勘定																			
その他経営管理負債																			
経営管理負債																			
スワップ受け																			
スワップ払い																			
経営戦略スワップ																			
全体収益　合計																			

て、「お客様銘柄」の掌握が必要なのです。

　次に、「業種×規模」などの「法人顧客セグメント・メッシュ」にて、収益貢献額（比率）を算出し、その上位順列（表では上位8メッシュ）にて貢献額を順列表記します。前述の法人大口貢献先を除いたメッシュにて集計します。自行・自機関の法人顧客セグメントの、どのお客様グループが自行・自機関の収益メカニズムの骨格を形成しているかを客観的に掌握するものです。個人に関しては、預貸ボリューム1億円以上3億円未満にて集計します。第三層はそれ以外の収益貢献層です。表では、法人は企業規模で、個人は年齢層別にその収益貢献額を集計しています。

　「収益構造分析表」では、さまざまな視点による経営確認が重要です。まず算出する収益基準ですが、「『粗利益基準』での順列はどうか」「『経費差引き後基準』での順列はどうか」「『信用コスト差引き後』ではどうか」「『信用コスト経費差引き後』でどうか」などの切り口で貢献分析を行うことが重要です。

　お客様を満足させ、またお客様の事業継続に貢献するには、金融のプロとしてのサービス態勢の強化は必須です。その企画にあたって、〔粗利益〕のトップライン顧客に現状いかなる経費投入を行っているか、その経費投入とリターンの関係は望ましいものなのか、また高い粗利益の裏に潜む信用リスクの状況はどうか、悪化していないか、顧客の事業継続性は揺るぎないか等、重要な経営選択である"経費投入""信用リスクテイク"の観点から、Tier I 顧客の収益構造を綿密に検証する必要があります。

　また、**Tier I 顧客の銘柄変容**も重要な視点です。これは単年度では感知できないでしょうが、前回中期計画時点と比較すると有効な分析ができるでしょう。収益の屋台骨が変化しているのに、そのお客様を支える営業態勢や各種ノウハウの醸成は十分であるのか等、優れたかつ有効な分析が必要です。屋台骨の内情とその維持のための経費とその実行状況、この分析には最大限注力しなければなりません。まず守るは屋台骨です。屋台骨を認識する——それはスプレッドバンキングの効能の第一ではないでしょうか。

図表7−16 営業部門収益構造分析表

			全店	営業店別	地域別	①+②+③ 収益	(全体収益比) 比率 / (累計)	(営業部門比) 比率 / (累計)
収益貢献最上位	(TierⅠ顧客)	法人上位先	100社					
			101〜300社					
			301〜500社					
		個人上位先	預貸金計3億円以上					
貢献上位セグメント	(TierⅡ顧客)	法人（上位セグメント）	(業種)	(規模)				
			自動車関連	中				
			コンシューマ電気	小				
			ソフトウェア	中				
			医療福祉	大				
			自動車関連	小				
			不動産	中				
			小売り	中				
			飲食	大				
		個人	預貸金計1億円以上3億円未満					
フォローアップセグメント	(TierⅢ顧客)	法人		大中小				
		個人	30歳以下 40歳以下 50歳以下 60歳以下 60歳超					
営業部門　収益合計								

↓さまざまな切口でくくり出力する

> 「営業店別」「地域別」のくくりでも出力し、営業拠点における"顧客貢献の収益構造分析"を多眼的に行う。

> 除く、(TierⅠ顧客)

> そもそも、「営業部門収益」の全体収益への貢献比率が劣化している可能性がある。

328　PART Ⅲ ● 【詳細設計】スプレッドバンキング

貸　　金			預　　金			手数料等	
ボリューム	**収益①**	比率(累計)	ボリューム	**収益②**	比率(累計)	**収益③**	比率(累計)

〔粗利益〕のトップライン顧客に現状いかなる経費投入を行っているか、その経費投入とリターンの関係は望ましいものなのか、また高い粗利益の裏に潜む信用リスクの状況はどうか、悪化していないか、顧客の事業継続性は揺るぎないか等、重要な経営選択である"経費投入""信用リスクテイク"の観点から、【TierⅠ顧客】の収益構造を綿密に検証する必要がある。

| 粗利益ベース | 経費差引き後ベース | 経費および信用コスト差引き後ベース |

同表を（水準実績）のみならず、「前年比」や「5年前比」を出力することにより、自行・自機関の「収益構造メカニズム」の変容を客観透徹することができる。
上位100社等の銘柄の変遷や貢献上位セグメントの変容やその比率のモニタリングは、将来経営の"持続可能性"の経営検証において有用である。

CHAPTER 7 ● "詳細設計"収益リスク管理会計制度　329

4 営業部門メッシュ分析表

　世の中は常に変容し、とどまることを知りません。社会においても新陳代謝は当然の理であり、むしろ新陳代謝がないことは老齢退化を意味します。

　Tier II顧客は背骨ではないのですが、重要な収益骨格を形成するとともに、将来の**Tier I顧客**の候補先です。この割合が目減りすることは"骨粗鬆症"のようなもので、自行・自機関の未来の老齢化を顕著に示す指標となります。

　したがって、上位8位に入らなくても、近年"順位をおおいに上げている"セグメントの洗い出し分析は重要です。地盤顧客の"新陳代謝力"をあぶり出すためにも、また自行・自機関の収益貢献ポートフォリオの変容と将来性を客観評価するためにも、「業種×規模×業歴×格付」等の多眼構造視点（メッシュ）から、収益構造を分析することは、とても重要です。**図表7−17**(1)はその事例です。

　「業種×規模×業歴」の多眼視点で収益ポートフォリオを総括します。どのセグメントが、どのように収益骨格を形成しているか、が総観できます。また収益水準の切り口のみならず、「社数」「預貸ボリューム」「前年比」等、多様な視点から計数把握することも大事です。前回の中期経営計画策定時との比較は、必ず実行すべき経営所作でしょう。

　このメッシュ分析において、信用リスクの観点からの組上げも有効です（**図表7−17**(2)）。〔信用格付別〕の収益貢献を、「格付×業種×規模」のメッシュでポートフォリオ評価します。「信用リスク構造」を客観把握することにより、自行・自機関の特徴や弱点を理解する、そして経年変化を時系列にて評価することにより、信用リスクの動向管理も強化されます。貸出プライシングにおいていかなる問題が発生しているかについては、「信用コスト控除後低スプレッド先」の切り口から同表を算出し、プライシング適正化の行動起点とします。

　スプレッドバンキングの優れた点は、**預貸金明細**の一本一本に対して、

PART III ● 【詳細設計】スプレッドバンキング

「収益⇔リスク」をTPする経営手法から、お客様、一社一者に対してさまざまな視点から計測できることにあります。さまざまな切り口から、自行・自機関の全取引先に対して序列化でき、もちろん営業店別の序列も可能です。その際、前述したとおり、粗利益での業績動向のみならず、**信用コスト控除後、経費控除後、信用経費控除後**といった"多眼的な視点"で収益貢献構造をしっかりと評価することが大事です。

図表7-17(3)はメッシュ分析による"序列表"です。左列の数値はさまざまな収益基準に基づく"順位"を表記しています。下位順列から出力し、"取引改善候補先"をあぶり出すのも効果的です。また「信用コスト控除後」での"赤字スプレッド先"あるいは"低スプレッド先"にて出力し、行き過ぎた貸出プライシングの現状を、具体的な銘柄、社数・ボリューム等により客観的に洗い出します。

また営業店評価においては、従来型店舗のみならず、今後戦略展開がますます重要となる「軽量店舗」「無人店舗」、そして「Web店舗」に対して、同じ収益評価基準にて業績を評価し、その順位序列と効率性に関して客観評価を実行します。

以上、無限に広がる"多眼視点"から、そのような分析を実行する人員や体力がない、と否定的な見解をもたれるかもしれません。しかし、それは間違ったものです。

なぜなら、**いま私たちには"AI"がパートナーとして存在しているからです。この膨大無限の分析を休まずAIにパトロールさせましょう。**

AIは不眠不休で働き、モニタリング結果を生産していきます。さらに「生成AI」をよりよく学習させれば、皆さんが話しかけた切り口、問題意識を反映してパトロールを実行していくのです。

私たちはいま、AIがある世界に生きているのです。**AIを最大限活用し、"成長がある世界"を未来からいまに引き寄せましょう。**

図表 7 − 17　メッシュ分析表

(1)　営業部門収益構造メッシュ分析表

		30億円以上				10億円以上				5億円以上		
	（売上規模）➡ （業歴）➡	20年	10年	5年	計	20年	10年	5年	計	20年	10年	5年
事業法人	コンシューマ電気製造業 自動車・関連製造業 重工業 化学産業 資源エネルギー・関連業 医薬品・関連製造業 卸売業 小売業 建設業 飲食業 不動産業 ソフトウェアサービス業 ゲームソフトウェア業 医療福祉業 農林関連業 漁業関連業 旅行関連業 教育関連事業 金融保険業 その他サービス業等											
	（合計）											
個人事業者	個人事業者（士業） 個人事業者（不動産業） 個人事業者（一般）											
	（合計）											
公的部門	公的部門（政府関連） 公的部門（都道府県） 公的部門（市町村） 公的部門（特殊法人） 公的部門（その他）											
	（合計）											

（表中）「粗利益」／「信用コスト控除後」／「経費控除後」／「信用経費控除後」

		70歳以上			60歳以上			50歳以上			40歳以上	
	（年齢層）➡ （性別）➡	男	女	計	男	女	計	男	女	計	男	女
家族	大家族 核家族 DINKS 自由単身											
地域	地元地域A 地元地域B 地元地域C 地元外地域											
取引振り	ネット顧客 給与・自振セット 住宅ローン顧客 カードローン顧客											
	（合計）											

	3億円以上			計	1億円以上			計	1億円未満			計	合計		
計	20年	10年	5年		20年	10年	5年		20年	10年	5年		20年	10年	5年

> 「粗利益」「信用コスト控除後」「経費控除後」「信用経費控除後」といった"収益視点"のみならず、「社数」「預貸ボリューム」「前年比」「3年前比」など多様な視点から、【収益構造メッシュ】を確認する。

預貸金別　社数　預貸ボリューム

構成比率　前回中計時点比

	30歳以上			20歳以上			10歳以上			10歳未満			合計	
計	男	女	計	男	女	計	男	女	計	男	女	計	男	女

(2) 信用リスク構造メッシュ分析表

		第1格				第2格				・・・・		
(信用格付)➡ (EAD)➡		1億円	5億円	5億円超	計	1億円	5億円	5億円超	計	1億円	5億円	5億円超
事業法人	コンシューマ電気製造業 自動車・関連製造業 重工業 化学産業 資源エネルギー・関連業 医薬品・関連製造業 卸売業 小売業 建設業 飲食業 不動産業 ソフトウェアサービス業 ゲームソフトウェア業 医療福祉業 農林関連業 漁業関連業 旅行関連業 教育関連事業 金融保険業 その他サービス業等											
	(合計)											
公的部門	公的部門（政府関連） 公的部門（都道府県） 公的部門（市町村） 公的部門（特殊法人） 公的部門（その他）											
	(合計)											

「信用コスト」

「信用コスト控除後 低スプレッド先」

「EAD」

増加する 公的部門への与信

		第1格				第2格				・・・・		
(信用格付)➡ (EAD)➡		5M	30M	30M超	計	5M	30M	30M超	計	5M	30M	30M超
個人事業者	個人事業者（士業） 個人事業者（不動産業） 個人事業者（一般）											
	(合計)											
個人	個人カードローン 住宅ローン その他ローン											
	(合計)											

	要管理				破綻懸念				破綻				合計		
計	1億円	5億円	5億円超	計	1億円	5億円	5億円超	計	1億円	5億円	5億円超	計	1億円	5億円	5億円超

- ・「信用リスク」の構造を客観把握することにより、自行・自機関の信用リスクの特徴や弱点を理解する。
- ・貸出プライシングにおいて、いかなる問題が発生しているかを、「信用コスト控除後低スプレッド先」の切り口から同表を算出し、プライシングの適正化の行動起点とする。
- ・同表の経年変化をとらえ、信用ポートフォリオの変容を掌握する。
- ・今後は、昨今与信残高が増加している地公体向けの信用格付の構築が急務である。

構成比率　　　　　前回中計時点比

	要管理				破綻懸念				破綻				合計		
計	5M	30M	30M超	計	5M	30M	30M超	計	5M	30M	30M超	計	5M	30M	30M超

(3) 収益貢献メッシュ序列順位表──【営業店別】【個社別】【顧客セグメント別】

(順位序列)

①	④	⑤	⑥	営業店別	① (A)+(B)+(C)					貸金		
粗利益	信用引後	経費引後	経信引後		収益	(全体収益比) 比率 (累計)		(営業部門比) 比率 (累計)		ボリューム	収益(A)	比率 (累計)
23	25	19	22	地域エリアA								
8	5	12	8	支店A								
18	22	18	20	支店B								
⋮	⋮	⋮	⋮									
45	48	55	51	地域エリアB								
55	67	57	59	支店G								
32	35	42	38	支店H								
⋮	⋮	⋮	⋮									
77	33	28	25	軽量特殊店舗								
70	31	30	26	軽量店α								
85	36	31	29	無人店β								
31	39	42	40	Web店舗								
34	46	58	41	受信								
25	45	44	45	与信								

> 【粗利益】での業績動向のみならず、【信用コスト控除後】【経費控除後】【信用経費控除後】といった"多眼的な視点"で収益貢献構造をしっかりと評価する。

> 従来型店舗のみならず、今後戦略展開がますます重要となる【軽量店舗】【無人店舗】そして【Web 店舗】に対して、同じ収益評価基準にて業績を評価する。

(上位序列)

①	④	⑤	⑥	個社別	格付	業歴	業種	売上規模	① (A)+(B)+(C)					貸金		
粗利益	信用引後	経費引後	経信引後						収益	(全体収益比) 比率 (累計)		(営業部門比) 比率 (累計)		ボリューム	収益(A)	比率 (累計)
1	3	2	2	日本自動車	1+	35	自動車製造	300億								
2	2	3	3	日本コンシューマ	1-	15	スマホ製造	500億								
3	1	1	1	大福工業所	1+	20	金型製造	800億								
⋮	⋮	⋮	⋮													

> 下位順列にて出力し、"取引改善候補先"をあぶり出すのも効果的。また、「信用コスト控除後」での"赤字スプレッド先"あるいは"低スプレッド先"にて出力し、行き過ぎた貸出プライシングの現状を、具体的な銘柄、社数・ボリューム等により客観的に洗い出す。

(上位序列)

①	④	⑤	⑥	顧客セグメント別	格付	業歴	業種	売上規模	① (A)+(B)+(C)					貸金		
粗利益	信用引後	経費引後	経信引後						収益	(全体収益比) 比率 (累計)		(営業部門比) 比率 (累計)		ボリューム	収益(A)	比率 (累計)
1	2	2	2		2	30	自動車製造	大								
2	1	1	3	⇨	2	20	金型製造	中								
3	5	3	1		1	30	コンシューマ	大								
⋮	⋮	⋮	⋮		⋮											

> どの"顧客セグメント"により、自行・自機関の収益メカニズムの屋台骨が形成されているか、またその増勢劣勢状況はいかなるものかを客観把握する。その際、【格付】【業歴】【業種】【売上規模】等の"属性メッシュ"の組合せで構造理解することが有効。

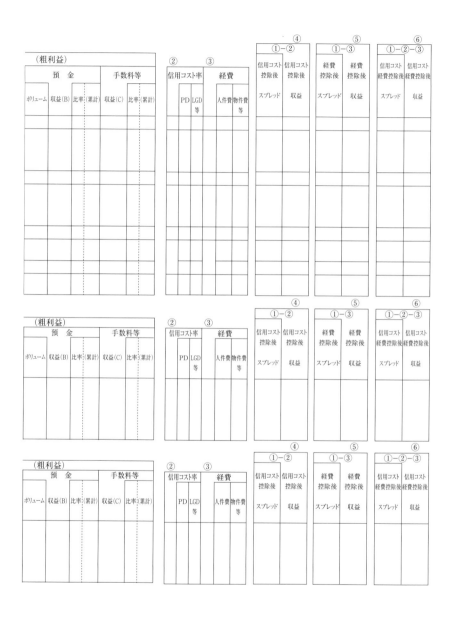

CHAPTER 7 ● "詳細設計"収益リスク管理会計制度

5 ALM期間ポジション構造表

図表7−18は、**ALM期間ポジション構造表**です。

「ALM（長短）セクション」は、すべての資産・負債を資金の長短属性に応じた市場金利TPにて洗い替え、総合ALM管理を担うものです。預貸スプレッドという"お肉"の部分は営業店にトランスファーし、"金利リスクの骨格部分"をALM管理するものです。

その長短ポジションは単純なる長短構成ではなく、以前の金利がある世界では、「短期運用：大、中期調達：大、長期運用：大」の凹型のポジション構成となっているのが一般的です。これは貸出金の大宗が金利満期の短い連動貸金である一方、定期預金は1年以上の中期が主体であり、預超分を主に長期の国債にて運用する形態が一般的であったことに起因しています。

しかし、このポジション構成も異次元緩和による預金金利のゼロ化により大きく変容しています。預金の大層は流動性預金となり、現状のALMポジションは「短期調達：きわめて大、中期ポジション空洞化、長期運用：大」のきわめていびつなものとなっています。

これからの「金利がある世界での上昇局面」では、預金の大流動化・液状化が生じる。それを受けてALMポジションは非連続の大変化をとげる可能性がある。従い**ALM期間ポジション構成表（図表7−18）の"動態モニタリング"**により、ALM運営の対応力強化を早急に図る必要があるのです。

自行・自機関の流動性預金の動向を口座動態モニタリングによりタイムリーに実態把握し、ポジションの激変に即応したALM運営態勢を樹立しなければなりません。**図表7−18**の「ALM期間ポジション構造表」を総合俯瞰しながら、ALMの経営意思を投影するようにALMポジション・ポートフォリオを戦略的に組成していくのです。

またその際、単に**残存のマチュリティ**にてこのポジション表を作成するのではなく、そもそもの取入れ時のマチュリティである**オリジナル・マチュリティ**ごとのメッシュでポジション管理をすることも重要です。

間接金融の特徴は、**預貸金の取引継続性**にあります。繰り返される預貸金ポジションを構造理解し、それらに対して的確な有価証券投資をあてがう。そのためには、もともとの"源流"となるオリジナル・マチュリティでのメッシュ・ポジション管理が重要なのです。

　さらに、このオリジナル・マチュリティの構造ポジションを理解し、たとえば1年未満のポジションに関しては、「ALM（短期）セクション」を組織形成し、"ディーリング・セクション"として別途プロフィットセンター化することも有用でしょう。1年未満のポジションですから、仮に相場観が外れても、単年度決算で表出し吸収できる特性があります。これからの「新局面」において、短期イールドでも金利が勾配化すれば、有効な収益機会となることが期待されます。そして、経営として運行するALMは、より長期に影響が出るポジションに限定し、「ALM（長中期）セクション」として位置づけていくのです。

図表 7 – 18 　ALM期間ポジション構造表

【オリジナルマチュリティ】

（短期ポジション）

運用		期間	調達		ギャップ	
金額	レート		金額	レート	金額	レート
		～1M				
		1M				
		2M				
		3M				
		4M				
		5M				
		6M				
		7M				
		8M				
		9M				
		10M				
		11M				
		12M				
		合計				

（長期ポジション）

運用		期間
金額	レート	
		1Y～
		2Y～
		3Y～
		4Y～
		5Y～
		6Y～
		7Y～
		8Y～
		9Y～
		10Y～
		15Y～
		20Y～
		20Y～
		合計

(+)

【残存マチュリティ】

（短期ポジション）

運用		期間	調達		ギャップ	
金額	レート		金額	レート	金額	レート
		～1M				
		1M				
		2M				
		3M				
		4M				
		5M				
		6M				
		7M				
		8M				
		9M				
		10M				
		11M				
		12M				
		合計				

（長期ポジション）

運用		期間
金額	レート	
		1Y～
		2Y～
		3Y～
		4Y～
		5Y～
		6Y～
		7Y～
		8Y～
		9Y～
		10Y～
		15Y～
		20Y～
		20Y～
		合計

(+)

（長短合算）

調達		ギャップ	
金額	レート	金額	レート

=

運用		期間	調達		ギャップ	
金額	レート		金額	レート	金額	レート
		～1M				
		2M				
		3M				
		6M				
		1Y				
		2Y				
		3Y				
		5Y				
		7Y				
		10Y				
		15Y				
		20Y				
		20Y～				
		合計				

（長短合算）

調達		ギャップ	
金額	レート	金額	レート

=

運用		期間	調達		ギャップ	
金額	レート		金額	レート	金額	レート
		～1M				
		2M				
		3M				
		6M				
		1Y				
		2Y				
		3Y				
		5Y				
		7Y				
		10Y				
		15Y				
		20Y				
		20Y～				
		合計				

CHAPTER 7 ● "詳細設計"収益リスク管理会計制度

お わ り に

● 科学経営と"社会的情熱" ●

1996年『スプレッドバンキング』の初版は、私にとって初めての著作であり、28年前となります。当時は、社会的な肩書もなく、データ・フォアビジョン社の起業準備の真っ最中でした。AT&T GIS（NCR、テラデータ）の革新的な超並列コンピュータに驚嘆し、何千万件にも及ぶ預貸金一本一本にトランスファー・プライシングを実行し、新しい「収益⇔リスク管理会計」を科学実装することに"社会的な情熱"を抱きました。

データベースのオープン化を伴った1990年代のIT革命があってこそのいまであり、人類の進歩にはやはり"科学"が根底でありエネルギー源であると体感してきました。

初版刊行後の日本経済といえば30年にも及ぶ長いデフレ状態に突入し、それと相まってゼロ金利化が進み、預貸のプライシングはさながら氷河期のように凍りついたものとなりました。

「金利の完全自由化」による資金需要者と供給者の相いれない金融ニーズを競争環境下、間接金融機関として"科学消化"する場面がなくなり、銀行のスプレッドバンキングは規制金利状態と同等のものに環境退化してしまいました。「金利自由化」の法環境はすでに整備されているのですが、長期にわたる粘着的なデフレ経済により、「金利自由化」自体も心停止してしまっているのです。

「自由化」の果実を社会にもたらす、その"社会的な情熱"が1996年の銀行経営にはありました。スプレッドバンキングは"熱い経営改革"でした。「自由化」という荒波を勇気凛凛航海するぞ。まさに幕末・明治の心持ちで、銀行の経営者や企画部門は燃えていました。

おわりに　343

そのためには自由化先進国の米国に学び、経営を“科学革新”しようという気概に燃えていました。金融史に残る多くの銀行経営者の方々と仕事をしてきました。

社会金融宮大工を標榜し、銀行経営者である施工主が理想と考える経営メカニズムを建築してきた宮大工歴は今年で35年となります。

君の理論は実戦に移せる段階か？

このような会話を幾度となく交わして、社会金融システムを建築してきました。

金利の心停止とは対称的に、信用リスクはまさに暴れ竜のごとく大きなうねりをもって銀行経営に襲いかかりました。銀行界横断での共同データベース会社である日本リスク・データ・バンク社を2000年に設立し、100年に１度と思われる大量多質のデフォルト事象の社会データベース化と科学的消化方法の形成を行いました。初版の『スプレッドバンキング』に、“信用リスクの消化機能”も拡充したのが2015年の第２版『“総点検”スプレッドバンキング』です。

そして2024年、私たちはいよいよデフレを脱却する明るい出口に立っています。2015年と大きく違うのは金利がある世界だけではなく、AIがある世界であるということです。そしてその金利×AIの世界から成長ある世界をどう想像し、創造していくか。第３版の本書は、“社会的な情熱”をガソリンに、エンジンは科学経営にて書き上げ、「金利、AI、成長がある世界の銀行経営」のシン設計を提唱する、三度目の正直なのです。シン設計を実行するには有能な経営建築家が必要です。皆さんの、“社会的情熱”に着火させたい。その想いで本書を出版いたします。

おわりに